그림과 사진으로 풀어보는

도해
무 녀

토키타 유스케 저

AK TRIVIA BOOK

이 책은 「무녀巫女」에 관한 다양한 지식을 정리한 책이다.

무녀라고 하면 우선 하얀 코소데小袖에 심홍색 하카마를 입고 신사에서 일하는 모습이 떠오른다. 일본의 종교적인 원점을 떠오르게 하는 청초한 표정이 인상적이어서 많은 이야기에 등장했다.

필자가 전문적으로 다루는 서브 컬쳐의 영역에서는 오래전에 애니메이션화된 만화 「고스트 스위퍼」에 등장했던 오키누짱(낭낭)이라고 하는 무녀의 모습을 한 망령이 먼저 머릿속에서 떠오른다. 또한 「미소녀 전사 세일러 문」에 등장했던 화성의 전사, 세일러 마스인 히노 레이(비키)를 떠올리는 사람도 있을지 모른다.

또 한편으론 주술적인 종교인으로서의 무녀에 대한 역사를 이야기하자면, 야마타이코쿠邪馬台国의 히미코卑弥呼, 기키記紀의 여신 아메노우즈메アメノウズメ를 시작으로, 역사 속 혹은 신화 속의 많은 여성들을 떠올릴 수 있을 것이다.

일본민속학의 선구자 야나기타 쿠니오柳田 国男의 『무녀고巫女考』에 의하면, 무녀는 신사에 봉사하는 신사무녀神社巫女, 빙의로 공수하는 공수무녀로 나누어지며, 후자는 또 다시 빙의무녀憑依巫女와 카미우바神姥로 나누어진다고 한다. 또한, 무녀와 비슷한 위치에 있는 주술적인 빙의계 여성 제사자祭祀者는 세계 각지에 존재한다. 이 책에서는 우선 현대의 신사무녀와 신도 및 신사에 대하여 소개한 뒤, 일본과 세계에 존재하는 무녀의 역사를 차례로 소개하기로 하겠다.

이 책을 집필하기 위해 많은 서적·잡지·만화·웹 사이트를 참고한 것은 물론, 몇 군데의 신사 및 관계자의 취재도 진행하였다. 또한, 각 대학, 국회 도서관 등의 사이트에 공개된 연구 레포트나 전자 도서관에 많은 도움을 받았다. 만약 이 책이 독자의 도움이 되었다면 모든 것은 이러한 선현들의 연구와 조력 덕분이라 생각한다. 또한, 이 책에 신도나 신사에 대한 오류가 있다면 그것은 전적으로 필자의 능력 부족에 기인한 것임을 밝혀두고자 한다.

토키타 유스케

목차

제3장 무녀의 역사 153

제4장 세계의 무녀 185

표기상 주의점 : 신명 등, 원전에 따라 표기가 다른 경우가 있다. 예를 들어 아메노우즈메ァメノゥズメ는 『고사기古事記』에서는 「천주수매명天宇受賣命」, 『일본서기日本書紀』에서는 「천전여명天鈿女命」이라고 표기한다. 게다가 지면 관계상, 첫 출전 이후에는 존명은 생략하였다. 예를 들어 아메노 우즈메노 미코토ァメノゥズメノミコト는 아메노우즈메ァメノゥズメ라고 표기하였다. 이 책에서는 각 기록 별로 표기가 다를 경우, 주요 독음은 가타카나로 표기하였으니 참고하기 바란다..

제 1 장
무녀 개론

무녀란 ?

「무녀(巫女)」라는 단어는 대체 무슨 의미가 있는 것일까. 어디까지 무녀의 범위라 할 수 있는 것일까.

● 신의 자식에서 샤먼까지

무녀란 신을 섬기는 여성을 이르는 말로, 일본어로 「미코みこ」 또는 「부죠ふじょ」라고 부른다. 여성 칸나기巫(신을 섬기는 일을 직업으로 하는 사람을 이르는 옛말. ‒ 역자 주) 또는 무격巫覡인 것이다. 정식으로는 무(巫)는 여성 무인(巫人), 격(覡)은 남성 무인을 가리킨다.

좁은 의미로 무녀는 우선 신도의 신사에 봉직하는 **여성 제사 보조자**를 가리키며, 백의에 히노하카마緋袴를 입힌 모습으로 세상에 알려졌다. 이것을 신사무녀라고 부른다.

신사무녀는 옛날 고대신도제사에서 중요한 위치를 맡고 있었지만, 남권 사회가 확립되기 시작하면서, 불교와 서로 융화되던 와중에 제사의 주도권을 남성 신관에게 빼앗기게 되었다. 현재는 남녀에게 모두 신직神職의 길이 열려 있지만, 아직도 신직은 남성 사회이다. 그 때문에 무녀는 신직에서 분리된 제사 보조자 중 여성을 가리키는 단어가 되었다.

또한, 신도의 의식화나 왕권종교화가 되풀이된 결과 고대의 무녀에게서 볼 수 있는 주술적인 요소는 모습을 감추었다. 그 대신 무녀는 **신의 아내**로서의 처녀성만이 강요되었으며, 신사라고 하는 성역이 가진 신성함을 구현하는 존재가 되었다.

넓은 의미로 말하자면 무녀는 다신교, 특히 빙의에 의한 신탁을 하는 여성 샤먼을 가리킨다. 신내림이 와서 공수를 하는 여성으로 일본에서는 오소레잔의 이타코イタコ나 오키나와의 노로ノロ, 도호쿠의 카미사마カミサマ 등이 이에 해당하며, 해외에도 아시아, 아프리카, 남북 아메리카와 세계 각지에 많은 무녀가 존재한다. 유럽에서도 델포이Delphi의 아폴론 신전에서 신을 섬기고 있었던 여성 신관을 무녀라고 불렸다.

역사를 거슬러 올라가면, 고대 야마토 조정大和朝廷 이래 많은 여성이 신내림을 받고 신탁을 남겼다. 왕녀가 제궁帝宮으로서 이세 신궁伊勢神宮에서 섬기는 모습을 보이는 것 또한 또한 무녀의 그것이라 할 수 있다. 그리고 귀도鬼道를 이용한 야마타이국邪馬臺國의 여왕, 히미코卑弥呼도 무녀의 힘으로 나라를 통치했다. 또한 이즈모出雲의 오쿠니阿国와 같이 문화 방면으로 나아간 여성도 있었다.

한 눈에 보는 무녀의 계통도

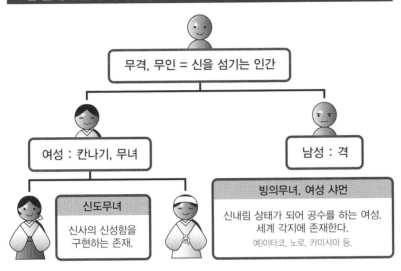

무격, 무인 = 신을 섬기는 인간

여성 : 칸나기, 무녀

남성 : 격

신도무녀
신사의 신성함을 구현하는 존재.

빙의무녀, 여성 샤먼
신내림 상태가 되어 공수를 하는 여성. 세계 각지에 존재한다.
예)이타코, 노로, 카미사마 등.

신사무녀의 변천

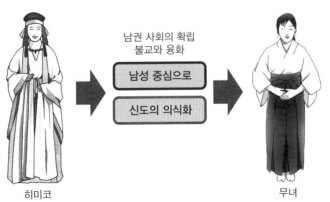

고대 → 현대

빙의 상태가 되어 신탁을 하며, 고대 신도 제사에서 중요한 위치를 담당한다.

신사의 신성함을 구현하는 존재

남권 사회의 확립
불교와 융화

남성 중심으로

신도의 의식화

히미코

무녀

무녀의 종류

무녀에는 여러 얼굴이 있다. 민속학자인 야나기타 쿠니오柳田国男는 자신이 쓴 논문 「무녀고巫女考」에서 무녀를 「신사무녀神社巫女」와 「공수무녀口寄せ巫女」로 분류했다.

●무녀도 두 가지 타입이 있다

쇼와昭和시대 초기, 일본 민속학의 기초를 다진 야나기타 쿠니오는 일본의 무녀를, 신사에서 일하는 **신사무녀**와 빙의 상태로 계시를 내리는 **공수무녀**로 분류했다.

전자인 신사무녀는 신도에서 신령(신이나 영혼)을 모시는 의식(이것을 제사祭祀라고 한다)에 관련된 일을 담당하는 여성이다. 원래 고대의 신도에는 히미코나 우사宇佐의 여니의女禰宜, 재왕斎王 등과 같이 역할이 큰 무녀도 있었다. 하지만 메이지 시대부터 신직은 남성만이 맡을 수 있게 되었고, 여성 신직은 일시적으로 사라지게 되면서 무녀의 입지는 줄어들어 제사 보조자 정도에 그치게 되었다. 하지만 지금도 많은 지방에서는 **무녀카구라巫女神楽** 등 무녀가 주역인 의식이 남아 있으며, 여성 신직이 제2차 세계대전 중에 다시 부활했다는 점 등에서 넓은 의미로는 여성 신직과 여성의 제사 보조자를 통틀어 무녀라고 한다.

후자인 공수무녀가 담당하는 공수란, 직접 신령과 접신하여 살아 있는 자와 죽은 자를 대화할 수 있게 하거나, 신의 힘을 휘두르는 것을 말한다. 죽은 사람의 영혼을 불러들이는 아오모리青森 현 오소레잔恐山의 **이타코**イタコ, 오키나와沖縄의 영적인 여성 신관인 **유타**ユタ 외에도 일본 각지에 공수무녀가 있다.

공수무녀의 대부분은 혈족에 따라 대대로 그 일족의 여성이 무녀의 기술과 소질을 계승한다. 성장한 후, 신의 계시를 받아 빙의의 소질을 개화시키는 여성도 있지만, 야나기다柳田는 특히 「카미우바神姥」라고 불리며 공수무녀 중에서도 특수한 존재로 취급받는다. 카미우바는 장님인 경우가 많은데, 이 때문에 보통 사람과는 다른 영감을 지니게 된다고 한다. 카미우바는 신내림(신령이 빙의한 상태)을 계기로 발견되는 일이 많으며 그 후 선배 무녀의 제자로 들어가 수행하여 자신의 영감을 제어하는데 도움이 되는 방법을 배우게 된다. 옛날에는 이것이 시각장애인들의 생업 수단으로 활용되기도 했다.

신사무녀

원래는 신도의 제사에 관련된 여성

신직을 남성들이 차지하면서
샤머닉한 요소는 옅어졌다.

하지만

하지만 지금도, 많은 지방에는 무녀카구라,
혹은 비슷한 의식이 남아 있다.

공수무녀

무녀 자신의 몸에
신이나 영혼을 빙의시킨다.

살아 있는 자와 죽은 자,
또는 신과 인간 사이를 중개한다.

대대로 일족의 여성이 무녀의
기술과 재능을 세습하는 일이 많다.
예)오소레잔의 이타코. 아마미의 노로.

카미우바

후천적으로 샤머닉한 소질을 개화시킨 공수무녀.
신체적 장애(시각)이 영감의 개화로 이어진 경우가 많다.

관련 항목

신의 아내

무녀에는 신을 섬기는 자, 신의 아내라는 측면이 있다. 이 점이 일시적인 직업으로는 그치지 않는 무녀의 이미지를 완성시키고 있는 것이다.

● 신자로서의 무녀

미코, 즉 무녀는 한자로 「神子」라고 쓰기도 한다. 이는 신의 자식이 아니라 신을 섬기는 자를 말하며, 신의 아내를 뜻하기도 했다. 고대의 일본에서는 왕족의 미혼 여성이 **재왕**이 되어 신을 섬겼다. 이 경우 재왕은 한평생 목욕재계精進潔斎하여 신을 섬겼으며 결혼하지도 못했다. 그녀들은 신의 아내가 된 것이다. 그 때문에 신의 아내인 무녀는 미혼 여성만이 될 수 있었다(현재 이런 제한은 없지만, 실제 신사에서 무녀는 젊은 여성만이 할 수 있으며 결혼을 함과 동시에 은퇴하는 것이 암묵적인 규칙인 경우가 많다).

「신의 아내」라는 이미지는 세계 각지에 있다. 무녀가 신의 아내가 되는 제사를 성혼의 례(聖婚儀礼)라고 한다. 무녀는 신을 대신해 왕의 아내가 되거나 종교의식 중에 성적인 요소가 가미되기도 했다.

예를 들어 바빌론Babylon의 이슈타르Ishtar 신전에서는 여성 신관과 왕의 의식적인 결혼이 이루어졌다고 한다. 하지만 역사적으로 바빌론을 증오했으며 조로아스터교Zoroastianism에서 금욕적인 교리의 유일신주의를 계승한 유대교Judaism에서는 이를 적대시했으며, 그 계보를 잇는 일신교인 기독교Christianity 또한 악마의 소행이라며 이를 비난했다. 또한 성창聖娼이라고도 불렸지만, 이 단어 또한 오해를 부르기 쉬웠다.

일본에서도 오래전 뱀신蛇神이 젊은 여성과 결혼하는 **미와 산**三輪山 전설과 같은 성혼 신화가 많았다. 고대의 무녀는 『고사기古事記』에 적힌 대로, 아마노이와토天岩戸 앞에서 반라가 되어 춤추는 **아메노우즈메**アメノウズメ와 같은 섹시한 존재였다. 이 전통은 아소비메遊び女 등에 계승되었다.

하지만 나라 시대에 금욕적인 불교가 국책으로서 도입된 결과, 서서히 신도무녀의 성적인 요소는 배제되어 갔다. 불교적인 금욕의 계율을 유지하면서 신의 아내라는 이미지가 남은 근대 일본에는, 역으로 신사무녀의 처녀성이 특히 중시되었다. 이것은 신사무녀와 다른 **빙의무녀**와 커다란 차이로 남게 되었다.

무녀는 신자

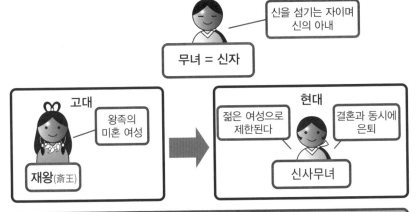

무녀 = 신자

신을 섬기는 자이며
신의 아내

고대
재왕(斎王)
왕족의
미혼 여성

현대
신사무녀
젊은 여성으로
제한된다
결혼과 동시에
은퇴

성적인 요소가 있는 종교의식

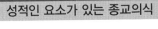

성혼의례
무녀가 신의 아내가
되는 제사

여성 신관과
왕과의 의식적인
결혼

여신과 왕권의
합체

일본의 경우에도 고대의 무녀는
아메노우즈메와 같은 섹슈얼한 존재였다.

금욕제의 유입

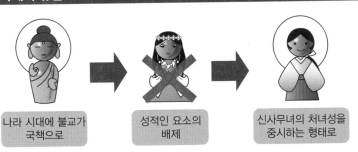

나라 시대에 불교가
국책으로

성적인 요소의
배제

신사무녀의 처녀성을
중시하는 형태로

관련 항목
● No.074 아메노우즈메
● No.076 미와 산 전설
● No.078 최초의 재왕, 토요스키이리히메
● No.087 빙의무녀

신사무녀의 위치

의외로 현대 일본의 신도에는 무녀에 대한 자격규정이 일절 없다.

● 무녀에게는 면허도 자격도 필요 없다?

무녀로 말할 것 같으면, 신사에 있는 하얀 기모노와 심홍색 하카마袴를 입은 젊은 여성을 떠올리지만, 동시에 그녀들이 그 모습으로 축사祝詞(일본 신도에서 신에게 소원을 전하는 축복의 언어)를 올리거나 하라이를 하기도 하는 모습은 좀처럼 보기 어렵다. 실은 현대의 신사무녀는 신도의 의식을 할 수 없게 되어 있다.

왜 그런가 하면 신사를 포괄 관리하는 신사본청의 규칙으로는 신도의 의식을 하기 위해서는 신직의 면허가 필요하지만, 대부분의 무녀는 신직의 자격을 가지고 있지 않기 때문이다.

실제로 현대의 신사무녀에는 두 가지 타입이 있다. 첫 번째가 제사(신령을 모시는 의식)를 할 때 신직을 거들어주는 제사 보조자인 여성인 것이다. 이쪽이 이 책에서 메인으로 취급되는 무녀로 신사의 잡무를 담당하고 있다.

두 번째가 여성 신직으로 그녀들은 신관(남성 신직)과 마찬가지로 특정 양성소를 통해, 신사청(각 지역에 있는 신사본청의 하부조직)의 허가증을 보유한 종교자격자이다. 2차 대전 이전에는 전쟁 전에는 신직은 남성만이 할 수 있었지만, 전쟁 후부터 여성도 신직이 될 수 있게 바뀌었다. 종전 이후부터는 여성 신직은 현장의 요청으로 이따금 무녀를 겸하며 무녀의복을 입고 행동하는 일도 많다.

이 2종류의 무녀가 혼재하는 이유는, 우선 무녀의 정의가 애매한 것이 크다. 신직은 면허가 필요한 자격이기 때문에 그 직무가 세세하게 정해져 있지만, 무녀의 취급은 그곳 신사에 일임되어 있어서 그 **권한이나 직무**는 신사 마다 상당히 다르다. 접수나 부적을 증정하는 등 접수 관련 업무를 거드는 아르바이트 무녀부터, 신사를 지키는 일족 출신으로 하라이나 마츠리祭り 등의 실제 제사를 담당하는 경우까지 매우 다양하다.

많은 사람들은 흔히 남성이니까 신직, 여성이니까 무녀라고 생각한다. 그러나 실제로 이것은 자격의 유무에 따라 달라지며 남성이라도 자격이 없으면 제사 보조자에 그치며 이것을 「출사出仕」라고 한다.

자격의 유무로 달라지는 신사무녀의 위치

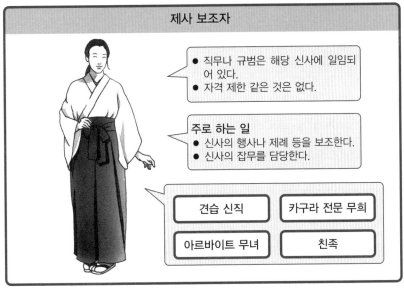

제사 보조자

- 직무나 규범은 해당 신사에 일임되어 있다.
- 자격 제한 같은 것은 없다.

주로 하는 일
- 신사의 행사나 제례 등을 보조한다.
- 신사의 잡무를 담당한다.

견습 신직

카구라 전문 무희

아르바이트 무녀

친족

여성 신직

- 종교 자격자.
- 신도 제사의 실행자.
- 직무나 규범에 대해서는 신사 본청에서 세세하게 규정했음.

때때로 무녀를 겸하며 무녀의복을 입고 행동하는 일도 많지만, 어디까지나 위치는 신직이다.

관련 항목
- No.001 무녀란?
- No.016 신사무녀의 일
- No.023 무녀는 현장 노동자

무녀의 의복

무녀가 몸에 두르는 의복은 신직(神職)인지 아닌지, 그리고 「TPO」에 따라 세세하게 달라진다.

● 무녀의 복장도 여러 가지 종류가 있다

일반적으로 무녀라고 불리는 사람들 중에서는 제사(신령을 모시는 의식)를 하는 **여성 신직**과 그것을 도와주는 무녀가 있는데, 이 두 무녀의 차이는 자격이나 규정의 유무에 따라 달라진다. 그리고 자격이 필요한 신직은 정식 의상 규정이 있지만, **무녀의 복장**에는 규정이 없다.

이 때문에 무녀의 의복은 신사마다 다르지만, 대부분은 전통적인 무녀의복, **히노하카마**와 하얀 **코소데**를 이용하는 경우가 많다. 코소데란 소맷부리가 작은 기모노 전반을 가리키지만, 좁은 의미로는 천을 두 겹 덧대어 만든 겹옷을 가리키는 경우도 있다. 원래 공가公家나 무가의 속옷으로 이용되었지만, 머지않아 겉옷으로 바뀌었고 서민의 평상복으로서 현대 기모노의 원형이 되었다. 겹옷과 하얀 코소데의 조합은 남녀 관계없이 신사에서 입는 작업복이 되었으며 이것을 상의常衣라고 부른다. 무녀의 백의와 겉옷도 여기에 따른 형태이다. 신직도 의복 아래에 상의를 입고 있으며, 제사를 하지 않는 시기에는 상의만 입는다.

무녀는 백의에 겹옷을 입고, 발에는 시로타비白足袋에 조우리草履를 신는다. 겹옷의 색은 신직의 신분에 따라 정해져 있는데 무녀는 이것 이외의 색, 일반적으로 심홍색이나 주홍색을 사용한다. 빨간 것은 따로 히노하카마라고 한다. 예외적으로 카가와香川현의 고토히라구金刀比羅宮에서는 농색(짙은 보라색) 겹옷을 사용한다. 무녀를 은퇴하고 사무원으로서 신사에 남은 경우에는, 녹색 겹옷을 입는 경우가 많다. 제사나 카구라의 경우, 백의 위에 치하야千早라고 부르는 산뜻한 모양이 들어간 겉옷을 걸치는 경우도 있다.

그리고 신사의 복장 규정에는 금색禁色과 기색忌色이 있어서 이것을 사용해서는 안 된다. 금색은 왕실에서만이 사용할 수 있는 고귀한 색깔로, 덴노天皇(일왕)의 「코로우-젠黃櫨染(덴노가 입는 옷의 색깔. 황갈색)」과 왕세자의 「오우니黃丹(주황색)」, 이 두 가지 색깔이 대표적이다. 기색은 흉사(장례식 등 죽음과 관련된 일)의 색으로 평시에는 사용해서는 안 된다. 그 대신, 신도의 장례식인 신장제에서는 기피하는 색깔인 담흑색이나 쥐색 의복을 사용한다.

무녀의 의상

백의

하카마
- 색은 신직의 신분에 따라 결정되며, 무녀는 이것 이외의 색을 사용한다.
- 일반적으로 심홍색이나 주홍색.
- 빨간 것은 히노하카마라고 부른다.

금색
일본 왕실에서만 사용할 수 있는 색
덴노 : 코로우젠
왕세자 : 오우니

기색
흉사를 치룰 때의 색. 담흑색이나 쥐색을 사용.

시로타비
조우리

여성 신직의 의상

상장常裝(일상 근무복)

정장

17

코소데

무녀의복에 이용되는 하얀 코소데는 헤이안 시대에 탄생한 일본의 전통복 「기모노着物」의 원점이라 할 수 있는 존재이다.

● 하얀 코소데는 무녀의 상징

무녀가 **상장으로 착용**하는 것이 **하얀 코소데와 심홍색 하카마**다. 하지만 그중에서도 코소데는 일반적으로 「기모노」라고 불리고 있을 정도로 긴 역사를 갖고 있다.

코소데는 헤이안 시대에 처음으로 사용되었다고 전해진다. 당시, 귀족들이 입었던 소매가 큰 기모노를 「오소데大袖」라 불렀고, 서민이 입었던 통소매에 소매가 작은 기모노를 「코소데」라고 불렀다. 공가公家(막부 시대에 조정에 출사했던 가문 – 편집자 주)의 사람들이 속옷으로 이용했던 것은 너무 컸던 데다 움직이기 어려웠다. 이 때문에 공가나 무가가 코소데를 속옷으로 사용하기 시작했다. 이렇게 탄생한 속옷과 서민이 평상복으로서 착용했던 면직물이나 삼베로 만들어진 코소데가 무로마치室町 시대 후기에 합류하는 형태로 현재의 코소데의 원형이 탄생하였다. 그리고 이후 일반적인 「기모노」의 시초가 된다. 코소데는 그 후 일반적인 복장이 되어 쇼쿠호織豊 정권부터 에도江戸 시대에 다양한 발전을 이루었으며 모모야마코소데桃山小袖, 게이초코소데慶長小袖, 겐로쿠코소데元禄小袖 등의 화려한 기모노 문화를 만들어냈다. 현재까지 남아 있는 코소데 중 가장 오래된 것은 이와테岩手 현 히라이즈미平泉의 주손지中尊寺에 있는 오슈후지와라족奥州藤原氏의 후지와라노 모토히라藤原基衡가 착용한 것(12세기 경)이다.

코소데는 일반적으로 품이 옷감 두 장을 꿰어 맞춰서 두 뼘, 소매는 한 뼘 크기로 맞춘다. 신장은 남성이 발목 위로 맞추며, 여성은 발목 아래까지 내려오도록 한다. 소매는 길게 늘인 후리소데振袖와 짧게 줄인 토메소데留袖가 있다. 여성의 경우 야츠쿠치八つ口라고 하는 소매와 겨드랑이의 양측을 틔어놓아 열린 부분이 남겨져 있다. 이 틈은 소데야츠쿠치袖八つ口와 미야츠쿠치身八つ口라고 불리며, 움직이기 편하도록 공간을 확보하기 위한 것이다. 남성용 코소데는 인형이라고 불리며 여기가 제대로 마무리되어 있다.

또한, 좁은 의미로는 솜이 들어간 견직물을 코소데, 목면에 솜이 들어간 것을 누노코布子, 목면 한 장에 솜이 들어가지 않은 것을 유타카浴衣와 구별하는 경우도 있다.

코소데의 구조

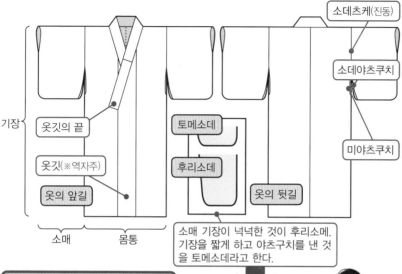

기장

소데츠케(진동)

소데야츠쿠치

미야츠쿠치

옷깃의 끝

토메소데

옷깃(※역자주)

후리소데

옷의 앞길

옷의 뒷길

소매   몸통

소매 기장이 넉넉한 것이 후리소메. 기장을 짧게 하고 야츠구치를 낸 것을 토메소데라고 한다.

덧깃

옷깃의 부분은 덧깃으로 되어 있다.

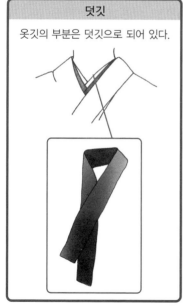

무녀의 코소데 소매는 토메소데 정도의 길이

소데야츠쿠치

미야츠쿠치

※ 야츠쿠치 = 꿰매지 않고 열린 부분.

※역자주 – 기모노의 옷깃은 고유 명사로 에리(衿)라고 부른다.

관련 항목
- No.005 무녀의 의복
- No.007 히노하카마
- No.008 무녀복을 입는법

19

히노하카마

무녀의 히노하카마는 오래전부터 착용되어 왔지만, 지금의 히노하카마는 메이지 시대에 탄생했던 신형 안돈바카마다.

● 의외로 역사가 짧은 무녀용 하카마의 역사

하카마가 처음으로 탄생한 때는 헤이안 시대다. 그때까지는 하의로 치마를 맨살에 직접 착용했으며 헤이안 시대 이후 이것을 겉으로 드러내어 입은 것이다.

초기의 우치바카마打袴는 키누타砧(일본식 다듬잇돌 - 역자 주)라고 하는 도구로 천을 두드려서 광택을 냈기 때문에 이런 이름으로 불리고 있다. 앞뒤 4필의 직물을 꿰매어 허리 언저리에 안주름을 좌우에 세 개씩 만들어서 폭을 조정했다. 착용할 때는 옷의 앞길과 옷의 뒷길의 양방에 붙은 허리끈을 양쪽 다 허리에 돌려서 묶었다. 남성도 이용했던 오오고시바카마大腰袴는 끈 부분을 두껍게 만들었다. 이때의 하카마는 제법 길었지만, 의례 때에는 기장을 복사뼈까지 해서 옷자락을 자른 키리바카마切袴가 이용되었다. 이러한 하카마는 허리 부분에 당襠(옷감의 폭이 모자라는 곳에 이어대는 천 조각 - 역자 주)을 만들어서 양쪽 발을 따로 움직일 수 있도록 되어 있다.

무로마치室町 시대 후기에는 무가를 중심으로 움직이기 쉬운 히라바카마平袴가 탄생했다. 이것도 양쪽이 독립되어 있지만, 코시이타腰板가 생기면서 모양이 제대로 잡히도록 만들어 졌다. 그리고 말을 타는 일이 많은 무가를 위해 허리 옆에 모모타치股立라고 부르는 개구부가 생겼다. 게다가 당을 높인 우마노리하카마馬乗袴가 고안되었다.

무녀가 이용하는 히노하카마는 헤이안 시대의 궁중 여관女官이 이용했던 네지마치하카마捻襠袴를 원형으로 한다. 이것은 당이 있는 우치바카마나 키리바카마를 개량한 것으로, 거의 허리 위나 가슴 아래까지 올린 뒤 허리끈으로 고정했다. 메이지 시대에 이르러 교육자인 시모다 우타코下田歌子가 여학생을 위한 안돈바카마行灯袴를 발명했다. 이것은 당이 없는 스커트 모양의 하카마로, 당시의 기모노에 비해 매우 움직이기 편했고 옷을 입거나 벗기가 쉬워서 여성용 예복에 이용되는 하카마로 보급되었다. 훗날 무녀의 히노하카마도 이 안돈바카마가 주류가 되었다.

하카마의 색은 주로 빨간색 계통으로 주홍색부터 녹색, 농색(짙은 보라색)까지 다양하지만, 홍화紅花 염료로 물들인 심홍색이 인기 이다. 하지만 홍화는 가격이 비싼데다 심홍색이 화재를 연상시키기 때문에 에도 시대에는 몇 번인가 금지령이 나오기도 했다.

하카마의 구조

히라바카마

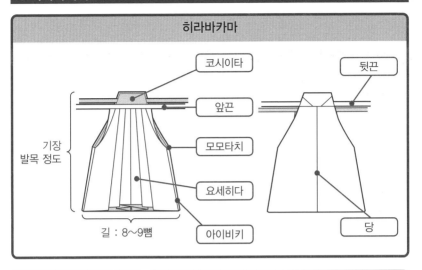

코시이타

뒷끈

앞끈

모모타치

요세히다

기장
발목 정도

길 : 8~9뼘

아이비키

당

안돈바카마

안돈바카마는 당이 없이 스커트 형태로 되어 있어서 탈착이 쉽다. 메이지에 처음 등장했으며 지금은 이 타입이 쓰이는 일도 많다.

끈을 묶는 법

무녀의 히노하카마는 허리 높이 올려 입고 허리끈을 뒤로 묶어 고정한다.

뒷끈을 앞으로 가져와서 리본 묶기를 한다.

무녀복을 입는법

무녀의복巫女裝束을 실제로 입는 것을 착장着裝이라고 한다. 백의와 히노하카마는 어떠한 과정으로 착장하는 것일까?

● 무녀복을 입는다

일본옷을 입는 것을 착장이라고 한다. **무녀의 상의**, 이른바 백의(**하얀 코소데**와 **히노하카마**의 경우 먼저 일본옷의 속옷에 해당하는 코시마키腰卷와 하다쥬반肌襦袢을 착용한다. 코시마키는 하반신을 보호하기 위한 속옷으로 일본옷의 옷자락이 발에 휘감기는 것을 방지해주기 때문에 스소요케裾除け, 케다시蹴出し라고 부르기도 한다. 그 후 상반신에 하다쥬반을 겹쳐 입는다. 쥬반은 끈처럼 생긴 흰 오비로 고정시킨다. 양복의 벨트가 허리 위에 있는 것에 비해 그보다 훨씬 위쪽인 배꼽 위나 갈비뼈 아래에 묶는다. 이때, 옷깃은 자신의 왼쪽이 위로 올라와야 한다.

여기까지가 기본적인 속옷이지만, 현대에는 쥬반과 코시마키의 아래에 서양 속옷을 착용하는 일이 많다. 또한, 서늘한 계절에는 무릎 아래까지 오는 나가쥬반長襦袢을 껴입는다. 이 위로는 백의를 걸치고, 흰 오비를 더 세게 묶는다. 이때, 흰 오비의 위치는 쥬반의 끈보다 조금 아래로 내려 하카마의 오비에 가려지도록 한다. 여기서 쥬반의 반깃半襟이 나오게 정돈한다. 옷깃에서 보이는 빨간색은 장식용 덧깃의 색이다.

무녀의 하카마는 스커트 모양의 안돈바카마가 많다. 이것은 탈착의 편의성을 우선시한 결과라고 할 수 있다. 현재에도 신직은 당이 있는 하카마를 사용하고 있으며, 무녀 또한 네지마치하카마捻襠袴 등의 당이 있는 하카마를 착용해야 하는 신사도 많다.

하카마는 앞뒤로 나누고 발이 빠져나온 뒤 먼저 앞을 맞춰서 그곳에서 늘어나 있는 오비를 허리에 돌려서 묶는다. 그 후 뒤를 맞춰서 오비를 양쪽에서 허리에 돌려서 앞으로 리본 묶기로 매듭을 짓는다.

착장 순서와 함께 강조되는 것이 무녀의복 취급의 3원칙이다. 첫째 「던지지 마라投げるな」. 의복은 소중한 것이기 때문에 함부로 벗어 던져서는 안 된다. 둘째 「(아무데나) 방치하지 마라置くな」. 의복은 청정의 상징이기 때문에 벗었다면 바로 깔끔하게 정리해야 한다. 셋째 「넘어가지 마라またぐな」. 의복은 신의 힘이 깃든 것이다. 그렇기에 여기에 실례를 범해서는 안 된다.

무녀복을 입는 순서

① 내의나 속옷(코시마키, 하다쥬반) 위로 백의를 걸치고 흰 오비로 묶는다.

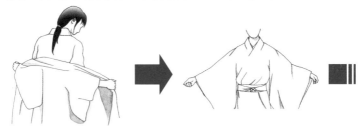

② 하카마는 먼저 발을 뺀 뒤, 가장 먼저 앞을 맞추고 그곳에서 늘어난 오비를 허리에 돌려서 묶는다.

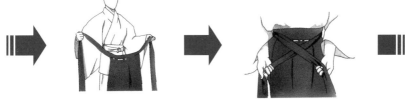

③ 뒤를 맞춰서 한 번 더 오비를 양쪽에서 허리에 돌리고, 앞에서 리본 묶기로 매듭을 짓는다.

완성

무녀의복
취급 3원칙

첫째, 던지지 마라
둘째, 방치하지 마라
셋째, 넘어가지 마라

관련 항목
- No.005 무녀의 의복
- No.006 코소데
- No.007 히노하카마

No.009
치하야

무녀의복에 있어 또 하나의 대명사인 치하야. 이것은 무녀가 제사를 지내거나 춤을 출 때 착용하는 것이다.

● 아름다운 치하야

치하야란 일본에서 각종 신사 행사의 봉사나 **카구라**를 출 때 사용하는 여성용 의상으로 원래는 그림이나 무늬가 전혀 없는 새하얀 명주 한 폭의 중앙 부분만을 세로로 쭉 째어서 머리가 나올 구멍을 뚫어서 만드는 일종의 관통의(머리부터 뒤집어쓸 뿐인 의상)였다.

시간이 흘러 이것은 다이조사이大嘗祭(덴노가 즉위 후 처음으로 거행하는 신상제 - 역자 주)나 **신상제** 新嘗祭를 할 때 여관이 입는 의상이 되었으며 훗날 2폭으로 구성되어 겨드랑이를 꿰매지 않고 앞을 끈으로 맞춰서 착의하는 소매 없는 짧은 옷으로, 이윽고 소매가 있는 현재의 형태로 변화했다.

치하야는 관통의가 원형이기 때문에 어깨 소매의 뿌리 부분은 꿰매어 놓았지만, 소매 양쪽이나 동체 옆쪽은 꿰매지 않아 열린 채로 되어 있다. 이 때문에 코소데小袖 위로 넉넉하게 겹쳐 입을 수 있지만, 단단히 고정시킬 수 있는 것은 아니다. 대신 앞에 카자리히모飾り紐가 있어서 이것으로 느슨하게 고정시킨다.

아무런 그림도 무늬도 없는 하얀 비단에 옅게 무늬를 새긴 것이 일반적이지만, 화려한 것도 있다. 예를 들어 나니와카구라難波神楽의 신무희의상神舞姫衣装에는 통상의 치하야를 마이고로모舞衣라고 부르며, 이 위에 금란金襴의 치하야를 입는다. 무늬는 학, 거북, 소나무 등 상서로운 것들이 새겨져 있다. 일반적으로 약간 투명할 정도로 얇은 한 겹이 많지만, 다중으로 겹친 카사네襲도 있다.

현재 치하야는 무녀가 공식 신사 행사에 참여할 때 통상의 무녀 의복(백의나 히노하카마) 위에 입는 정식 의복으로 수간水干과 함께 사용되고 있다. 제사용 외에 카구라의 「**우라야스노마이**浦安の舞」용으로 사용되는, 뒤가 거의 없는 치하야가 있다. 이와 유사한 것으로는 카자미(汗衫)가 있는데 옷의 기장이 약간 길고 소매를 가는 실로 묶었다는 점, 뒷자락이 나누어져 있다는 점 등은 치하야와 다르다.

카구라나 제사에서는 머리에 **마에텐칸**前天冠이라는 황금 이마 보호대나 하나칸자시花簪 (카자시挿頭라고도 한다)를 착용한다.

치하야의 변천

예로부터 신사 행사를 할 때 사용되었던 여성용 의상. 원래는 아무런 그림도 무늬도 없는 새하얀 명주 한 폭으로 만들었던 관통의 였다.

다이조사이나 니이나메사이를 할 때 여관용 의상으로 사용된다. 두 폭으로 구성되어 앞을 끈으로 맞춰서 착의하는 소매 없는 짧은 옷이 된다.

소매가 있는 현재의 형태로 변화.

- 어깨 소매의 뿌리 부분은 꿰매어 놓았지만, 소매 양쪽이나 동체 옆쪽은 열린 채로 되어 있다.

- 코소데(小袖) 위로 넉넉하게 겹쳐 입는다.

- 앞에 장식끈이 달려 있다.

- 아무런 그림도 무늬도 없는 하얀 비단에 옅게 무늬를 새기는 것이 기본.

치하야의 구조도

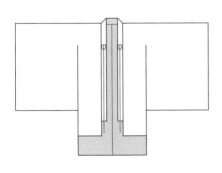

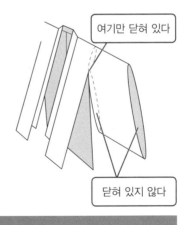

여기만 닫혀 있다

닫혀 있지 않다

관련 항목

카미도메

카미도메髮留め와 하키모노는 무녀 의복의 하이라이트다. 이 중 카미도메는 여러 가지 종류가 존재한다.

● 카미도메의 종류는 다양하다

무녀 하면 긴 흑발을 뒤로 묶은 모습이 떠오른다. 뒷머리 부근에서 머리카락을 아래쪽으로 한데 모은 뒤, 단시檀紙(참빗살나무로 만든 일본 전통 종이) 등의 종이로 타케나가가丈長를 만들어 정리하고, 미즈히키水引로 묶는다.

미즈히키는 가느다란 코요리紙縒(종이를 가늘게 꼬아 만든 끈 - 역자 주)에 풀을 발라 굳힌 것으로 선물용 포장지 등을 포장할 때 사용된다. 보통 몇 가닥을 모은 뒤 가운데부터 색을 나누어 물들이는데, 경사스러운 날에는 주홍색과 하얀색, 금색과 은색, 금색과 붉은색 등을, 불길한 날에는 검정색과 하얀색, 남색과 하얀색 등으로 물들인다. 무녀의 카미도메로 이용할 때는 빨간색과 하얀색, 또는 하얀색으로만 물들인 것을 이용한다. 타케나가는 하얀색, 혹은 금색과 은색이나 붉은색과 금색으로 물들인다.

카미도메의 기본은 종이로 관을 만들어 머리카락을 정리한 뒤 미즈히키로 묶는 것이다. 이때 미즈히키가 가볍게 그린 듯한 원이 좌우로 늘어나는 모습이 우아하기 때문에, 장식용 매듭을 달거나 처음부터 종이로 만든 관 양쪽에 뿔을 달아두는 것도 있다. 뿔 부분은 완만하게 말려 있어 여러 개의 원을 그린다. 쥘부채의 부채꼴 부분에 있는 접은 하얀 종이 장식을 아래쪽을 향하도록 갖다 붙이는 경우도 있다.

카미도메는 무녀가 종이로 직접 만들어 사용하기도 하지만, 시중에 판매되는 제품을 이용하기도 한다. 제례가 없는 시기에는 미즈히키로만 정리하는 경우도 있다.

장식이 달린 카미도메는 장식성이 좋은 기성 제품이 있는데 뿔이나 원을 여러 개 달아놓거나 비녀나 이마 보호대 비슷한 장식을 달아놓은 것이 많다. 미즈히키가 아니라 바레트처럼 핀으로 정리한 제품이나 고리 부분이 가동식으로 만들어진 제품도 있다.

긴 흑발은 일본 문화의 자랑이라 생각해서 신사무녀는 긴 흑발을 유지해야 한다는 의견이 많다. 이 때문에 머리카락이 짧을 때는 「카모지髢」 혹은 「타레가미垂髪」라고 하는 붙임머리를 사용하기도 한다.

무녀의 대표적인 카미도메의 모습

미즈히키

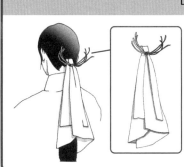

- 가느다란 코요리에 풀을 바른 뒤 건조하여 굳힌 것.
- 보통 선물용 포장지 등을 포장할 때 사용된다.
- (무녀의 카미도메에 사용될 경우)색은 홍백이나 흰색 하나로.

타케나가

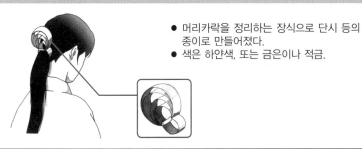

- 머리카락을 정리하는 장식으로 단시 등의 종이로 만들어졌다.
- 색은 하얀색, 또는 금은이나 적금.

붙임머리

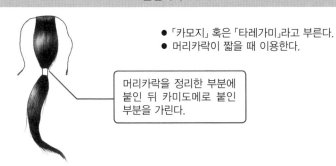

- 「카모지」 혹은 「타레가미」라고 부른다.
- 머리카락이 짧을 때 이용한다.

머리카락을 정리한 부분에 붙인 뒤 카미도메로 붙인 부분을 가린다.

27

무녀의 머리장식

의례가 한창일 때 무녀가 쓰는 것으로 칸자시簪와 간무리冠가 있다. 그리고 칸자시의 옛 형태인 카자시挿頭는 계절 꽃이나 셋시折枝로 만든 머리 장식으로 대지의 힘을 상징한다.

● 무녀의 머리를 장식하는 카자시와 관

의례에서 무녀가 머리에 쓰는 장식으로는 칸자시 등의 **카미도메**와 칸무리가 있다. 막대기 모양의 카미도메인 칸자시는 머리 장식과 카미도메를 합친 것이다. 무녀의 머리 장식 중에서도 카자시는 칸자시의 원형에 해당하는 것으로 신사의 행사神事가 한창일 때 관이나 머리카락에 계절꽃이나 조화, 셋시(나뭇가지 꺾은 것)를 꽂았다. 이때 사용하는 꽃의 종류는 신사 행사나 계절에 따라 달라진다. 지금은 조화와 조합한 하나칸자시花簪를 많이 사용하지만, 옛날에는 우즈鬘華라고 해서 머리카락이나 관에 생화를 꽂았다. 이것은 원래 수목의 정령이 지닌 힘을 빌기 위한 의미가 있었다. 오미와 신사大神社와 같이 역사가 긴 신사에서는, 산에서 가져온 석송으로 만든 녹색 초관草冠을 이용했던 사례도 있다. 옛날에는 무녀뿐만 아니라 백관이 정장을 입었을 때의 장식으로 착용했다. 다이죠에大嘗会에는 덴노는 국화, 친왕親王(덴노의 형제나 왕자를 일컫는 말)은 홍매, 대신은 등꽃, 나곤納言(일본의 옛 벼슬 가운데 하나)벚꽃을 사용했는데, 현재의 궁중 의식에는 은세공 카자시가 이용된다. 마찬가지로 칸자시의 일종인 사이시釵子는 납작한 두 개의 금속 막대기로 만든 카미도메인데, 머리카락을 둥글게 정리해서 고정시키는데 이용된다.

칸자시 종류와 달리 칸무리는 신분을 나타나기 위해 머리에 쓴다. 여성 신직이나 무녀의 경우 카구라 등의 의례에 맞춰서, 텐간天冠, 마에텐간前天冠, 누카아테額当를 사용한다. 텐간이란 고귀한 사람(왕족, 공가, 여관, 천인 등)이 쓰는 관으로, 얇은 금동판을 둥글게 말아 원통형으로 만든 것이다. 원통형 관에 투각透刻을 한 것이 특징으로 머리에 쓰면 머리 위에서 찌르듯이 솟아난 금속 장식이 숲속 나무처럼 죽 늘어선다. 히나마츠리ひな祭り의 메비나女雛(왕후, 히나마츠리의 제단 맨 위에 있는 여자 인형)가 쓰고 있는 것도 텐간이다. 마에텐간은 텐간의 한 종류로 이마 부분에 산 모양의 장식만이 있으며 종종 양쪽 귀에 꽃장식이 달리기도 한다. 이마만 덮는 누카아테는 금속이 아닌 검은 천으로 만든 것으로 여성 신관이 관 대신 이용하는 일이 많다. 스이칸 복장으로 카구라를 추는 경우에는 관 대신에 에보시烏帽子를 썼다.

카미도메와 관

머리 장식

카미도메

칸자시

칸자시에는 꽃을 조합한 하나칸자시(花簪)를 이용하는 일이 많다.

셋시

셋시(折枝)란 신사 행사를 할 때 꺾은 나무를 머리나 관에 꽂은 것이다.

관

마에텐간

마에텐간은 관의 한 종류로, 이마 부분에 산 모양만 있으며 양쪽 귀에는 꽃장식을 달아놓는다.

누카아테

신사 행사에 따라서는 누카아테를 쓰는 경우도 있다.

관련 항목
- No.005 무녀의 의복
- No.010 카미도메
- No.027 카구라

하키모노

무녀의 발을 감싸는 것은 새하얀 타비足袋와 조우리草履다. 이것은 일본에서 오래전부터 발에 착용해왔던 복장이기도 했다.

● 시로타비와 조우리, 그리고 아사구츠

무녀는 일본 의상 중 먼저 타비를 발에 신으며, 밖에 나갈 경우에는 조우리나 아사구츠浅沓를 신는다.

타비는 발을 감싸는 일본 고유의 의상으로 조우리나 짚신을 신기 위해 엄지발가락과 다른 발가락이 나누어져 있는 것이 특징이다. 옛날에는 발목을 끈으로 정리했지만, 지금은 코하제小鉤라고 하는 금속으로 된 비늘 모양의 판을 실로 걸어서 고정시킨다. 현재의 타비가 보급된 것은 에도 시대부터다. 그 이전에는 귀족은 천으로 만든 시토우즈沓下를, 일반인은 가죽으로 만든 튼튼한 가죽타비를 신었다. 하지만 에도 시대에 가죽이 부족해지면서 천으로 만든 타비가 주류로 떠올랐으며, 어떠한 장소나 상황에서도 의복에 맞추기 쉬운 시로타비白足袋가 보급되었다. 그 때문에 현재는 타비라고 하면 천으로 만든 시로타비를 가리키게 되었다. 시로타비는 노能를 연기하는 배우나 다실茶室, 스모의 심판 등 의례와 청정이 중요시되는 곳에서 사용되었다. 무녀도 이와 마찬가지로 청정을 나타내는 시로타비를 착용한다.

조우리는 현재 일본인들이 사용하는 것과 별로 다르지 않다. 생김새가 황갈색이나 연두색 풀모양이라면, 합성수지나 스폰지라도 상관없다. 하나오鼻緒(일본의 전통 신발에 사용하는 Y자 모양의 끈 – 역자 주)는 빨간색이 일반적이지만, 하얀색을 사용하는 경우도 많다.

여성뿐만 아니라 신직이 정장을 입을 때는, 조우리 대신 검은 아사구츠를 신는다. 아사구츠는 검게 칠한 나막신으로 헤이안 시대에 덴죠비토殿上人(궁정 출입이 허용되는 지체 높은 벼슬아치 – 역자 주)나 공가 등의 남성 귀족 중에서, 또는 문관이 예장을 입었을 때 하키모노로서 이용했다. 하지만 현재는 신직 이외에는 거의 신지 않는다. 나무로 만든 신발이므로 신기는 어렵지만, 보기보다 가볍고 안에는 솜이 채워져 있어서 발에 딱 맞는다. 다만, 슬리퍼와 비슷한 형상이기에 발 끝에 걸치듯 걷게 된다. 지면이 고르지 못하거나 걷기 불편한 곳에서 행사(외부에서 하는 제사)를 치르는 경우를 대비해 합성수지나 고무로 만들어진 것을 준비하기도 한다.

무녀의 하키모노

시로타비

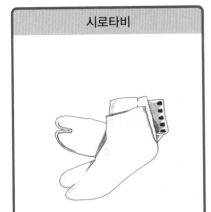

시로타비는 현재 널리 사용되는 것과 같다. 청정을 나타낸다.

조우리

조우리에는 빨간 하나오가 자주 사용되지만, 하얀 하나오를 사용하는 신사도 있다.

아사구츠

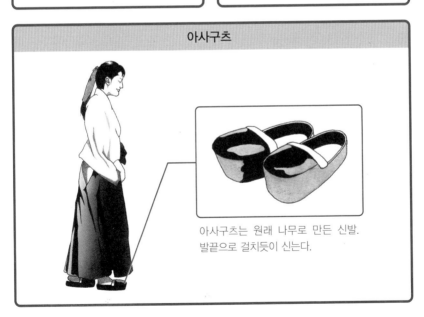

아사구츠는 원래 나무로 만든 신발. 발끝으로 걸치듯이 신는다.

관련 항목
- No.005 무녀의 의복
- No.014 신직의 의복

토리모노

무녀가 춤이나 제사를 할 때 드는 것을 토리모노採り物라고 한다. 카구라스즈神楽鈴나 호코사키스즈鉾先鈴, 히오우기檜扇 등 토리모노에도 여러 가지 종류가 있다.

● 무녀가 드는 것, 토리모노

무녀가 **제사나 무용**을 할 때 손에 드는 도구를 토리모노라고 한다. 이것은 카구라의 경우 요리시로依代(의식에서 신령이 깃드는 물건. 憑代라고도 쓴다 – 편집자 주)로서의 역할이 있어서, 가끔, 신의 분신 그 자체로 취급되기도 한다. 때문에 특히 전통을 중시하는 경우에는 카구라를 추기 전에 신관이 춤을 추는 사람에게 토리모노를 건네는 의식宝渡し을 치른다. 궁중에서 도는 미카구라御神楽는 비쭈기나무榊 · 미테구라幣지팡이杖 · 조릿대篠 · 활弓 · 검劍 · 미늘창鉾 · 히사고杓 · 카즈라葛의 9종류를 가리킨다. 민간의 카구라도 이것을 따르지만, 스즈鈴, 부채扇, 봉盆 등을 드는 경우도 있다. 토리모노는 카구라의 소재이기도 하며, 토리모노로 추임새를 넣음으로써 신령의 힘을 불러일으킨다.

토리모노로 사용되는 스즈는 자루에 달려 있는 방울로 생김새에 따라 카구라스즈神楽鈴나 호코사키스즈鉾先鈴 등으로 나누어진다. 카구라스즈는 짧은 봉에 여러 개의 방울을 술ふさ 모양으로 달아놓은 것으로, 자루를 움켜쥐면 거의 방울과 칼등밖에 보이지 않는다. 자루의 끝부분에는 산뜻한 오색하양 · 초록 · 빨강 · 보라 · 노랑 천이 달려 있다. 그 이름대로 카구라를 하는 경우에 악기로 사용되며 춤출 때 천이 시각적으로도 산뜻한 느낌을 준다. 호코사키스즈는 검선무령(劍先舞鈴)이라고도 부른다. 카구라스즈와 닮아서 사용법도 비슷하지만, 방울이 줄어들었으며 검 끝과 같은 금속 부분이 있다.

미테구라는 종이를 마름모꼴로 자른 것을 봉이나 조릿대의 끝부분에 달아놓은 것이다. 신의 의대로서 많은 신사에서 하라이 행사를 할 때 이용되며 바람의 하라에祓를 의미한다. 카구라에서는 크기가 다른 미테구라가 신위神威의 상징으로 이용된다.

부채는 바람을 보내어 시원함을 얻는 도구이지만, 팔랑팔랑한 움직임이 보여주는 아름다움 때문에 토리모노로서 사용된다. 「**우라야스노마이**浦安の舞」 등의 춤에서 자주 볼 수 있으며 공가풍의 히오우기檜扇가 사용된다.

사사는 나뭇잎이 달린 조릿대나 대나무로 미테구라처럼 신령을 깃들게 하는데 쓰인다. 그 외에도 **유다테카구라**湯立神楽에서 뜨거운 물을 흩뿌릴 때 쓰이기도 한다.

토리모노의 종류

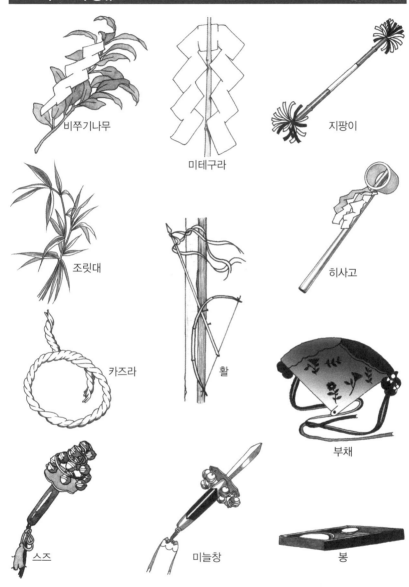

비쭈기나무

미테구라

지팡이

조릿대

히사고

카즈라

활

부채

스즈

미늘창

봉

신직의 의복

신직의 의복은 헤이안 시대 이전의 예스러운 복장이다.

● 의관 속대와 신직의 의복

신직의 의복은 헤이안 시대 귀족의 복식을 토대로 하며 **남녀의 복장이 각기 다르다.**

남성 신직의 의복은 (1) 정장正裝=이칸衣冠, (2) 예장礼裝=제복斎服), (3) 상장常裝=카리기누狩衣 또는 죠에浄衣이다. 정장은 대제大祭 및 덴노가 미사 참배를 할 때, 예장은 중제中祭, 상의는 소제小祭 및 각 신사에서 열리는 통상의 제사에서 착용한다. 대제, 중제, 소제란 제사의 등급을 말한다.

정장인 이칸은 헤이안 시대의 속대束帶(헤이안 시대 이후, 덴노 및 문무백관이 정무를 볼 때나 의식 때 입던 정장 – 역자 주)를 간략하게 만든 것이다. 우선 속대는 나라 시대에 당나라의 의복 제도를 흉내 내어 만들어진 정장이다. 속대는 호袍(목을 둥글게 판 겉옷) 아래로 시타가사네下襲(아래에 겹쳐 입는 옷)의 옷자락을 길게 늘어뜨리는 등, 상징적인 의미가 강한 의복이었다. 헤이안 시대에는 무관의 토노이宿直 복장의 실용성을 높이기 위해 속옷을 생략하고 긴 옷자락을 제거하여 움직이기 편한 사시누키바카마指貫袴로 바꾼 이칸을 입게 되었다. 옷을 입기 편했기 때문에 궁중으로 퍼졌으며 헤이안 후기에는 정장이 되었다.

예장인 제복은 이칸을 전부 청정한 하얀색으로 바꾼 것이며 하카마는 발목에서 묶는 사시누키바카마가 아니라, 발목에서 묶지 않는 사시코指袴를 입는다. 정장에서 칸무리는 2급 이상이 전체에 문양이 들어간 시게몬노칸무리繁文冠로, 3·4급이 문양이 없는 토몬노칸무리遠文冠로 되어 있다. 하지만 예장에는 위치에 관계없이 토몬노 칸무리를 착용한다.

상장인 카리기누란, 원래 헤이안 시대 서민의 평상복으로 목의 옷깃 부분에 심 역할을 하는 「에리시襟紙」를 넣은 겉옷이다. 겨드랑이를 꿰매지 않고 옷의 앞길前身頃과 옷의 뒷길後身頃을 따로 나눈 뒤 소매는 옷의 뒷길만을 꿰맨다. 이 덕분에 팔을 자유롭게 움직일 수 있게 되었으며, 옷의 앞길과 소매의 사이에서 안에 착용한 히토에単의 색이 보여서 멋스러운 모양새가 나오게 되었다. 카리기누는 원래 공가에서 사냥할 때 입던 옷이었는데, 이를 하얀색으로 통일한 뒤 신직 의복으로 삼으면서 죠에가 되었다.

신직의 의복

정장 : 이칸
(예장 : 제복)

- 정장(이칸)은, 대제 및, 덴노가 미사 참배를 할 때 착용.
- 중제를 할 때 착용하는 예장(제복)은 정장에 사시코를 입어서, 전체 색깔을 하얀색으로 통일한 것.

카리기누
(죠에)

- 상장은 소제 및, 각 신사에서 하는 일반 제사를 지낼 때 착용.
- 카리기누를 하얀색으로 통일한 것이 신기복神祇服인 죠에

정장

상장

정장의 변천

나라 시대	당나라의 의복 제도를 흉내 내어 속대가 정장으로 성립
헤이안 시대	무관이 야간 경비때 입는 복장으로 이칸을 사용.
헤이안 후기 원정기	정장이 속대에서 이칸으로 변경.
현대	현재 신직의 정장이 됨.

관련 항목

- No.012 하키모노
- No.015 여성 신직의 의상

여성 신직의 의상

여성 신직의 의상은 궁중의 여관이 이용했던 의복女房裝束이 원형이지만, 여기에 이르기까지 제법 복잡한 변천사를 거쳐야 했다.

● 케이코와 스이칸에서 뇨보 의복으로

2차 대전 이전까지는 여성 신직이 없었다. 때문에 그 역사는 의외로 짧은데, 궁중의 여관이 이용했던 뇨보의상女房衣裝을 베이스로 케이코桂袴를 정장, 스이칸을 상장으로 정한 것이 시작이었다.

케이코란 문자 그대로 우치기袿라고 하는 안감을 사용한 기모노와 **하카마**를 조합한 것이다. 우선 하얀 **코소데**에 주홍색 키리바카마切袴(무릎까지 오는 짧은 하카마)를 입고 그 위에 히토에單(옷감 한 장으로 만들어진 얇은 기모노)를 입은 뒤 그 위에 하카마를 착용한다.

케이코는 움직일 때 불편하기 때문에 쇼와 초기의 궁중에서 하급 여관의 제복이었던 우네메 의복采女裝束과 케이코 의복桂袴裝束을 절충하여 더 간편한 옷으로 바뀌었다. 하얀 코소데에 네지마치하카마捻襠袴(가랑이를 똑바로 꿰매어 움직이기 편하게 만든 하카마)를 착용한 뒤 그 위에 우치기를 입고, 그 위에 카라기누唐衣(하카마 위에 입는 짧은 겉옷)를 두른 것이다.

당시에 상의로 정해진 스이칸은 카리기누를 러프하게 만든 것이다. 「스이칸」이란 풀을 먹이지 않은 것을 가리키며, 풀을 사용하지 않았기 때문에 옷감이 부드럽다. 둥근 옷깃도 끈으로 정리했을 뿐이다. 스이칸은 헤이안 시대의 평민복이었지만, 무가로 퍼져 나가다가 이윽고 신관이나 무녀의 정장으로 받아들여졌다. 스이칸의 옷자락을 하카마에 넣어서 딱 맞게 입는 것이 가마쿠라鎌倉 시기의 의상이었지만, 현대의 여성 신직은 카리기누와 같이 옷자락을 내놓고 입는 일이 많다. 쇼와 62년(1987년)에 여성 신직의 복장 규정이 개정되면서 스이칸은 공식 신직 의복에서 제외되었지만, 일부 신사에서는 지금도 스이칸이나 여성용 카리기누에 네지마치하카마를 입는다. 상장은 현재 정장을 약간 간략하게 만든 케이코를 사용한다.

머리 모양은 토키사게垂髻를 했다. 이것은 트레머리의 일종으로 머리 전체를 뒤로 넘겨서 후두부 아래에서 정리하고 그 뿌리를 검은 **미즈히키**로 묶어서 잘라진 부분을 연결한다. 그 뒤 머리 전체를 하나로 묶고 시로타케나가百丈長라고 하는 일본 종이를 둥글게 말거나 접은 것을 포개어 통 모양으로 정리하여 장식했다.

여성 신직의 의상의 역사

메이지

무녀가 신직에서 제외된다.

궁중의 여관이
이용했던 뇨보의상

원형

뇨보의복

제2차 세계대전 이후

인원 부족으로 인해 여성 신직이

부활

정장을 케이코, 상장을 스이칸으로.

정장

상장

케이코

스이칸

1987년

여성 신직 복장 규정이 개정. 스이칸이 공식 신직 의복에서 제외된다.

현재

현재의 의복은 우네메 의복과 케이코 의복의 절충안으로.

쇼와 초기의 궁중 하급 여관의 제복

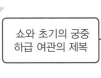

우네메 의복

신사무녀의 일

무녀가 하는 일은 천차만별. 실제로는 신사마다 일의 내용이 여러모로 달라진다.

● 부적의 수여부터 하라이까지

신사 무녀의 일은 **제사를 보조하는 것**이지만, 엄밀히 말하면 신직이 하는 제사를 제외한 전부라고 할 수 있다. **신사 행사나 제례의 준비 및 뒤처리, 부적이나 에마**絵馬**의 수여 및 제작, 신사의 청소, 관계자와의 연락, 사무 전반**이 포함된다. 계절별 제사나 예대제例大祭뿐만 아니라, 결혼식이나 하츠미야모우데初宮詣 등, 신사에서 이루어지는 그 수많은 행사에서 신직을 보좌하는 것이 무녀이다. 참고로 신직 자격을 가지지 못한 남자 보조자는 출사出仕라고 부른다.

무녀가 실제로 하는 일은 신사의 행사에 따라 크게 달라진다. 신사 행사를 무녀에게 얼마나 맡기는지는 신사에 따라 다르다. 어디까지나 신직만으로 신사 행사를 치르는 신사가 있는가 하면, 신직 자격을 가지지 않은 무녀에게도 신사 비전의 제사를 가르쳐서 하라이를 시키는 신사도 있다. 신사에 따라서는 무녀카구라라고 해서 신사 행사의 마지막에 무녀의 춤을 봉헌하는 풍습도 있다.

가족이 대대로 운영을 하는 신사(이것을 민사民社라고 부른다)의 경우, 당주가 궁사宮司를 맡지만, 가족 구성원 중 여성이 무녀가 되어 실제 제사도 포함해 신사의 온갖 일을 담당하는 일이 많다.

규모가 더 큰 신사는 대사大社라고 부른다. 여기서는 아르바이트 무녀나 출사를 고용하고 있으며 신직과 보조자 역할을 엄격하게 구분하고 있다. 이러한 대사에는 연말연시나 예대제와 같은 시기에만 기간 한정으로 임시 무녀 봉사자를 모집하는 경우가 있다.

신사는 그 지역과 밀접한 종교적인 존재로서, 그 고장의 씨자氏子(우지코, 해당 신사에서 모시는 신을 씨족신으로 삼는 그 지방의 신도)나 숭경회崇敬숲(근린 지역의 신도 집단)의 정신적 지주다. 신사의 신성한 공간을 유지하여 신과 인간의 사이를 중개하는 신직과 함께 그들을 맞이하는 일이 무녀에게는 중요하다. 따라서 신직이나 무녀의 대부분은 「신사에서 지내는 것 자체가 일」이라고 할 수 있다

신사무녀가 하는 다양한 일들

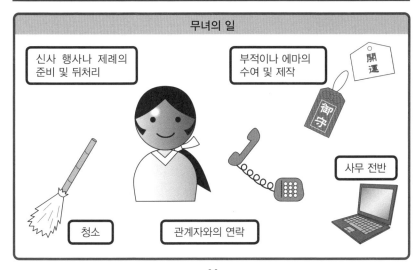

무녀의 일

신사 행사나 제례의
준비 및 뒤처리

부적이나 에마의
수여 및 제작

開運

御守

사무 전반

청소

관계자와의 연락

신직이 하는 제사를 제외한 전부

＋

게다가……

규모가 작은 민사 등에서는 신사 행사를 하는 일도 있다.
● 간단한 하라이   ● 무녀카구라   등

신사의 종류

	민사(民社)	대사(大社)
규모	작다	크다
무녀	가족 구성원 중 여성이 맡는 경우가 많다.	연말연시나 예대제와 같은 시기에는 임시 무녀 봉사자를 모집하는 경우가 있다.
무녀의 일	제사를 포함해 신사의 온갖 업무 전반.	신직 보조만.

관련 항목
● No.017 의전
● No.018 무녀의 하루
● No.019 응대와 수여
● No.020 수작업
● No.021 재계
● No.022 또 하나의 재계～경내의 청소

의전

무녀는 신직의 제사를 보조한다. 그 최초의 한 걸음이 의전典儀으로 제사를 안내하고 사회 진행을 하며 참배자가 모르는 것이 있으면 도와주는 일을 한다.

●꼼꼼한 배려로 신직과 신자를 도와준다

무녀는 제사 보조자라고 한다. 이것은 제사(신도의식)의 사전 준비나 뒤처리뿐만 아니라 제사가 한창일 때는 축사祝詞나 제식祭式에 집중해야 하는 신직을 대신해 제사를 진행해야 하며 그 외에도 자잘하게 신경 써야 할 일이 많다. 이러한 일의 첫걸음이라 할 수 있는 것이 「의전」. 제사의 안내와 사회진행, 참배자의 유도나 보조를 하는 일이다.

우선 하라이나 기원의 접수를 받았으면, 예정 시간을 고해서 대합실에 있는 산슈덴參集殿으로 안내한다. 이 시점에서 「니레니하쿠슈이치레二礼二拍手一礼(두 번 고개 숙여 절하고 두 번 박수를 친 다음 한 번 고개를 숙여 절하는 일본 사찰의 참배법 - 역자 주)」라고 하는 참배의법을 설명하고 상중인 사람이 있는지를 확인한다. 신도의 신은 죽음의 부정함을 싫어하기 때문에, 가족이나 가까운 친족의 사후 50일(가능하면 1년 동안. 불교식으로는 49일)은 신사에의 참배를 피하는 것을 권하고 있다. 하지만 어쩔 수 없이 참배를 갔을 경우, 실제로 배전拜殿에 들어가기 전에 부쿠누키服拔き라고 하는 간단한 하라이를 할 필요가 있다. 또한, 카쿠에袼衣라고 하는 약식 정장을 참배자에게 걸치게 하는 경우도 있다.

제사 준비가 끝났으면 산슈덴에 모인 참배자의 인수를 확인하고 배전으로 유도한다. 신사 행사에 익숙하지 않은 사람이 많을 때는 이 시점에서 제사 순서를 사전에 설명한다. 참배자가 배전에 들어갔다면 신직이 제사를 진행하지만, 무녀는 그 보조로서 참배자에게 순서를 조언하거나 제사의 다음 차례를 고하기도 한다. 또한, 배전에 출입해서 어신주御神酒나 수여품 준비에도 들어간다.

기원이 끝난 후 참배자는 약식 나오라이直会로 어신주를 받는다. 이것은 신과 음식을 공유하는 중요한 의식이지만, 아직 술을 마실 수 없는 어린 아이나 운전을 해야 하는 사람에게는 의전에서 「시늉만 하셔도 됩니다.」라고 말해준다.

참배가 끝난 후, 참배자를 다시 산슈덴에 안내한다. 그 후, 수여품 증정이 있으므로 참배자들이 잊고 그냥 돌아가지 않도록 신경 쓴다. 수여품 증정을 끝내고 참배자가 떠나면 회수한 카쿠에와 산슈덴을 정돈하고 다음 참배자를 맞이할 준비를 한다.

의전의 순서

> **의전이란**
> 제사의 안내와 사회진행, 참배자의 유도나 보조를 하는 일.

| 접수 | 하라이나 기원을 접수한 후, 예정 시간을 알려준다. |

▼

| 안내 | 산슈덴으로 안내한 후, 상중인 사람이 있는지를 확인. 가족이나 가까운 친족의 사후 50일 이내인 참배자가 있다면 부쿠누키를 한다. |

▼

| 유도 | 참배자의 숫자를 확인하고 배전으로 유도. 이때 제사 순서도 설명한다. |

▼

| 제사 중 | 제사를 진행하는 신직을 보조. 참배자에게 순서에 관해 조언하거나 제사의 다음 차례를 알린다. |

▼

| 기원 후 | 약식 나오라이로서 어신주를 대접한다. |

▼

| 참배 후 | 참배자를 다시 산슈덴에 안내하여, 수여품을 증정한다. 참배자가 떠난 후에는 산슈덴을 정리하고, 다음 제사를 준비한다. |

카쿠에

카쿠에란 신사에서 참배를 온 신도들을 위해 빌려주는 약식 예장이다.

관련 항목
- No.016 신사무녀의 일
- No.019 응대와 수여

무녀의 하루

신사의 잡무를 도맡아 처리하는 무녀의 하루는 분주하다. 아침 준비부터, 제사의 보조, 재계齋戒(청소) 등 해야 할 일은 잔뜩 있다.

● 아침부터 밤까지 무녀는 매우 바쁘다

우선 신사의 하루는 아침 일찍 신전의 문을 여는 것부터 시작한다. 아침 제사를 준비하기 위함이다. 아침저녁의 제사는 신에게 신찬神饌을 바치는 신사 행사로 일반적으로 어일공御日供, 정식으로는 히나미노고쿠日並御供, 또는 신찬제神饌祭(아침·저녁)라고 한다. 제사 그 자체는 신직이 하지만, 정장인 의관 속대衣冠束帶를 입은 신직 혼자서 자잘한 잡무까지 일일이 수행할 수는 없는 법이다. 따라서 보조적인 잡무는 전반적으로 무녀가 도와주는 것이다. 신에게 바치는 **신찬**을 배치하거나 제전까지 운반하는 일도 중요한 일이다. 신찬의 조리는 신직이나 전문 조리사가 신찬전이나 사무소에서 한다.

제전이 시작될 때쯤에 문을 여는 경우에는 반드시 왼쪽부터 연다. 신도에서 왼쪽은 특히 고귀한 방향으로 취급된다. 용건이 있어 신사 앞을 지날 때는 반드시 그 신사의 신에게 오지기ぉ辞儀를 한다. 단, 짐을 들고 있을 경우에는 인사를 하지 않는다.

그 후 신사 안에 있는 각 시설의 문을 열면서 **재계**를 한다. 수여소 담당이라면 부적 따위의 재고를 확인하고 필요하다면 그것을 보충한다.

아침 제례와 재계가 끝나면 한숨 쉬고 참배자를 기다리게 된다.

연말연시나 제례가 있는 성수기는 참배자의 응대로 매우 분주하지만, 그 전후는 씨자회氏子숲나 숭경회와의 연락 업무를 하거나 제례에서 하라이를 한 부적을 발송(이것을 카미오쿠리御神送라고 한다)하는 등 대외 연락 업무가 많다. 대길일大安吉日에는 결혼식이나 지친사이地鎭祭와 같은 관혼상제冠婚葬祭 업무가 늘어난다. 휴한기休閑期에는 사무소社務所 내부에서 수작업을 한다. 의외로 파마시破魔矢나 부적류는 **무녀의 수작업**으로 만들어진다. 부품은 외주업자에게 보내어 만들지만, 하라이를 한 어신체의 미타마御魂를 부적 주머니에 넣는 것은 무녀나 신직이 각 신사에서 한다. 저녁에는 다시 제례가 있어서 이것을 준비하거나 뒤처리를 한다. 그리고 이것을 마친 뒤에는 신사를 돌며 시설 문단속을 한다. 때로는 밤에 근처의 씨자회와 교류를 하는 경우도 있기 때문에 밤이라고 해서 쉴 수 있는 것은 아니다.

한 눈에 보는 무녀의 계통도

이른 아침	<ul><li>신전의 문을 연다.</li><li>아침 제사朝拜 준비(보조적인 잡무 전반)</li><li>신찬의 배치 및 신전까지 운반.</li><li>각 시설의 문 개방 및 재계(청소).</li><li>부적 등의 재고 확인 및 보충 등.</li></ul>

	성수기	성수기 전후	휴한기
낮	• 참배자 응대.	• 씨자회 등을 향한 연락 업무. • 부적 발송 (카미오쿠리).	수작업 등.

저녁~밤	<ul><li>저녁 제사夕拜 준비 및 뒤처리</li><li>각 시설의 문단속</li></ul>

쿳코屈行

용건이 있어서 신사 앞을 지나갈 때는 반드시 그 신사의 신에게 오지기를 한다. 단, 짐을 들고 있을 경우에는 인사를 하지 않는다.

관련 항목

응대와 수여

신사에서 응대応対와 수여授与를 담당하는 무녀는 참배자가 처음으로 접하는 「신사의 얼굴」이기도 하다.

● 무녀와 참배자의 관계

무녀는 제사에 전념하는 신직을 대신해 참배자를 맞는 「**신사의 얼굴**」이다. 신사의 접수처인 사무소에서 참배자의 응대나 접수 업무를 맡는데, 하라이 등의 각종 제사 접수나 안내, 부적의 수여, 연락 업무를 하며, 하라이나 신전혼神前婚의 신청자에 대한 안내 및 접수도 맡고 있다.

이때는 신사 특유의 말투를 사용하는데, 예를 들어 부적 수여에는 돈을 받지만 이것은 어디까지나 종교적 행위이기에 판매가 아니라 「(신이 신도에게) 수여」한다고 하며, 「수여품」이라 부른다. 또한, 부적은 어제신의 미타마御霊를 나누어 주는 것이므로 「오와케스루お分けする(높으신 분께서 나누어주심)」이라고 한다. 또한 신사에 온 참배자를 맞이할 때는 「이랏샤이いらっしゃい(상점 등에서 손님이 왔을 때 사용하는 인사말. '어서 오세요'라는 뜻이 있다)」가 아니라 「도우모요우코소どうもようこそ(이 역시 '어서 오세요'라는 뜻이 있지만 좀 더 공손한 느낌이거나 극진히 모시는 느낌이다)」라 하는데, 이는 신사에 참배하러 옴으로써 부정함을 제거하는 첫걸음을 내디딘 것이기 때문에 이것을 환영한다는 뜻이다.

참배자가 부적을 받기를 원할 때는 「요쿠오마이리쿠다사이마시타よくお参りくださいました(방문객에 대한 극진한 환영. '정말 잘 오셨습니다'라는 뜻)」라고 말하며 감사의 뜻을 나타내거나 공손하게 인사를 건넨다. 부적은 신의 힘이 깃든 귀중한 물건으로 이를 신도에게 건네는 중요한 의식인 것이기에 부적을 건넬 때는 공손하게 양손을 모아 건네주었다.

하츠모우데初詣나 토리노이치酉の市(매년 11월. 상업 번창을 기원하는 축제) 등에서는 해당 신사와 관련된 엔기모노緣起物가 다수 진열되어 있다. 여기서도 「마이도아리毎度あり(물건을 구입하거나 서비스를 이용한 손님에게 하는 감사말)」 대신, 「오메데토고자이마스おめでとうございます(공손한 느낌으로 하는 축하 인사)」라며 축하의 말을 나누는 것이 신사의 얼굴인 무녀의 소임이다.

또한 사무소는 제사와 관련된 접수창구 역할을 하며, 여기서 무녀는 예약의 접수, 안내, 문의 대응과 의식의 절차 지도를 맡게 된다.

무녀는 신사의 얼굴

응대

제사를 하는 동안, 무녀가 사무소에서 하는 접수 업무.
신사의 얼굴로서 무녀의 역할.

● 각종 제사의 접수 및 안내 ● 부적 수여 ● 전화 업무

수여

부적 등을 나누어주는 신앙상의 행위. 부적 등의 신의 힘이 깃든 수여품을 건네는 중요한 의식. 수여품에는 어제신의 미타마를 나누어 준다는 의미가 있기 때문에 「오와케스루」라고 한다.

무녀의 말씨

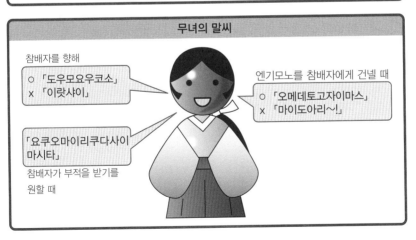

참배자를 향해

ㅇ 「도우모요우코소」
x 「이랏샤이」

엔기모노를 참배자에게 건넬 때

ㅇ 「오메데토고자이마스」
x 「마이도아리~!」

「요쿠오마이리쿠다사이마시타」
참배자가 부적을 받기를
원할 때

관련 항목
● No.016 신사무녀의 일
● No.019 응대와 수여
● No.052 연말연시의 의식

수작업

신사에서 배포하는 수여품의 대부분은 최종공정으로 무녀나 신직이 직접 만들게 된다. 신사는 가내수공업이기도 한 것이다

● 부적이나 파마시는 무녀의 수작업으로 만든다?

무녀는 제사가 없는 시기에도 해야 할 일이 있다. 바로 수작업手仕事이다. 사실, 부적ぉ守り의 대부분은 무녀의 수작업으로 만들어지고 있다.

이유는 간단하다. 부적이든 **파마시**든 신사에서 배포하는 수여품은 모두 그 신사의 제사를 거쳐 갈 필요가 있다. 부품이나 완성품은 전문업자의 공장에서 생산되고 있지만, 신에게 바쳐서 신을 불러들이는 의식을 받지 않으면 여기에 신의 분령分霊이 깃들지 않아 부적이 완성되지 않기 때문이다.

부품으로 납품되는 경우 하라이를 한 어신체御神体(신의 이름을 적은 목패나 고슈인(御朱印)을 넣은 지찰(紙札) 등)를 부적 주머니에 넣는 작업은 각각의 신사에서 무녀나 출사가 직접 만드는 것이다.

어신체가 들어가는 점에서 부적은 단순한 물체가 아니라 「신」의 분신이라 할 수 있다. 이 때문에 부적의 개수를 셀 때는 한 개나 두 개가 아닌, 1체, 2체라고 한다.

최근 열쇠고리나 흡반을 달아 차량 내부에 장식할 수 있게 한 부적이 늘어나면서 비닐로 포장한 것이 늘어나고 있다. 이러한 것들은 전문업자가 제작하는 경우가 많지만, 신사에서 수작업으로 만드는 것도 있다. 후자의 경우 열로 간단히 비닐 포장을 할 수 있는 파우치 머신이 부적 마무리용으로 활약한다. 어신수御神水나 오스나御神砂를 배포하는 신사에서는, 어신수나 오스나를 포장하는 작업을 사무소 안에서 하고 있는 것이다.

에마나 토령土鈴 등은 외주생산이 많지만, 수여소에 진열하기 전에 반드시 신전에서 하라이를 받는다는 점은 다르지 않다.

이 작업은 보통 상근 무녀만으로 충분하지만, **연말연시**에는 만들어야 할 양이 격이 다를 정도로 많다. 따라서 가을 예대제가 끝나고 만추가 되면 어느 신사를 막론하고 정월을 대비해서 파마시 제작을 시작으로 하는 수작업이 늘어나게 된다. 그리고 정월 한정 아르바이트 무녀들은 연수 시작과 동시에 이러한 수작업에 동원된다.

수작업으로 만들어지는 것

부적

에마

파마시

배포용 어신수

상자에 들어 있는 오스나

화장지 手水紙

부적의 구조

누노부쿠로의 경우

누노부쿠로布袋 속에 하라이를 한 신찰神札이 들어 있다. 신찰로 신명을 적은 목찰이나 고슈인을 넣은 지찰 중 하나, 혹은 두 개를 다 넣는다. 작은 신의 형상을 넣은 예도 있지만, 애당초 신도에는 우상숭배의 요소가 없기 때문에, 이것은 신불습합神佛習合의 요소가 강한 사원에 한정된다.

파우치 타입

덮개 안쪽에 신명을 인쇄하고, 고슈인이 새겨진 종이 지찰을 넣어서 파우치에 포장한다. 어신수나 오스나의 경우, 주머니에 숟가락을 한 개씩 넣어서 파우치에 포장한다.

관련 항목
● No.016 신사무녀의 일
● No.045 어신찰
● No.052 연말연시의 의식
● No.053 파마시와 궁신사

재계

신도는 청정함을 중시한다. 이 때문에 제사에 종사하는 자나 기원祈念하는 자에게는 철저한 청정이 요구된다. 그것이 재계齋戒다.

● 제사자가 되기 위한 정진결재

재계란 제사자가 제사 관련 행사를 치를 자격을 갖추기 위해 부정함穢れ과 접촉하지 않도록 주의하거나, 몸을 정결하게 하는 일이다. 일본어로는 「모노이미物忌」라 하며 불교의 영향을 받아 「정진결재精進潔齋」라고도 부른다.

신기령神祇令에서는 재계를 아라이미散齋(荒忌)와 마이미致齋(眞忌), 그리고 아토이미後齋의 3단계로 나눈다. 아라이미는 제례 전후로 장기간에 걸친 모노이미 기간으로 식습관, 부정의 회피 등의 「육색의 금기六色の禁忌」가 요구되는데, 이것은 죽은 자를 애도하는 것, 병문안을 가는 것, 짐승의 고기宍를 먹는 것, 형살刑殺의 죄와 죄인의 결벌決罰, 음악을 하는 것, 예악穢惡(타인의 명예를 훼손하는 등의 더러운 죄악 - 편집자 주)의 죄를 저지르는 것을 금하는 것이다. 이 외에도 불로 조리한 것밖에 먹지 않는다(別火), 성교하지 않는다(성적인 접촉의 금기), 죽음이나 피와 접하지 않는다(피의 부정함에 접하지 않는다. 생리중인 여성에게 접근하지 않는다) 등의 금기가 있다.

마이미는 제례 직전에 하는 결재(潔齋)의 마무리로 제사에 전념하기 위해 엄격한 계율을 지키고, **미소기**禊(더러움을 떨쳐내기 위한 행동. 흔히 목욕재계로 번역된다. 미스스기(身すすぎ, 身削ぎ), 미소소기(靈注ぎ) 등의 표기법이 존재한다 - 역자 주) 등의 하라에祓로 몸의 청정함을 극한으로 올리는 것이다. 하라에는 몸에 달라붙은 흉사凶事나 부정, 사악한 것을 떨쳐내는 것으로 주문을 외거나 몸을 물로 씻는 미소기가 그것이다. 이를 통해 속세의 부정을 떨쳐내고 신령을 받아들이기 쉽도록 한다. 아토이미는 제사가 끝난 후, 재계를 해제하는 것을 가리킨다.

신직만이 아니라 지역 집단에서 재계를 하는 일도 있다. 소위 이미코모리忌籠り라고 하여, 하기 전이나 특정 월령月齡일 때 츠키마치月待ち(3·13·17·23·26일 등 특정한 월령의 날에, 마을 사람들이 음식을 같이 들면서 달뜨기를 기다려 배례하는 행사 - 역자 주) 등을 하기도 한다. 하지만 세월이 흐르면서, 오미소카大晦日(일본의 정월 전야(1월 1일)를 말한다. - 역자 주)의 제야제除夜祭나 경신신앙庚申信仰과 같이 밤을 지새우는 제례로 바뀌어버린 것도 많다.

재계의 종류

재계

제사자가 제사를 치르기 위해서 부정함과 접촉하지 않도록 주의하거나, 몸을 정결하게 하는 등의 일을 하는 것.

아라이미
● 제례 전후로 장기간에 걸친 모노이미 기간.
● 육색의 금기가 요구된다.
● 벳카剜火로 조리한 것밖에 먹지 않는다. 성교하지 않는다. 죽음이나 피와 접하지 않는다

● 죽은 자를 애도하는 것
● 병문안을 가는 것
● 짐승의 고기를 먹는 것
● 형살의 죄와 죄인의 결벌
● 음악을 하는 것
● 예악의 죄를 저지르는 것

마이미
● 마이미는 제례 직전에 하는 결재의 마무리.
● 엄격한 계율을 지키고, 몸의 청정을 극한으로 올린다.
● 주문을 주창하거나 미소기를 사용해서, 몸에 달라붙은 흉사나 부정, 사악한 것을 떨쳐낸다.
● 신령이 쉽게 들어올 수 있도록 하기 위해서라고 한다.

후제
● 제사가 끝난 후, 재계를 해제

이미코모리

이미코모리 지역 집단의 재계
제사를 하기 전이나 특정 월령(月齡)일 때 츠키마치를 위해 기다리는 일 등.

세월이 흘러, 특정 행위를 이끌어내고자 하는 의미가 희미해지면서 밤을 지새우는 제례로 바뀌어버린 것 → 제야제나 경신신앙 등

관련 항목
● No.016 신사무녀의 일
● No.022 또 하나의 재계~경내의 청소
● No.036 참배의 예절
● No.037 테미즈야

또 하나의 재계 ∼ 경내의 청소

신사는 깨끗한 장소여야만 한다. 이 때문에 경내의 청소는 신사무녀에게 있어 중요한 일이라 할 수 있다. 이것도 또한 재계인 것이다.

● 신사를 깨끗하게 유지한다

신도의 신은 깨끗함을 선호한다. 이 때문에 신사는 항상 청정해야 할 장소이며, 신사에 봉사하는 무녀에게 **신사를 청소하는 것은 중요한 일**인 것이다. (일반적으로 **재계**는 제사자의 결재를 가리킨다. 신사를 청소하는 것이 재계라는 말은 어디까지나 업계 방언으로 재계라고 하지 않는 신사도 있다)

우선 신사 등의 신을 모신 건물 내부는 걸레로 닦아 청소한다. 신전은 개방적인 구조로 되어 있는 경우가 많으므로, 비가 많이 오는 시기는 비가 처마 밑의 조각 등에 고이지 않도록 신경 쓴다. 연말에는 조릿대를 사용한 스스하라이煤払い 의식이 열리면서 천장이나 난간에 쌓인 먼지를 털어낸다.

경내 청소는 오로지 대나무 빗자루와 갈퀴만을 사용한다.

청소는 우선 신사 앞부터 시작한다. 시작하기 전에 신사에 인사를 한 번 하고 신사 앞부터 빗자루로 쓸어 깨끗이 한다. 그 뒤 참배길을 중심으로 경내부터 토리이鳥居(신사 입구에 신성한 곳을 나타내기 위해 세워놓는 기둥문. 신의 세상과 인간 세상의 경계 역할을 한다고 한다 – 역자 주) 바깥을 향해 빗자루로 쓸어낸다. 시간이 없을 경우에도 신사 앞과 참배길은 중점적으로 청소해야 한다. 연못이나 돌계단에는 물에 젖은 낙엽이 쌓이므로 너무 쌓이지 않도록 주의한다. 테미즈야手水舍(신사나 절의 참배자가 손이나 입을 깨끗이 씻게 물을 받아 두는 건물 – 역자 주)도 마찬가지다. 쓰레기는 쓰레받기로 받지만, 반드시 비닐봉지를 준비하여 적당히 타지 않는 쓰레기 등을 주워나간다. 모아놓은 쓰레기는 자연물과 그 외로 나눈다.

모든 것에서 신의 속성을 찾아낼 수 있는 신도에서, 나뭇잎과 같은 자연물은 팔백만 신의 일부이기 때문에 그냥 버리지는 않는다. 경내나 주차장 따위의 구석에서 건조시킨 후, 경의를 담아 소각하거나 연료로 사용한다. 단, 최근 도시 지역에서는 소방법에 의한 제한이 엄격해지면서 좀처럼 모닥불을 태울 수가 없게 되었고, 땅에 묻기에는 경지에 한계가 있어서 쓰레기로 내보낼 수밖에 없게 되었다.

그 외, 의상이나 직물의 세탁, 찻잔이나 술잔 등을 세척하는 등은 틈틈이 수행한다. 의상에 얼룩이 지거나 때가 타서도 안 된다.

재계(청소)의 순서

신도의 신은 깨끗함을 선호하기 때문에 경내 청소도 무녀의 중요한 일 중 하나.

신사 내부는 걸레로 닦아 청소. 연말에는 조릿대를 사용한 스스하라이 의식이 열린다.

눈이 많이 오는 곳에서는 대설 지대에는 무녀가 눈을 쓸기도 한다.

참배길을 중심으로 경내부터 토리이 바깥을 향해 빗자루로 쓸어낸다.

연못이나 돌계단에는 물에 젖은 낙엽이 쌓이므로 너무 쌓이지 않도록 주의한다.

경내 청소를 「재계」라고 하지 않는 신사도 존재한다

쓰레기의 분류

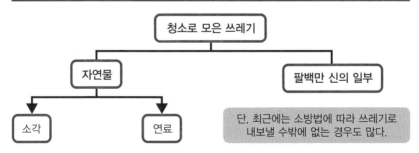

청소로 모은 쓰레기

자연물

팔백만 신의 일부

소각

연료

단, 최근에는 소방법에 따라 쓰레기로 내보낼 수밖에 없는 경우도 많다.

관련 항목
- No.016 신사무녀의 일
- No.021 재계
- No.037 테미즈야

무녀는 현장 노동자

무녀의 하루는 아직 끝나지 않는다. 무녀의 일상은 다양한 잡무, 연찬(硏鑽), 안내역의 연속인 것이다.

● 무녀의 본직은 힘쓰는 일?

지금까지 **무녀**(제사 보조자)**가 하는 일**을 대략적으로 소개했지만, 이것이 전부인 것은 아니다. 제사에 전념하는 신직을 위해 온갖 보조 업무를 한다. 때때로 남자가 할법한 힘쓰는 일이 무녀에게 맡겨지는 경우도 있다. 예를 들어 외제(외부에서 하는 제사)나 우편 업무를 위해 짐을 옮기는 것은 무녀(또는 출사)의 일이다.

실제로 무녀가 하는 일이 어디까지인지는 신사에 따라 다르다. 업무 내용의 대부분은, 특히 큰 대사大社(규모가 크고 가장 격이 높은 신사. 또는 저명한 신사. – 역자 주)급 외에는 매뉴얼로 정리되어 있지 않고, 무녀끼리 입에서 입으로 전해지는 것이다. 일부 오래된 신사에서는, 무녀가 비전의 하라이 행사를 하는 경우도 있다고 한다.

게다가 일을 하는 도중에는 무녀로서 배워두어야 할 사항이 많다. 신사의 창구로서 참배자에게 응대할 수 있도록, 신사의 유래나 신도 제사에 관한 지식을 배워두지 않으면 안 된다. 최근에는 초등학교~고등학교 수업에서 신사를 조사하는 과제가 많아지면서, 그 지방의 신사에 질문을 하거나 전화를 걸거나 하는 아이들이 많다. 자세한 사항은 궁사宮司(신사의 제사를 맡은 신관 중 가장 높은 신관 – 역자 주)나 신직에게 돌리게 되지만, 신사의 얼굴로서도 어느 정도 알아둘 필요가 있다.

또한, 다양한 수업을 받아야 한다. 서예는 무녀가 반드시 배워야 할 교양이지만, 프로 무녀가 되기 위해서는 다도お茶, 꽃꽂이お花, 무용舞踊, 아악雅樂 연습을 빼놓을 수 없다. 카구라 춤을 하는 신사에는 카구라메神樂女가 되기 위한 수행도 있고, 제례를 할 때의 역할도 배워두어야만 한다.

신사에서의 근무가 끝났다고 하더라도 무녀는 몸가짐에 주의하지 않으면 안 된다. 신사의 무녀는 그 지방의 유명인이기 때문에, 무녀 의복을 입지 않았다고 하더라도 「신사의 얼굴」이라고 보고 주의를 받게 된다. 근무 시간 외라 하더라도 방탕한 언동 등, 신사의 성역의 이미지를 무너뜨릴 만한 행동은 금기시되고 있는 것이다.

무녀가 반드시 배워야만 하는 것

필수 교양

예의범절
창구 업무에 필수.

서예
사무 쪽에서 수작업을 위해 필수.

운전면허
외제 등을 위해 운전면허는 필수.

컴퓨터
현대의 사무직이라면 필수. 사무경리, 회원관리, 우편업무, 공식 웹페이지나 블로그의 개설 운영 등에 사용한다. 신사 관계자의 네트워크도 있다.

프로 무녀에게 필요한 교양

다도
예의범절을 배우기 위해 추천. 다도 봉사도 있음.

꽃꽂이
일본의 계절을 배우기 위해 추천.

무용
카구라를 추기 위한 기초. 행동의 본보기도 된다.

아악
제례나 카구라에서 일본 악기를 연주하는 일이 많다. 전문가에게 맡기는 경우도 있다.

그 외 배워두면 좋은 교양

경리
종교법인 단체인 신사에는 시무도 무녀의 일이다. 부기簿記를 할 수 있다면 결혼으로 은퇴한 뒤에도 사무 쪽으로서 일을 계속할 수 있다.

외국어
외국인 관광객 대책으로 외국어를 할 수 있으면 좋다.

관련 항목
● No.016 신사무녀의 일
● No.019 응대와 수여
● No.026 무녀의 춤

무녀가 되는 방법

무녀가 되기 위해서는 무엇을 해야 할까? 그 방법은 지역에 따라 천차만별이다.

● 취업정보지부터 연줄 취직까지

무녀가 되고 싶은 경우, 직접, 신사에 물어보는 것이 가장 빠른 길이다.

하츠모우데(初詣)와 같은 시기에 북적이는 유명한 신사의 대부분은 기간 한정으로 무녀 봉사자를 모집하고 있다. 그 지방의 취직 정보지나 신문 광고에 개재하기도 하며 신사의 홈페이지나 신사 경내의 게시판에 고지해놓는 곳도 있다. 예를 들어 칸다묘진神田明神의 경우에는 정월에 맞춰 100명의 조무무녀助務巫女(아르바이트)를 모집하고 있다.

정월의 경우, 실질적인 근무가 **오미소카**大晦日**를 시작으로, 7일 이후까지 계속된다.** 개시 전에 연수, 의상 맞추기, 파마시 제작 작업 등이 있기 때문에 10월부터 11월에 걸쳐 모집하며, 11월 중에는 결정하는 신사가 많다.

상근 무녀는 결원이 생길 때 모집한다. 지역의 취직 정보지에 모집을 내는 경우도 있지만, **씨자**나 **숭경회**, 신직 자신의 친적이나 일가, 신도계의 학생 등이 소개되는 예가 많다. 신사의 업무는 그 지방과의 관계가 깊고, 전통적인 관례나 절차도 많기 때문에 그 지방의 신도가 우대된다. 응모조건은 22~25살까지의 미혼여성으로 정해진 것이 많다. 임시 무녀는 고등학생부터지만, 상근은 고졸 이상이 요구된다. 신직 양성 기관에서 배운 여성이 응모하는 경우도 많아서 인기 있는 신사는 경쟁률이 수십 배까지 오른다. 그리고 무녀는 종교상 일본에 한정된다. 오래된 일본의 민속신앙인 신도를 받아들이는 사람이 아니면 안 되기 때문이다. 또한, 의식의 대부분은 정좌 상태로 진행되기 때문에 정좌를 할 수 있어야 마나 한다. 게다가 패션 부분에서 제한이 많다. 피어스, 귀걸이, 반지와 같은 장신구는 봉사 중일 때는 **빼야만** 한다. 머리를 염색하거나, 매니큐어를 바르는 것도 안 되며 타투 등의 문신도 일절 허용되지 않는다.

최종적으로 중시되는 점은 신사에 어울리는 인물인가 하는 점이다. 예의, 말씨, 몸가짐, 신도에 대한 지식에 더해 「청정함」이 중시된다.

무녀가 되기 위해서는

기간 한정 무녀의 경우

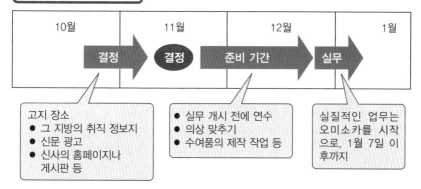

10월	11월	12월	1월
결정	결정	준비 기간	실무

고지 장소
● 그 지방의 취직 정보지
● 신문 광고
● 신사의 홈페이지나 게시판 등

● 실무 개시 전에 연수
● 의상 맞추기
● 수여품의 제작 작업 등

실질적인 업무는 오미소카를 시작으로, 1월 7일 이후까지

무녀가 되는 조건

미혼 여성 (22세~25세까지가 대부분)	일본인	청정감이 있다

머리카락을 염색하지 않는다(헤어 칼라 금지)

머리카락이 긴 것은 필수는 아니지만, 긴머리가 좋다.

피어스, 귀걸이 등은 뺀다.

반지 등은 빼며 손톱이나 피부를 물들이지 않는다(매니큐어, 타투 금지).

정좌가 가능하다.

관련 항목
● No.040 씨자회와 숭경회
● No.052 연말연시의 의식

신사에 소속되지 않은 무녀

신사 외에도 무녀가 있다. 그러한 무녀는 도대체 어떠한 존재들일까?

● 신사무녀 이외에도 무녀는 여러 가지

무녀는 (모종의 코스프레를 제외하고) 신사 이외에, 다음의 장소에 존재하고 있다.

우선 첫번째로 신궁사神宮寺라 하여, 신사와 불교 사찰의 요소를 아울러 갖춘 사원이 있다. 신불습합의 전통 때문에 메이지 유신明治維新 이전까지 신도와 불교는 깊은 유대 속에 교류하고 있었다. 신궁사는 사원 안에서 운영되는 신사로 곤겐権現(부처나 보살이 중생을 구하기 위해 일본 전래의 신의 모습을 빌어 나타난 것-역자 주) 등 신도의 신이 불교에 귀의하여 사원 속에 들어간 것이다. 대부분은 메이지 유신의 신불분리령메이지 유신 직후 메이지 덴노가 내린 신도와 불교를 분리하라는 칙령 – 역자 주)으로 사라졌지만, 궁사宮司의 노력으로 일부 사원들은 그 형식을 남길 수 있었다. 이러한 사원들은 얼핏 보면 불교 사원처럼 보이지만, 사무소에는 무녀가 있어서 승려의 보조직을 맡고 있다. 나리타야마의 신쇼오지新勝寺나 진다이지深大寺에 무녀가 있는 것은 이러한 이유에서 비롯된 것이다.

또한, **신사본청**에 소속되지 않았으며 기타 민속 종교가 된 교파 신도教派神道, **빙의무녀**의 계통, 그리고 신도의 계보를 잇는 신종교종파에도 무녀가 있는 경우가 있다. 그들은 신도의 옛날 체제를 전승하거나 고신도古神道(유교나 불교 등의 외래 사상의 영향을 받기 이전의 일본의 전통 무속 신앙 – 역자 주)의 요소를 받아들이기도 하지만, 교단에 의해 무녀가 주술적인 요소를 담당하는 경우도 많다.

신사본청에 소속된 것은 일본 내의 신사뿐이지만, 일본 밖에도 신사가 있다. 주로 2차 대전 이전에 일본의 신탁 통치령이던 태평양의 섬들과 다수의 일본인이 이민했던 하와이에 신사가 여러 곳 있었지만, 2차 대전이 시작되면서 아시아 및 북미 본토에 있었던 신사의 대부분은 적대국의 종교 시설로 취급되어 탄압받았으며 그 결과 폐쇄되거나 폐절되었다. 하지만 지금도 하와이에서 활동을 계속하는 하와이 칠사ハワイ七社를 필두로 남태평양의 일부 도서, 브라질 등의 남미에도 존재하며, 일본의 신사 본청이나 각지의 대사大社와 교류를 계속하고 있다.

신사 이외에 무녀가 있는 장소

신궁사

- 신도 신사와 불교 사원의 요소를 아울러 갖춘 사원(메이지 유신 이후 신불분리령이 내리기 이전에 건설된 것).
- 무녀가 승려의 보조직을 맡고 있다.
  예)나리타야마 신쇼오지나 도쿄의 진다이지

교파 신도, 빙의무녀의 계통, 그리고 신도의 계보를 잇는 신종교종파

- 신도 그 자체는 아니지만, 신도의 옛날 체제를 전승하거나 고신도(古神道)의 요소를 받아들이기도 한다.
- 경우에 따라서 무녀의 직무를 가진 자가 있다. 무녀는 주술적인 요소를 맡고 있는 일이 많다.

해외의 신사

- 국외이기 때문에 신사본청(神社本廳)에는 소속되지 않는다.
- 제2차 대전 이전부터 일본인이 있었던 지역에서 만들어졌다.
- 제2차 대전이 시작되면서 일본을 제외한 아시아 및 북미 본토에 있었던 신사의 대부분은 폐절.
- 지금도 하와이나 남태평양의 일부 도서, 남미에 존재한다.
  예)하와이 칠사 등

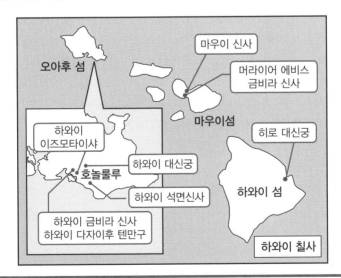

무녀의 춤

무녀라고 하면 춤을 추는 모습을 떠올리는 사람도 있지만, 무녀 = 무희인 것은 아니다. 무녀와 춤의 관계는 기묘한 것이다.

● 무녀, 야오토메, 무희, 무인

무녀의 이미지를 떠올리다 보면 제사를 할 때 춤을 추는 모습을 떠올릴 수 있지만, 이러한 사람은 무희舞姫, 무인舞人, 옛말로 야오토메八乙女 등으로 불린다. 현재의 신사무녀는 제사 보조자이지 무희인 것은 아니다. 무녀춤巫女舞을 하지 않는 신사가 있는가 하면, 대대로 춤을 계승하는 사가社家도 있다.

무녀가 추는 춤은 크게 **카구라**와 **무악**舞楽으로 나누어진다. 일반적으로 신도의 춤은 카구라라고 불리지만, 카구라 중에는 남무男舞가 있는가 하면 무녀춤도 있다. 또한, 지방에 따라서도 노교겐能狂言(가면 음악극인 노가쿠(能楽)를 상영할 때 막간에 공연하는 희극 – 역자 주)의 영향을 받아 가면을 쓰는 경우도 있는가 하면, 가면을 쓰지 않고 맨얼굴로 춤을 추는 경우도 있다. 소위 말하는 무녀카구라의 대부분은 맨얼굴로 하는 춤이다.

카구라는 여기서 그 내용에 따라 두 가지 타입으로 한 번 더 나누어진다. 하나는 신도의 신사 행사가 카구라가 된 것으로 「사방배四方排」나 「츠루기노 마이剣の舞」, **「유다테카구라**湯立神楽**」** 등이 이에 해당한다.

다른 하나는 사토카구라里神楽다. 이것의 대부분은 **아마노이와토**天岩戸 등의 신화나 역사에서 소재를 따온 무언극黙劇으로, 가면을 쓰기 때문에 노교겐에 가깝다. 그리고 여성 역이라 하더라도 가면을 쓴 남자 배우가 맡아 춤을 추는 일이 많다. 신을 주역으로 하기 때문에 신노神能라고도 한다.

무악은 중세 이전에 대륙에서 전래된 아악을 동반하는 무용으로, 주로 중국에서 전해진 당악唐楽, 한반도에서 전해진 고려악高麗楽 등이 있다. 「나비의 춤胡蝶の舞」은 여성이 추는 무악의 좋은 좋은 예로, 이것은 고려악에 해당한다.

제사무祭祇舞는 궁중 아악을 바탕으로 만들어진 봉납무奉納舞로, 신사본청이 제정하여 각 신사에 추천하는 신도의례의 춤이다. 쇼와 덴노가 만든 노래를 근본으로 한 「**우라야스노마이**浦安の舞」는 일본 서력皇紀 2600년을 기념하여 만들어진 근대 아악으로, 많은 신사에서 상연되고 있다.

무녀의 춤

무희, 무인, 야오토메

제사를 할 때 춤을 추는 무녀. 무녀는 어디까지나 제사 보조자이며 제사에서 춤을 추는 무녀는 이 중 일부.

```
무녀가 추는 춤
```

카구라

일반적으로 신도의 춤이라고 불리는 것. 지방에 따라 크게 달라진다.

신사신악

신사 행사에서 비롯된 신악. 「사방배」나 「츠루기노 마이」, 「유다테카구라」 등.

사토카구라

신화나 역사를 소재로 한 가면을 쓰고 춤을 추는 무언극. 여성 역도 가면을 쓴 남자 배우가 맡아 춤을 추는 일이 많다.

제사무

신사본청이 제정하여 각 신사에 추천하는 신도의례의 춤. 「우라야스노 마이」 등.

무악

중세 이전에 대륙으로부터 전해진 아악을 따르는 무용.

당악

중국에서 전해진 것.

고려악

한반도에서 전해진 것.
「나비의 춤」 등.

카구라

신사의 제례에서 하는 카구라. 그것은 신에게 바치는 신앙의 춤이다.

● 신에게 바치는 춤, 카구라

카구라는 신도의 제례에서 신에게 바치는 춤이다. 원래는 카미쿠라神座가 어원이며 신전에서 춤을 추는 무악 전반을 가리키는 것으로 추측된다. 그 외에도 노래를 주고받는 것을 의미하는 「카구레かぐれ」, 혹은 신이 모여드는「카구레아이かぐれあい」 등이 어원이라는 말도 있다.

아마노이와토(天岩戸)에 숨었던 **아마테라스**アマテラス를 끌어내기 위해, **아메노우즈메가 이와토** 앞에서 춤을 춘 것이 카구라의 시작이라고 알려졌다. 신도 중에서도 고대의 빙의계 의례의 색이 짙게 남은 제사인 것이다.

그 때문에 종종 카구라는 무녀가 추는 무녀카구라뿐만 있는 것이 아니며, 지금은 신직이나 씨자가 추는 경우도 많다. 고대 카구라를 추었던 아메노우즈메의 자손, 사루메노키미猿女君은 오랫동안 무녀카구라를 전해왔다. 하지만 시대의 변천 속에서 카구라의 권리도 다시 남성에게 빼앗기면서 노교겐의 영향을 받은 가면무용무언극 신노神能으로 변모해갔다. 메이지 시대에는 신도 통제로 인해 국가신도国家神道에서 남권 성향이 강해졌지만, 무녀의 존재 자체는 배제되었다. 이 때문에 현재의 카구라에는 무녀가 주술적인 빙의로 춤을 춘다는 의미는 점차 사라지는 추세다.

카구라는 궁중에서 하는 미카구라御神楽, 궁정카구라宮延神楽와 일반 지역에서 하는 사토카구라, 다이타이카구라太々神楽로 나누어진다. 미카구라는 전통적인 아악무雅楽舞이다.

사토카구라는 **음양도**陰陽道, 수험도修験道, 노교겐의 영향을 받아 가지각색으로 변화하고 있다. 신사 행사와 연계하거나 춤을 출 수 있는 장소, 내용 등에 따라 종류가 몇 가지로 나누어지고 있다. 신사 행사와 연계하는 것부터 말하자면 친콘타마후리鎮魂魂振, 유다테신지湯立神事, 이와토신지岩戸神事 등으로 나누어지며, 형식으로는 시키카구라式神楽(신화극), 무녀카구라(빙의강신), 유다테신지, 야마부시카구라山伏神楽, 호인카구라法印神楽, 시시카구라獅子神楽(사자무) 등으로 나누어진다. 또한, 민속예능화한 사루가쿠猿楽나 노교겐, 신노 등을 신악이라고 부르거나, 역사극을 신악에 조합하거나 하는 지역도 많다.

카구라의 구별

카구라
카미쿠라, 카구레, 카구레아이 등이 어원으로 알려졌다. 원래는 신전에서 춤을 추는 무악 전반을 가리키는 말이었다.

미카구라
궁중에서 하는 궁정카구라.
전통적인 신악무.

사토카구라
일반 지역에서 하는 카구라. 다이다이카구라太々神楽라고 부르기도 한다.

음양도, 슈겐도, 노교겐의 영향을 받아 가지각색으로 변화해왔다.

시키카구라
(신화극)

무녀카구라

야마부시카구라
(호인카구라)

시시카구라
(사자무)

카구라의 구별

아메노우즈메가 이와토 앞에서 춤을 준 것이 시작(고대의 빙의의례)

사루메노키미는 오랫동안 무녀카구라를 전해왔다.

시대의 변천 속에서 카구라의 권리도 남성에게 빼앗긴다.

노교겐의 영향을 받아 신노로 변모.

현재는 카구라에 「무녀가 주술적인 빙의로 춤을 춘다」는 의미는 없다.

관련 항목
- No.028 이와토카구라
- No.043 음양도와 신도
- No.074 아메노우즈메
- No.075 아마테라스

이와토카구라

사토카구라의 대표적인 연주곡. 이와토카구라는 고대 신도의 아마노이와토 신화를 현재까지도 전해주고 있는 카구라의 원점이다.

● 카구라의 원점은 이와토신지

카구라 중에서도 무녀가 춤을 추는 것을 따로 **무녀카구라**라고 부르는데, 무녀카구라의 원점은 바로 아마노이와토다.

스사노오ㅈㅈ ノ 才의 행패에 분노한 태양의 여신 **아마테라스**ア ㅁテ ㅈ ス가 아마노이와토에 틀어박혔다. 그녀를 다시 불러내기 위해 수많은 신들이 다카마가하라高天原에 모여서 연회를 열었고, **아메노우즈메**가 신들린 상태로 춤췄다. 바깥이 연회로 소란스럽자 태양인 자신이 없는데 어둠으로 둘러싸인 세계에서 무엇을 축복할 수 있겠냐며 수상쩍게 여겼던 아마테라스는 이와토의 틈새를 열었다. 그때 틈새 앞으로 거울이 내밀어 지고 아마테라스가 빛나는 여신(아마테라스 자신)을 보고 놀란 틈을 노려 괴력의 신 타지카라오ㅈ ㅻテカラオ가 손을 걸고 이와토를 열어 아마테라스는 돌아오게 된 것이다.

태양이 돌아온다는 이야기이므로 원래는 동지에 개최되었던 태양의 부활기원제復活祈念祭가 아닌가 하는 설이 있다. 아마테라스가 이와토에 틀어박힌 것은 태양의 죽음(햇빛의 쇠약 = 겨울)을 나타내고 거울이 그녀의 재생을 표현하는 것이다.

이 신화는 신도 중에서도 대단히 중요하기 때문에, 카구라를 논한다면 먼저 이와토신지에 관련된 카구라를 가리킨다. 서두의 토리마이鶏舞는 대부분 카구라의 개막 출연前座으로 춤을 춘다는 점에서 카구라의 대명사 「미카구라」라고도 부른다. 춤추는 사람은 3명의 무녀 또는 동자로, 산뜻한 오비帝를 두른 의상을 걸치고 닭을 나타내는 투구를 머리에 쓰며, 왼손에는 부채, 오른손에는 석장錫杖이나 미늘창을 든다. 비늘창은 조릿대에 시데紙垂를 늘어뜨려 의례용으로 만든 것이다. 이 카구라는 도호쿠東北지방의 초등학교 교육에 포함되어 있기 때문에 많은 인원들이 춤을 추는 일이 많다.

이와토카구라는 신화를 토대로 한 시키카구라式神楽이지만, 신들의 연회를 표현하기 위해 대단히 떠들썩하고 율동적인 것이 특징이다. 노교겐能狂言의 영향이 강해서 본편이라 할 수 있는 이와토 열기岩戸開き에서는 노멘能面(노가쿠能楽에 쓰는 가면 – 역자 주)을 쓰고 춤을 춘다.

이와토카구라의 연주곡 구성(난부카구라의 경우)

이와토카구라

신화를 토대로 한 시키카구라. 떠들썩하고 율동적. 노교겐의 요소가 강해서 본편이라 할 수 있는 이와토 열기에서는 노멘을 착용.

충신을 추방함

스사노오가 이즈모 국으로 추방되는 장면.

이와토에 들어감

스사노오의 행패에 분노한 아마테라스가 사루타히코의 안내로 아마노이와토에 들어간다.

입경

아마테라스가 일본의 오카미로 정착한다

이와토 열기

아메츠코야네노미코토의 발안으로 팔백만의 신이 이와토 앞에서 연회를 열고 아메노우즈메가 춤을 춘다. 그리고 아마테라스가 놀란 순간에 타지카라오가 이와토를 연다.

아메노우즈메의 춤은 영원의 카구라千代のお神楽, 또는 미카구라라고 부르며 여성 특유의 우아한 춤이 특징이지만, 타지카라오의 춤은 역동적이고 격렬한 박자가 특징이다.

토리마이

카구라 춤의 기초. 「미카구라」라고도 부른다. 산뜻한 색채의 복장을 입은 세 명의 무녀, 또는 동자가 춤을 춘다.

관련 항목
- No.013 토리모노
- No.029 무녀카구라
- No.074 아메노우즈메
- No.075 아마테라스

무녀카구라

무녀가 추는 무녀카구라는 고대 신도의 주술적인 요소를 현재까지 전하고 있는 신사 행사이다.

● 의대의 춤과 봉납의 춤

고대 신도는 현재의 신도에 비해 주술적인 요소가 강한 신앙이었다고 한다. 무녀는 신의 신탁을 받는 존재이며 신탁은 현세를 지배하는 왕의 장래조차 영향을 줄 정도였다. 무녀카구라는 크게 주술적인 빙의강신을 위한 기원의 춤과 신을 즐겁게 하는 기원봉납의 춤祈願奉納の舞으로 나눌 수 있다. 전자인 빙의강신의 춤은 신내림을 하기 위해 느긋하게 회전하는 춤부터 시작한다. 회전으로 무녀의 심신을 정화시킨 후, 회전과 역회전을 반복하여 신을 강림시킨다. 이때 손에 들고 있는 **토리모노**採り物는 방울, 부채, 조릿대, 대나무, 미늘창, 비쭈기나무, 헤이 등, 신이 깃드는 의대依代다. 이 춤은 신탁 무녀의 존재가 남성 지배자에 의해 금기시 되고 고대 신도가 국가 신도로 변하면서 쓰이지 않게 되었지만, 지금도 **무녀카구라** 속에 그 요소가 남아 있다.

봉납의 춤은 다른 이름으로 「야오토메의 춤八乙女の舞」이라고도 불린다. 「8(八)」은 춤추는 사람의 수가 아니라 점차 퍼져나간다는 상서로운 의미의 숫자다. 이것은 카구라와 마찬가지로 우아한 춤으로, 중세 이후 기원의 춤으로서 신도들에게 사랑받았다.

메이지 6년(1873년), 메이지 유신明治維新으로 시작된 왕정복고체제는 신도의 국가 통제로 이어졌고, 신탁 의례를 배제하기 위해 「아즈사이치고 등의 소행 금지梓,市子等ノ所業禁止」령이 내려졌다. 이것은 민간신앙과 연관되기 쉬운 신탁 무녀를 국가종교시설이 된 신사로부터 배제하기 위한 것이었는데, 그 결과 각지의 신사에 전해지고 있었던 무녀 춤까지 일제히 탄압받았다.

이에 대하여 카스가타이샤春日大社를 중심으로 야오토메카구라를 계승하고 있었던 신사는, 무녀의 신도적 존재의의를 주장함과 동시에 「야오토메의 춤」을 예술성이 높은 전통 예능으로 개혁함으로써 지켜내는데 성공했다. 정부의 압력으로 무녀춤을 폐절할 수밖에 없었던 신사 중에는, 훗날 카스가타이샤에서 무희舞姬를 초빙하여 야오토메류의 무녀카구라를 배워 무녀춤을 부활시킨 곳도 있다.

무녀카구라

고대신도

주술적인 요소가 강한 신앙. 무녀는 신의 신탁을 받는 존재.

무녀카구라

기원의 춤

- 빙의강신을 위한 춤.
- 토리모노는 방울, 부채, 조릿대, 대나무, 미늘창, 비쭈기나무, 헤이 등 신이 깃드는 요리시로.
- 현재는 쓰이지 않는다.

기원봉납의 춤

- 카구라우타에 맞춰 우아하게 추는 춤.
- 중세 이후 기원의 춤으로서 신도들에게 사랑받았다.

무녀카구라의 변천

메이지 6년
「아즈사 · 이치고 등의 소행 금지」 발령.

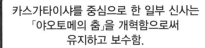
신사로부터의 신탁 무녀 배제와
무녀춤의 일제 탄압.

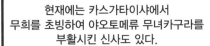
카스가타이샤를 중심으로 한 일부 신사는
「야오토메의 춤」을 개혁함으로써
유지하고 보수함.

현재에는 카스가타이샤에서
무희를 초빙하여 야오토메류 무녀카구라를
부활시킨 신사도 있다.

관련 항목

- No.013 토리모노
- No.026 무녀의 춤

유다테신지와 카구라

유다테신지湯立神事는 카구라의 중요한 상연 종목으로 이용되는 옛 전통 행사로, 그 유래는 무녀가 점을 쳐서 만사를 판가름했던 시대까지 거슬러 올라간다.

● 쿠가타치로 보는 무녀왕의 그림자

유다테카구라湯立神楽란, 이세류 카구라의 핵심인 유다테신지와 무녀카구라가 일체화한 것이다. 예로부터 무녀는 신탁에 따라 만사를 판가름하는 역할을 맡고 있었다. 쿠가타치探湯는 신탁을 이용한 고대의 재판 방법 중 하나로 뜨거운 물에 손을 담갔을 때 신의 뜻을 따른다면 화상을 입지 않는 것으로 여겼다. 오진応神 덴노 시기의 이야기가 유명한데, 우마시우치노스쿠네甘美内宿禰가 형인 타케우치노스쿠네武内宿禰를 헐뜯는 말을 퍼뜨리고 다니자 형제 사이에 싸움이 붙었고, 이에 덴노가 시키노카와磯城川 해변에서 쿠가타치를 행하도록 명하여 형 쪽이 이겼다고 하는 것이 그것이다.

정월에 물을 끓여 **비쭈기나무**에 묻힌 뒤 참배자의 머리 위에 흩뿌리는 유다테신지는 이 고사에서 유래했는데, 이 의식을 하기에 앞서 무녀가 입신入神 상태가 되기 위해 카구라를 봉납하게 되면서 유다테카구라가 만들어졌다.

신전의 네 모퉁이에 이미다케忌竹를 세워 마이미潔斎의 장을 만든 뒤 뜨거운 물을 데우는데, 대부분의 신사에서는 신사 행사로 하츠유初湯(새해 들어 처음으로 하는 목욕물)를 봉납한다. 궁사의 노리토소죠祝詞奏上가 끝나면 끓는 물을 무녀가 조릿대의 잎으로 신에게 바친다. 그리고 신센神占(오미쿠지 따위로 길흉을 점치는 일)을 할 때처럼 신전을 정화한 뒤 카구라를 봉납, 1년의 평안이나 무병식재를 기원한다. 지역에 따라서는 음력 11월霜月에 추기에 시모츠키카구라霜月神楽라고도 한다. 아이치 현의 덴류 강天竜川 유역에서는 산악신앙山岳信仰과 융합, 산신을 맞이하는 하나마츠리花祭가 되기도 했다.

도호쿠에는 지금도 신탁형 유다테신지와 관련된 무녀가 있다. 리쿠추미야코陸中宮古의 쿠로모리카구라黒森神楽 등이 그 예이다.

긴키近畿지방의 나니와카구라難波神楽는 유다테신지가 중심인 가면을 쓰지 않는 **무녀카구라**이다. 나니와카구라는 교토의 후시미이나리 신사伏見稲荷神社에서 시작되어 이나리신앙稲荷信仰이 확대됨과 동시에 긴키 지방 전체로 확산된 것으로 여겨진다. 상연 목록은 시키카구라式神楽와 검의 춤剣の舞, 번영을 기원하는 영선의 춤鈴扇の舞이 있다.

유다테신지와 유다테카구라

유다테신지

- 정월에 뜨거운 물을 끓여서 비쭈기나무에 묻힌 뒤 참배자의 머리 위에 흩뿌리는 신사 행사.
- 대부분의 신사에는 신년부터 초봄에 하츠유를 봉납하는 신사 행사이기도 하다.

쿠가타치

- 옛날의 무녀가 사용했던 신탁 방법 중 하나.
- 뜨거운 물을 사용해서 신의 뜻을 나타낸다.

옛날의 유다테신지

무녀나 지닌神人(じにん. 중세에 신사에서 잡역을 하던 하급 신직 − 역자 주)이 끓어오르는 조릿대(笹)나 헤이(幣)에 묻혀서 흩뿌리는, 접신 상태가 되어 신탁을 행하는 신사 행사.

유다테카구라

유다테신지에 앞서 무녀가 입신 상태가 되기 위해 하는 카구라.

현재의 순서

유다테신지에 앞서 무녀가 입신 상태가 되기 위해 하는 카구라.

⬇

궁사가 노리토소쵸祝詞奏上를 한다.

⬇

가마솥에서 끓고 있는 물을 무녀가 조릿대의 잎으로 신에게 바쳐서 신전을 정화한다

⬇

유다테카구라를 봉납하여 1년의 평안이나 무병 식재를 빈다.

관련 항목
- No.013 토리모노
- No.026 무녀의 춤

무녀와 무악

무녀가 추는 또 하나의 춤인 무악舞楽. 이것은 헤이안 시기까지 거슬러 올라가는 고전적인 무용음악이다. 그 루트는 바다를 건너 중국, 한반도, 동남아시아에 이른다.

● 우아하게 추는 나비의 춤

일본의 정월이라 하면 생황이나 피리소리가 떠오르는 것처럼, 신도의례에는 아악의 춤과 무악이 봉납되는 일이 많다.

아악은 5세기경, 대륙에서 전해진 음악으로 중국에서 전해진 당악唐楽, 한반도에서 전해진 고려악高麗楽, 지금의 베트남 부근에 해당하는 동남아시아에서 전해진 임읍악林邑楽이 있다. 여기에 당시 일본에 있었던 시즈우타倭唄, 쿠메우타久米歌, 카구라우타神楽歌와 그 춤을 맞추어서 10세기경에 완성한 것이 현재의 아악으로, 해외 악기와 일본 악기의 융합을 꾀하고 있다. 관악기와 현악기로 합주하는 기악器楽, 무용을 주로 하는 무악舞楽, 성악을 주로 하는 가요歌謡의 세 종류가 있다.

일시적으로 맥이 끊기기도 했으나, 일본 왕실의 비호 아래에 계승되어 현재는 전문 악사나 무인舞人에 의해 각지의 신사에서 봉납되고 있으며, 무녀나 신직 중에는 카구라나 제사무祭祀舞처럼 무악을 배워 봉납 무악의 무인이 된 사람도 많다.

의상은 대륙풍에 화려하고 구상화된 것이 많다. 예를 들어 「나비의 춤胡蝶の舞」은 동자(童子)나 여성이 추는 무악의 좋은 예로, 고려악이나 우방의 춤右方の舞에 속하거나 한국의 작풍을 일본에서 흉내 내어 만들어진 곡이다. 가릉빈迦陵頻의 츠가이마이番舞로서 만들어졌다. 의상은 흰 비단 하카마를 입고 그 위에 녹색 계통의 바탕색에 나비가 흐드러지는 시리나가尻長(켓테키노호闕腋の袍의 뒤에 길게 늘어진 부분. - 역자 주)가 달린 얇은 명주 도포를 입는다. 그리고 손에는 황매화나무 가지를 든다. 등에는 붉은색이나 녹청색으로 나비의 깃을 그린 날개를 달고 가슴에도 같은 그림이 새겨진 가슴 보호대를 착용한다. 머리에 덩굴무늬 보석관을 쓰고 여기에 황매화나무 가지 두 개를 낀다.

「나비의 춤」(「호접악胡蝶楽」, 줄여서 「호접胡蝶」이라고도 한다)은 애당초 동자무童子舞로 만들어졌지만, **무녀춤**으로서 춤을 추는 일도 많다.

이 밖에 신사에서 하는 무악으로서는 전설의 왕을 그린 「난릉왕蘭陵王」, 「진령振鈴」등이 있으며 그 외에도 20세기에 들어 만들어진 「**우라야스노마이**浦安の舞」도 있다.

아악의 역사

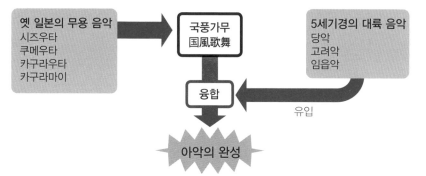

옛 일본의 무용 음악 시즈우타 쿠메우타 카구라우타 카구라마이	국풍가무 国風歌舞	5세기경의 대륙 음악 당악 고려악 임읍악

융합 ← 유입

아악의 완성

카마쿠라무로마치 시대	쇠퇴. 하지만 왕실의 비호로 명맥이 유지된다.
에도 시대	막부의 보호를 받고 부흥.
현재	전문 악사나 무인에 의해 각지의 신사에서 봉납되고 있다. 무녀나 신직 중에는 봉납 무악의 무인이 된 사람들도 많다.

나비의 춤

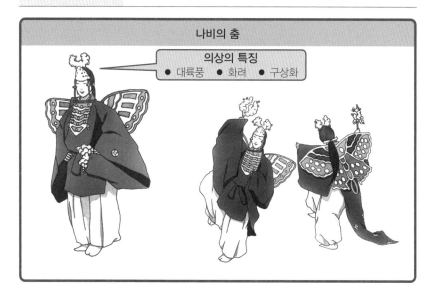

의상의 특징
● 대륙풍 ● 화려 ● 구상화

관련 항목
● No.026 무녀의 춤
● No.032 우라야스노마이

우라야스노마이

제사춤 「우라야스노마이」는 일본 서력 2600년을 축복하며 쇼와 덴노가 만든 노래에 안무를 한 것이다.

● 일본 서력 2600년을 축복하며 쇼와 덴노가 만든 노래

대표적인 무녀춤인 「우라야스노마이」는 쥬니히토에+二單를 입은 무녀 네 명이 부채를 펼치고 스즈를 휘두르며 춤을 춘다는 점에서 예부터 전해지는 고아한 느낌의 **카구라**로 여겨져 왔지만, 실제로는 20세기에 제작된 제사무(祭祀舞)로, 일본 서력 2600년(1940년)을 기념하여 1933년에 쇼와 덴노가 만든 오우타御歌(일본의 덴노가 만든 단가)「천지의 신에게 빌리라. 고요한 아침의 바다와 같이 풍파 없는 세상을天地の神にぞ祈る朝なぎの海のごとくに波たたぬ世を」에 당시 궁내성宮内省 악장이던 오노타다토모多忠朝가 곡을 붙이고 안무를 더한 것이다.

이렇게 널리 알려진 「우라야스노마이」는 일본 서력 2600년인 쇼와 15년 11월 10일 오전 10시에 전국의 신사에서 일제히 봉납되었다. 우라야스浦安란 마음이 평안하다는 의미로, 풍토가 아름답고 평안한 나라이기를 바라는 마음을 나타내고 있다.

이 춤은 무녀(神舞姫) 네 명이 쥬니히토에를 몸에 두른 채 **부채**와 **스즈**를 손에 들고 춤을 춘다. 헤이안 시대의 의상과 먼 옛날의 풍속을 흡수한 것 때문에 복고조의 색조가 강하고 지방에 따라서는 고전예능이나 무형문화제 취급을 하는 경우도 있지만, 엄연히 2차 대전 이전에 탄생한 근대 무악舞楽이다.

전반에 하는 부채의 춤은 축복의 상징인 히오우기를 들고 춤을 춘다. 부채의 굴대를 중심으로 펼쳐지는 중심귀일中心帰一(우주의 중심은 하나이며 세상 만물은 결국 다시 그 중심을 향해 돌아감 – 역자 주)의 세계를 표현하고 있다.

후반에 하는 스즈의 춤은 세 종류의 신기를 상징하는 스즈를 손에 들고 춤을 추며, 그 맑고 깨끗한 음색이 만물을 정화하고 아름다운 울림이 신과 인간의 마음을 떨리게 하는 모습을 표현한다.

일본 서력 2600년의 축하 행사에서 60년 이상이 지났지만, 지금도 대표적 제사무로써 각지에서 봉납되고 있다. 주로 덴초제天長祭나 **신상제**新嘗祭 등에서 봉납되지만, 독창적인 **무녀춤**도 인기가 많아서 많은 제례에서 사용되고 있다.

우라야스노마이

우라야스노마이

쥬니히토에를 몸에 두른 네 명의 무녀가 부채와 스즈를 손에 들고 춤을 추는 근대의 무악. 지방에 따라서는 고전예능이나 무형문화제로 취급한다.

전반

축복의 상징인 히오우기를 들고 춤을 춘다. 화려하게 펼쳐지는 중심귀일의 세계를 표현한다.

후반

세 종류의 신기를 상징하는 스즈를 손에 들고 춤을 춘다. 아름다운 울림이 신과 인간의 마음을 떨리게 하는 모습을 표현한다.

쇼와 8년 쇼와 덴노가 제작한 오우타 「천지의 신에게 빌리라. 잔잔한 아침의 바다와도 같은 술렁이지 않는 세상을」이 가사로 사용된다.

일본 서력 2600년을 축복하며 오우타에 작곡과 엄무를 붙여 우라야스노마이를 작성.

쇼와 15년 11월 10일 오전 10시   전국의 신사에서 일제히 봉납.

현재 신전에 바치는 제사무의 대표적인 춤으로서 덴초제나 신상제 등이 지금도 각지의 신사에서 봉납되고 있다.

관련 항목

- No.013 토리모노
- No.026 무녀의 춤
- No.027 카구라
- No.064 신상제

칼럼 오미쿠지와 신사의 기묘한 관계

신사에 가면 오미쿠지おみくじ를 뽑아 길흉인지 흉凶인지 운세를 점친다.

현재 많은 신사에서 사용되고 있는 오미쿠지는 1부터 100까지 번호를 달고 와카和歌나 한시漢詩를 첨부하여 운이 좋은지 나쁜지를 나타내는 종이쪽지를 상자에서 뽑는 것과, 점쟁이의 점대筮竹와 닮은 봉 모양의 제비가 잔뜩 들어 있는 나무 상자를 흔든 뒤 안에서 튀어나온 제비의 숫자에 맞춘 점패占い札를 받는 것이 있다. 신사에 따라서는 자동판매기와 같은 형태로 오미쿠지를 판매하기도 한다.

오미쿠지는 제각각 운명이 좋고 나쁘고를 나타내는 길이나 흉과 같은 문자에 더해 미래에 관한 여러 조언이 들어간 와카나 한시가 첨부되어 있다. 이처럼 얼핏 보기에 오미쿠지는 신도 의식으로 생각하기 쉽지만, 실은 중국이 기원이고 그것을 널리 퍼뜨린 것도 불교의 승려.

우선 오미쿠지에 적혀 있는 오언사구五言四句 한시는 중국에서 유래된 점술서「천축영첨天竺靈籤」을 토대로 만들어진 것이다. 원래는 점대를 사용한 팔괘식八卦式역점易占이었지만, 일반적으로 점술을 퍼뜨리기 위해 점대와 닮은 제비를 뽑는 형식이 되었고, 여기에 맞춰 점괘를 읽거나 옮겨 쓰게 되었다. 일본에도 이 제비뽑기가 많았지만, 인쇄기술의 발달로 미리 점궤의 결과를 인쇄한 지찰紙札을 배포하게 되었고, 메이지 이후에는 직접 상자에서 오미쿠지를 뽑을 수 있게 되었다.

히에이 산 엔랴쿠지廷曆寺를 중흥시킨 천태종의 승려, 료겐元三大師良源이 오미쿠지의 발명자로 알려져있다. 그 이유는 에도 중기의 제비 책籤本 등에「원삼대사의 제비 책元三大師御籤本」과 같은 제목이 쓰여 있기 때문이다. 료겐과 관련된 전설 중에는 그가 뿔이 달린 귀신으로 변해 역귀를 퇴치했다는 것이 있는데, 이 때문에 당시 사람들은 그 검은 귀신의 모습을 그려 붙이면 역병을 막을 수 있다고 믿었다. 흔히 말하는「쯔노다이시角大師」신앙이다. 천태종이 일본 각지에 널리 퍼지면서 집집마다 출입구에 괴물과 같은 쯔노다이시의 검은 모습을 그린 패가 붙여졌다.

최근의 연구에 의하면 이것은 에도 초기의 명승려, 자안대사 텐카이 승정慈眼大師天海僧正과 그 제자가 료겐의 전설과 조합해서 널리 퍼뜨린 것이 유래라고 한다. 그 이전에는「관음 제비観音籤」또는「천도 제비天道籤」라고 불렸다. 이 때문에 현재 오미쿠지의 일부에서 관음보살観音菩薩, 변재천弁財天, 천도天道 등의 단어가 조금씩 섞여 있는 것을 볼 수 있는 것이다.

현재 일본의 오미쿠지 중 7할을「여자도사女子道士」라고 하는 회사가 제조 판매하고 있다. 이 회사가 창업된 것은 남녀차별이 강했던 메이지 시대. 여성을 지원하기 위해 니쇼야마다二所山田 신사의 신주가 경신부인회敬神婦人会를 결성하여 여성의 자립을 호소했다. 그 회보의 발행 자금을 얻기 위해 여자도사를 창업하고 오미쿠지 판매를 시작한 것이다.

제 2 장
신도와 신사

신도

무녀의 의미를 알기 위해서는, 일본 신도의 계보와 역사를 알 필요가 있다. 그것은 일본의 역사 그 자체이기도 하다.

● 신도의 성립과 계보

신도란 일본의 전통적인 민속종교를 총칭하는 것으로, 원래 일본 각지에 있는 수많은 신들을 다양한 형태로 믿고 있었던 애니미즘animism이나, 조상을 모시는 조령신앙祖靈信仰에서 유래한다. 자연현상이나 지형, 조령, 동물, 식물, 시간이나 강의 흐름이나 그곳에 떠오르는 거품까지 온갖 개념을 신으로서 모셔왔다. 그렇기에 신도에는 수많은 신이 있으며 그것을 야오요로즈노카미八百萬の神라고 부른다. 그 신앙에는 종종 경외심이 담겨 있으며, 신도의 중심적인 개념으로, 힘을 가진 무서운 신=아라미타마荒御魂를 사람을 지키는 상냥한 힘=니기미타마和御魂로 변환시키는 축제의 형식이 있었다. 이 과정에서 「정화清め」와 「하라에祓え」를 하게 되며, 종종 강신 의식이 사용되었다.

이러한 신앙들은 이윽고 야마토조정大和朝廷이 확립되면서 덴노가의 수호신 **아마테라스**アマテラス를 정점으로 하는 국가신화로 점차 통합되었다.

신도라는 이름은 불교가 유입되고 국가 종교로 채택되면서 그때까지의 신앙을 명확히 확립하기 위해 발생했다고 한다. 대륙과의 외교를 위해 외래 종교인 불교를 받아들이면서, 전통적인 신앙을 「신을 신봉하는 길」=「칸나가라노미치惟神の道」라고 정의한 것이다.

그 후 불교와 융합(신불습합)하고 음양도陰陽道나 유교의 영향을 받아 다양한 신도종파가 생겨났다. 하지만 에도 시대에 국학國学(에도 시대에 발생한 일본의 고대 문화나 사상 등을 밝히려던 학문 - 역자 주)이 발전하면서 보급되었던 복고신도復古神道가 유신운동維新運動의 배경이 되었다. 그 결과 메이지 유신과 함께 신불분리령神佛分離令이 발령되었고 혼합종파는 폐절되었다. 2차대전이 끝난 후 국가신도제도는 사라지고 신도는 **신사**와 **씨자**에 의해 제사가 열리는 신사신도, 일본 왕실에서 제사에 이용되는 왕실신도, 교단형식을 가지는 교파신도(13파), 민간신앙에 기반한 민속신도로 나누어졌다. 이처럼 복잡한 역사 속에서 무녀의 위치도 변해가면서 신직으로서의 위치를 잃고 지금은 제사 보조자가 되었다.

신도의 성립

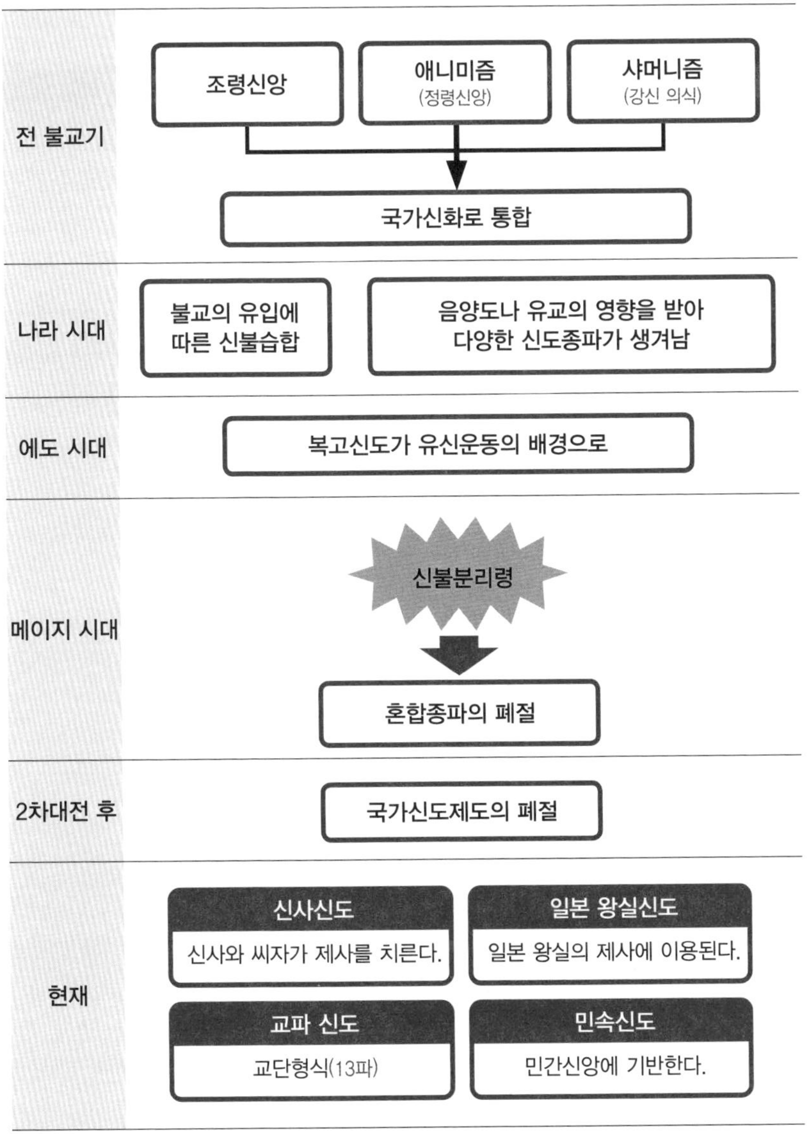

전 불교기	조령신앙	애니미즘 (정령신앙)	샤머니즘 (강신 의식)

국가신화로 통합

나라 시대

불교의 유입에 따른 신불습합

음양도나 유교의 영향을 받아 다양한 신도종파가 생겨남

에도 시대

복고신도가 유신운동의 배경으로

메이지 시대

신불분리령

혼합종파의 폐절

2차대전 후

국가신도제도의 폐절

현재

신사신도	일본 왕실신도
신사와 씨자가 제사를 치른다.	일본 왕실의 제사에 이용된다.
교파 신도	민속신도
교단형식(13파)	민간신앙에 기반한다.

관련 항목
- No.034 신사
- No.040 씨자회와 숭경회
- No.075 아마테라스

신사

무녀가 활약하는 무대인 신사에 대하여. 어떤 존재인지를 이해해두자.

● 무녀의 근무처인 신사란?

신사란, 신도에 있어 신앙 대상인 「신」을 모시고, 사람과 신의 세계를 연결하는 제사의 장소. 즉 사당ゃしろ이다. 신도의 신은 야오요로즈노카미라고 부르는 것처럼, 삼라만상의 모든 것에 제각각의 신이 있으며 대단히 다채롭다. 원래 모든 신은 저승幽界이나 신계神界에서 살게 되어 있으며, 지상의 사람들은 제사나 제사礼拝를 통해서 신과 연결되지만, 신사의 경내는 신이 머무는 신의 영역이다.

토리이鳥居는 신의 영역으로 가기 위한 입구로, 신의 세계와 인간의 세계를 구분하는 경계의 문이다. 신사의 경내란 즉, 결계다. 때문에 격이 높은 어제신을 모신 신사의 경우, 여러 개의 토리이가 설치되어 있는 경우도 있다.

미즈가키瑞垣(신사의 울타리. - 역자 주)로 둘러싸인 신사의 제전瑞垣(신사의 울타리 - 역자 주)에는 어제신과 그 권속의 미타마御魂를 나타내는 어신체御神体가 봉안되고 있다. 어신체는 거울, 검, 돌 등 매우 다양하지만, 그것은 신의 상징이나 우상이 아닌 그 물체, 또는 지형에 신이 강림하여 깃드는 것이다. 어신체는 그곳에 신의 미타마가 신 그 자체로부터 분리하여 깃들기때문에 종종 「미타마시로御霊代」라고 불린다. 일부 신사에서는 「모노자네物実」라고 부르기도 한다.

종종 거대한 자연석을 미타마로 모시는 경우가 있는데 이것은 따로 「이와쿠라磐座」라고 불린다. 여기서 쿠라座는 신이 강림하는 장소를 가리킨다. 또한, 높이 자라난 거목도 신앙의 대상이 된다. 신사의 경내에는 종종 「어신목御神木」이라고 부르는 시메나와注連縄(하얀 종이오라기를 엮은 줄. 신성한 건물이나 나무, 돌 등에 장식해서 그 안이 신성한 영역임을 나타낸다 - 역자 주)가 걸려 있는 나무가 있는데, 이 또한 신이 깃드는 장소이다.

「히모로기神籬」는 상록수에 신성을 찾아낸 것으로 어신체를 가리키는 말이다. 동시에, 신사 이외 밖에서 하는 제례에서 신이 깃드는 임시 어신체나 그곳에서 바쳐지는 을 히모로기라 부르기도 한다. 히모로기는 팔각대八脚台(나무로 만든 받침대 - 역자 주)에 테두리를 만들고 그중앙에 비쭈기나무의 가지를 세운 뒤 시데紙垂와 유우木綿를 설치한다.

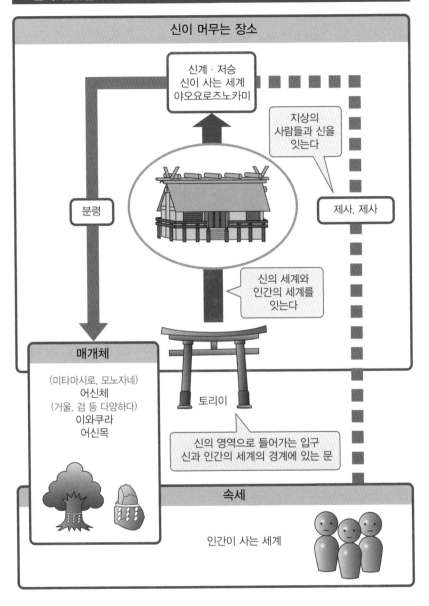

신과 인간을 잇는 신사

신이 머무는 장소

신계 · 저승
신이 사는 세계
야오요로즈노카미

지상의
사람들과 신을
잇는다

분령

제사, 제사

신의 세계와
인간의 세계를
잇는다

매개체

(미타마시로, 모노자네)
어신체
(거울, 검 등 다양하다)
이와쿠라
어신목

토리이

신의 영역으로 들어가는 입구
신과 인간의 세계의 경계에 있는 문

속세

인간이 사는 세계

관련 항목
● No.033 신도
● No.035 토리이
● No.041 신사의 계보

토리이

신사를 말하자면 토리이. 신사의 계통이나 유래를 구분하기 위해서는 우선 신의 영역으로 들어가는 입구라 할 수 있는 토리이를 구분하도록 하자.

● 토리이란, 신의 영역으로 향하는 입구

토리이는 신의 영역과 인간이 사는 속세의 경계이며, 신의 영역으로 향하는 입구이다. 일종의 결계이면서 동시에 **신사**의 「문」에 해당하는 것이다.

기본적으로는 곧게 세워놓은 2개의 기둥 위에, 카사기笠木 및 시마기島木라고 하는 가로대를 걸친 뒤 그 아래에 누키貫라고 하는 2번째 가로대를 넣어서 기둥을 고정시킨다. 형식은 크게 「신메이토리이神明鳥居」와 「묘진토리이明神鳥居」의 2가지로 나뉘는데, 신메이토리이는 소박한 형식에 전체적으로 직선적이다. 카사기 아래에 시마기가 없고, 기둥은 지면에 수직으로 세워져 있다. **이세 내궁**伊勢内宮에서 사용되는 통나무 토리이를 신메이토리이, **이세 외궁**伊勢外宮에서 사용되는 기둥이 각주형인 토리이를 이세토리이(伊勢鳥居)라고 부른다. 그 외에도 카시마토리이鹿島鳥居 등, 카마쿠라鎌倉 이전의 오래된 토리이가 여기에 포함된다. 하지만 야스쿠니토리이靖国鳥居처럼 누키만 각재로 되어 있는 경우도 있다.

묘진토리이는 장식적인 형식에 전체적으로 곡선적이다. 카사기 아래에 시마기가 있으며 기둥은 지면에 조금 비스듬히 세워져 있다. 많은 신사에서 사용되고 있는 일반적인 토리이의 형상이다. 묘진토리이에는 다양한 변형이 존재하는데 기둥의 근본에 보강용 치고하시라稚児柱(약간 높이가 높은 기둥과 가로대)가 세로로 달린 료부토리이両部鳥居, 약간 자그마한 와키토리이脇鳥居가 벽처럼 늘어선 미와토리이三輪鳥居, 토리이 위에 삼각 지붕처럼 생긴 것이 있는 산노토리이三王鳥居, 기둥이 셋인 미하시라토리이三柱鳥居 등이 있다.

후시미이나리伏見稲荷의 센본토리이千本鳥居와 같이 신도가 신앙의 증표로 봉납한 토리이가 줄을 이어 늘어서 있는 예도 있지만, 보통은 신사 입구에 하나가 세워진다. 여러 개 설치되어 있는 경우에는 바깥에서 「이치노토리이一の鳥居」, 「니노토리이二の鳥居」라고 부른다. 토리이는 신도의 기부금으로 건설되는 경우가 많다. 건설 시기나 기부자의 의향으로 신사의 계통과 다른 토리이가 건설되는 경우도 있다. 색은 주홍색으로 칠하는 것이 정석이지만, 아무런 색이 칠해지지 않은 채 세워지는 것도 많다.

토리이의 구조

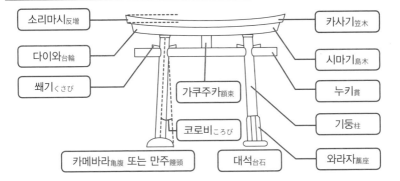

소리마시反增

다이와台輪

쐐기くさび

가쿠주카額束

코로비ころび

카메바라亀腹 또는 만주饅頭

대석台石

카사기笠木

시마기島木

누키貫

기둥柱

와라자藁座

토리이의 종류

신메이토리이

- 신메이토리이는 소박한 형식에 전체적으로 직선적.
- 카사기 아래에 시마기가 없다.
- 기둥이 지면에 수직으로 세워져 있다.

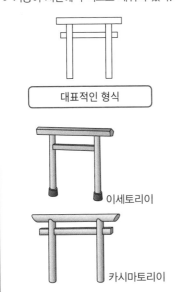

대표적인 형식

이세토리이

카시마토리이

묘진토리이

- 장식적인 형식에 전체적으로 곡선적.
- 카사기 아래에 시마기가 있다.
- 기둥은 지면에 조금 비스듬히 세워져 있다.

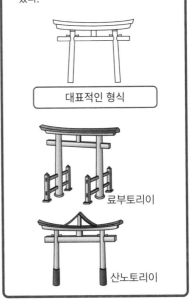

대표적인 형식

료부토리이

산노토리이

관련 항목
- No.034 신사
- No.041 신사의 계보

참배의 예절

신사에서 참배參拜할 때는 예절이 있다. 올바른 예절을 배워 신에게 기도를 올려보자.

● 참배의 예절은 토리이를 지나기 전부터 시작된다

신사에서 참배를 한다는 것은 기도하는 장소에서 먼 곳에 있는 신에게 소리치는 것이 아니라, 현세에 손님으로 찾아온 신을 만나 뵙는 것이다. 신사는 신이 현실의 세계에 나타나기 위한 장소인 것이다. 때문에 신사에서의 예절에는 우리가 중요한 손님과 대면할 때의 예의와 매우 비슷한 점이 많다.

우선 시기를 분별한다. 신도의 신은 죽음의 부정을 싫어하므로, 가족이나 가까운 친족이 죽은 후 50일제가 끝날 때까지는 참배를 피한다. 원래는 상중인 1년 동안은 신사에 참배를 피해야 한다. 그 외에도 그 신이 부정이라고 간주할 상황은 피한다.

참배에는 정장이 적절하지만 그 지방의 신사에 매일 참배를 할 때마다 정장을 입을 수는 없으므로 최소한의 청결함을 유지한다. 신사에 따라서는 카쿠에라고 하는 제사용 겉옷을 빌려주는 경우도 있다. 옛날에는 농사일을 마치고 그대로 매일 제사를 오는 농민이 많았기 때문에 생긴 것이다.

신사 앞까지 오면, **토리이**를 빠져나가기 전에 의복을 정돈하고, 신사를 향해 가볍게 한 번 인사(一礼)한다. 토리이를 빠져나가면 바로 **테미즈야**手水舍가 있으므로 여기서 입과 손을 씻는다.

배전拜殿 앞까지 왔으면 가볍게 한 번 인사한 후에 신령神鈴을 울린다. 이렇게 신에게 지금부터 제사를 올린다고 고하는 것이다. 새전賽錢을 던진 뒤 마음을 진정시킨다. 그로부터 2번 머리 숙여 인사お辞儀한다. 이때 등을 곧게 펴서 허리를 90도까지 깊게 숙여 절한다. 다음으로 2번 크게 손을 두드린다. 어깨너비로 양손을 벌리고 양손의 손가락을 떡갈나무 잎처럼 가지런히 뻗은 상태로 맞부딪히는 것을 「카시와데拍手를 친다」고 한다. 이때 손바닥이 어긋나지 않도록 주의한다. 마지막으로 깊게 한 번 인사하고 신 앞에서 물러난다. 이때 신에게 엉덩이를 보이는 것은 실례이므로, 그 자리에서 회전하지 말고 일단 옆으로 빠져나와서 뒷걸음치듯이 신 앞에서 물러난다.

참배의 순서

토리이를 빠져나가기 전에
의복을 정돈하고, 가볍게 한 번 인사.

테미즈야에서 입과 손을 씻는다.

배전 앞에서 가볍게 한 번 인사한 후에
신령을 울린다.

새전을 던진 뒤
니레니하쿠슈이치레二礼二拍手一礼.

- 원래는 정장이 적절하지만 무리라면 최소한의 청정함을 유지할 수 있는 복장으로.
- 신사에 따라서는 카쿠를 빌려주는 경우도 있다.

신도의 신은 죽음의 부정을 싫어하므로, 상중인 1년 동안은 신사에 참배를 피해야 한다.
최소한 모노이미의 기간인 친족 사후 50일제가 끝날 때까지는 참배를 피한다.

니레니하쿠슈이치레의 순서

①지면에 수평이 되도록. 직립 부동의 자세에서 허리를 깊이 숙여 니레두 번 절을 함

②가슴 앞에서 양손을 맞추고 오른손을 손가락 한 마디 정도 어긋나게 하여 니하쿠. 그 후 손가락 끝을 똑바로 맞추고 기도한다. 엉덩이가 보이지 않도록 뒷걸음치며 퇴장.

③처음과 마찬가지로 깊숙이 머리를 숙여 이치레 절을 한 번 함.

테미즈야

신사의 입구에 있는 테미즈야手水舍는 신사의 청정을 지키는 하라이의 첫걸음이다.

● 손과 입을 헹궈서 부정을 씻는다

테미즈야란 신도에서 청정이라는 개념을 보여주는 시설이다. 신도의 신들은 청정을 좋아하기 때문에, 참배자는 충분히 몸을 정화한 후, 신과의 대면을 준비해야만 한다. **토리이**를 빠져나가면 바로 테미즈야가 있으므로, 참배 전에 여기서 입과 손을 씻는다. 원래라면 참배 전에 재계결재斎戒潔斎를 해야 하지만, **일반적인 참배**라면 세숫물을 떠서 가볍게 정화하면 된다.

테미즈야를 사용할 경우 우선 오른손으로 국자柄杓를 들고 수반의 물을 떠서 왼손에 부어 씻는다. 계속해서 국자를 왼손으로 바꿔 들고 오른손에 부어 씻는다.

다시 국자를 오른손으로 바꿔 들고 왼손의 손바닥에 물을 고이도록 붓는다. 이 물로 입을 헹군다. 이때, 국자에 직접 입을 대서는 안 된다.

입을 헹구는 게 끝났다면 왼손에 물을 부어 씻는다.

국자에 남은 물을 버리고 국자 자루를 깨끗하게 씻은 다음 수반에 다시 갖다 놓는다.

여기서 중요한 점은 철저한 청정으로 손을 헹군 후 입을 헹궈야 하는데, 입을 헹굴 때 입을 댄 손을 그대로 놔둬서는 안 된다는 점이다. 당연히 국자도 매번 헹궈야 한다.

더욱이 전통 있는 신사나 특정 예대제 등에서는 무녀가 세숫물 봉사를 해주는 경우도 있다.

이 경우, 국자에는 손을 뻗지 않고 물을 양손으로 받아 손을 씻는다. 그 후 다시 한 번 양손에 물을 받아 입을 헹군다. 그리고 양손에 물을 받아 손을 씻는다.

여기서 휴지, 또는 화장지를 받아서 먼저 입을 닦은 뒤 그 후 손을 닦는다. 다 쓴 휴지는 지정된 장소에 버린다. 봉사해준 무녀에게는 가볍게 인사하고 참배를 하러 가도록 하자.

테미즈야의 예절(무인 테미즈야)

① 오른손으로 국자를 든다.

② 수반의 물을 떠서 왼손에 부어 씻는다.

③ 국자를 왼손으로 바꿔 들고 오른손에 부어 씻는다.

④ 다시 국자를 오른손으로 바꿔 들고 왼손의 손바닥에 물을 고이도록 붓는다.

⑤ 이 물로 입을 헹군다. 국자에 직접 입을 대서는 안 된다.

⑥ 왼손에 물을 부어 씻는다.

⑦ 국자에 남은 물을 버리고 국자 자루를 깨끗하게 씻은 다음 수반에 다시 갖다 놓는다.

테미즈야의 예절(무녀가 있을 경우)

① 물을 양손으로 받아 손을 씻는다.

② 다시 한 번 양손에 물을 받아 입을 헹군다.

③ 한 번 더 양손에 물을 받아 손을 씻는다.

④ 휴지(또는 화장지)를 받아서 먼저 입을 닦은 뒤 그 후 손을 닦는다.

관련 항목
- No.034 신사
- No.035 토리이
- No.036 참배의 예절

신사본청

현대의 신사신도를 통괄하는 조직이 신사본청神祉本庁이다. 신사에서 무녀란, 신사본청을
정점으로 하는 피라미드 속에 있는 것이다.

● 신사조직 속의 무녀

신사는 종교법인단체이며, 무녀는 법인의 직원으로 분류된다. 신사의 대부분은 포괄
종교법인인 신사 본청에 속해 있다. 신사 본청은 「신사신도의 융성」의 계획과 신직 양
성과 신사 지원 등을 하고 있다. 신사본청은 2차대전 종전 이후 탄생했는데, 일본에
진주해왔던 연합군 총사령부가 신사를 국가에서 분리할 것을 명했을 때, 황전강구소皇
典講究所 · 대일본신기회大日本神祇会 · 신궁봉재회神宮奉斎会의 3단체가 모여 새로 「신사본
청」을 세웠다. 신사본청은 **이세의 신궁을 본종**本宗으로 두고 일본 전역에 있는 약 8만
여 개의 신사를 총괄하고 있으며, 본청 아래에는 각 지역의 신사청神社庁, 지부, 신사
가 속해 있다.

각각의 신사에는 **사격**社格이라고 하는 신사의 격이 있다. 첫째가 주된 어제신의 격식
이다. 타카마가하라高天原에서 온 천신天津神, (아마츠카미)의 사당(社)은, 원래 지상을 지배
해왔던 지신国津神(쿠니츠카미)의 사당보다 신격이 높은 것으로 취급되었다. 이것이 오래
전부터 이어져 왔던 사격이다.

둘째가 얼마나 긴 역사를 가졌는가이다. 이것은 10세기에 편찬된 법전, 「연선식延喜式」
에 게재되어 있는 식내사式内社인지 아닌지가 기준이 된다. 연선식에는 10세기에 조정
에서 공인한 국내의 사당을, 기년제봉폐(祈年祭奉幣)를 받아 마땅한 신사 2861개가 기재
되어 있다. 연선식에 기재된 신사는 식내사라고 불리며, 기재되지 않은 신사를 식외사
式外社라고 한다. 식내사는 신기회神祇会로부터 봉폐奉幣를 받는 관폐사官幣社, 국사国司로
부터 봉폐를 받는 국폐사国幣社로 나누어지며, 각각 대사大社와 소사小社가 있다.

메이지 시대가 되면서 연선식을 따른 근대신격제도가 지정되었다. 관폐사, 국폐사는
대중소의 3단계로 나누어지며 별격관폐사別格官幣社가 추가되고 그 외는 제사諸社가 되
었다. 메이지의 사격제도는 종전 후 정교분리로 사라지고, 현재는 본종인 이세 신궁을
제외한 모든 신사가 평등해졌지만, 신사본청이 포괄하는 신사중에서 특히 유력한 신
사를 별표신사別表神社라고 부르며 특별히 신격이 높은 것으로 취급된다.

신사 본청 설립의 흐름

10세기	「연선식」이 편찬된다.
메이지 시대	근대신격제도가 지정되었다.
메이지 시대	근대신격제도가 지정되었다. 신사본청 설립. 이세 신궁을 제외한 모든 신사가 평등해짐.

신사본청

- 이세의 신궁을 본종으로 두고 일본 전역에 있는 약 8만여 개의 신사를 총괄한다.
- 신사본청을 정점으로 하는 각 지역의 신사청, 지부, 신사가 속해 있다.
- 신직을 양성하거나 신사를 지원하는 일을 하고 있다.
- 황전강구소 · 대일본신기회 · 신궁봉재회의 3단체가 모여 설립했다.

근대신격제도

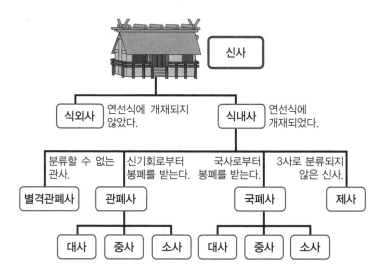

신사

식외사 — 연선식에 개재되지 않았다.

식내사 — 연선식에 개재되었다.

별격관폐사	관폐사	국폐사	제사
분류할 수 없는 관사.	신기회로부터 봉폐를 받는다.	국사로부터 봉폐를 받는다.	3사로 분류되지 않은 신사.

관폐사: 대사 / 중사 / 소사

국폐사: 대사 / 중사 / 소사

관련 항목

- No.033 신도
- No.034 신사
- No.041 신사의 계보

신사의 구성원

신사에는 많은 사람들이 있으며, 신사의 직무를 분담하고 있다. 신사는 회사와 닮은 법인조직이기도 한 것이다.

● 위로는 궁사부터, 아래에는 무녀 · 출사까지

율법 상 **신사**는 그 신도의 집단과 합쳐서 종교단체로 간주한다. 포괄종교법인인 신사본청神社本庁의 산하에 있는 경우라면, 단위종교법인単位宗教法人으로 독립되어 있는 경우도 있지만, 그 현장은 특수면허가 필요한 회사와 구조가 비슷하다.

신사의 장인 궁사는 동시에 신도 제사를 지내는 일을 할 수 있는 **신직**이어서 제사보조자인 무녀나 출사의 도움을 받아 제사를 지내지만, 동시에 신사의 대표자로서도 행동한다. 쉽게 말해 중소기업의 사장에 가깝다. 큰 신사에는 부사장에 해당하는 권궁사権宮司를 두는 경우도 있다.

궁사를 보좌하는 신직은 니의禰宜라고 불리지만, 지위가 낮을 때는 권니의権禰宜라고 하며 일반 직원에 해당한다. 이 밖에 큰 신사에는 전임 사무원을 두는 경우도 있지만, 무녀나 니의가 겸임하는 곳도 많다. 이 이외에, 아악 전문 악사나 카구라(神楽) 전문 무인을 두는 경우가 있지만, 꼭 신직인 것은 아니다.

신직의 상하관계는 3종류가 있으며, 지금까지 언급했던 궁사나 니의는 어디까지나 신사 안에서의 직위이며, 이 밖에 신직으로서의 계위階位가 5단계, 신사 본청 전체 중에서의 신분이 역시 5단계 있다.

계위는 니의가 되는 데 필요한 직계直階에서 명예직인 정계浄階에 이르지만, 일반 신사의 궁사에는 **4년제 양성 기관** 졸업 수준의 정계正階가 필요한 경우가 많다.

신분은 4급부터 특급까지 있으며, 착용할 수 있는 의복의 색은 이걸로 정해진다. 이렇다 할 신분이 없는 관계자의 의상은 정해져 있지 않지만, 견습 신직인 출사나 연수생은 하얀색, 제사보조자인 무녀는 심홍색, 사무원은 황록색을 착용하는 것이 상식이다. 더욱이 신직의 상하관계는 우선 직급으로 결정된다. 궁사는 니의보다 지위가 높은 것으로 취급된다. 어느 쪽이든 무녀는 신사에서는 하급 신분이며 온갖 잡무를 해내야 하는 직급이다.

신직의 세 가지 지위

분류	일반기업에서 해당하는 직책	계급	계위
신직	사장	**궁사** 회사의 대표자. 제사의 책임자.	**정계** 가장 높은 명예 계위. 오랜 기간동안 신도의 연구에 공헌한 자에게 주어진다.
	부사장	**권궁사** 신사의 부대표자. 큰 신사에 존재하는 직책.	**명계** 별표 신사의 궁사·권궁사에 필요한 자격. 이세 신궁을 제외한 모든 신사의 궁사가 될 수 있다.
	부장	**니의** 궁사의 보좌.	**정계** 일반 신사의 궁사, 별표 신사의 니의에 필요한 자격. 4년생 양성 기관 졸업 수준.
			권정계 별표 신사의 권니의에 필요한 자격. 일반 신사에 있으면 궁사가 되는 경우도 있다.
	과장	**권니의** 지위가 낮은 니의. 일반 직원.	**직계** 일반 신사의 니의에 필요한 기초적인 계위.
일반 사원	평사원	**출사, 연수생** **무녀**　**사무원**	—— 일반 신사 ······ 별표 신사

관련 항목
- No.014 신직의 의복
- No.034 신사
- No.049 신직 양성 기관에서 배우는 일

87

씨자회와 숭경회

신사는 신도의 존재로 성립된다. 근처에 사는 씨자, 먼 곳에 사는 숭경회 회원과 커뮤니케이션을 취하는 것은 신사의 중요한 일 중 하나다.

● 신앙의 인연으로 유지한다

신사의 신도는 세 가지로 나누어진다. 일반 참배자, 근처에 사는 씨자, 먼 지역에서 사는 신도인 숭경회 회원이다.

씨자는 신사와 깊은 관련이 있는 이웃의 신도로, 씨자회氏子会를 결성하여 신사의 제사에 협력하고 있다. 월차제月次祭 때는 씨자회 회원이 참가하여 예배를 올린다. 예대제 때는 미코시神輿(일본의 제례나 마츠리에 사용되는 신체나 신위를 실은 가마 – 역자 주)를 담당하며, 춤을 추고, 태고太鼓를 두드리는 등 씨자회가 제사 행사에서 중요한 역할을 맡는다. 마츠리祭り는 신사만의 것이 아닌 지역의 것이기 때문이다. 마츠리 때 사용되는 경비나 신에게 바치는 물자도 기부를 하는 형태로 지역 사람들이 각자가 가지고 모여서 물심양면으로 신사를 지원하는 것이 씨자회이다.

씨자회는 흔히 지역의 커뮤니티 그 자체이며, 상점회나 청년회 등과 거의 같은 인원으로 구성되어 있다. 신사에서 개최되는 월차제의 나오라이直会(마츠리에 참가한 사람들이 예식 장소에서 공물로 바친 음식을 신들과 함께 먹는 것 – 역자 주)가 종종 지역 커뮤니티의 월례 행사가 되어, 지역 청년회의 교류기회의 장이 되어주는 경우가 많다. 이 경우 신사는 지역 커뮤니티의 중심이 되는 것이다.

숭경회는 먼 지역에서 살면서 신앙을 계속 가지고 있는 신도의 네트워크다. 대부분은 옛날에 씨자였거나, 신사의 유래와 관련되거나 하는 사람들이다. 직접 참배는 거의 할 수 없기 때문에, 연말연시에는 우편 등으로 **어신찰**의 수여를 한다(이것을 어신송御神送이라고 한다). 또한, 예대제 등의 알림을 우편 등으로 보낸다. 이러한 통신 사무 업무 또한 무녀가 해야 할 일이다.

신사는 제사를 지냄으로써 신과 신도를 연결한다. 이러한 제사의 중심이 되는 신직을 보조하는 것이 **무녀**의 소임으로, 참배자들을 인도하고 씨자나 숭경회 회원들과의 연락이 끊기지 않도록 신경을 쓰는 것이다. 신도들과 신사의 유대는 이렇게 유지된다.

세 종류의 신도

일할 때마다 참배

일반 참배자

마츠리의 경비나 신에게 바치는 물자를 기부. 제사 보조, 제사에 참가.

신사와 깊은 관계

근처

씨자회
신사의 근처에 살고 있는 씨자들의 모임.

- 씨자회는 상점회나 청년회와 같은 멤버로 구성되어 있는 경우도 많다.
- 신사에서 개최되는 월차제의 나오라이가 지역 청년회의 월례 교류회가 되어 있는 경우도 있다.

먼 곳

숭경회
먼 지역에 살고 있으면서 신앙을 계속 가지고 있는 신도의 네트워크.

- 숭경회원의 대부분은 옛날에 씨자였거나, 신사의 유래와 관련되거나 하는 사람들.
- 직접 참배는 거의 할 수 없기 때문에, 연말연시에는 어신송(우편으로 어신찰 등을 수여)으로 받는다.

관련 항목
- No.024 무녀가 되는 방법
- No.034 신사
- No.045 어신찰

신사의 계보

신사에는 몇 가지 계통이 있다. 그것은 어제신御祭神의 종류나 창건의 역사부터 분류된다.

● 어제신으로 보는 신사의 계통도

우선 왕실의 조상신, **아마테라스**를 모시는 신메이 신사神明神社가 있다. **이세 신궁**을 정점으로 각지의 대신궁, 신메이사神明社, 덴소 신사天祖神社, 이세 신사가 여기 속한다. 아마테라스의 남동생, 스사노오를 어제신으로 삼는 곳은 기온 신사祇園神社와 야사카 신사八坂神社다. 스사노오미코토는 기원정사祇園精舍의 수호자, 역병회피의 신, 우두천왕 牛頭天王과 습합하게 되면서 기온 신사祇園神社라고 불리게 되었다.

미와 산의 뱀신인 **오모노누시노카미**大物主神는 오미와 신사大神神社에서 모시고 있지만, 행궁行宮은 코토히라 신사琴平神社이며 본지수적설本地垂迹説(신은 부처가 중생들을 구하기 위해 나타난 다른 모습이라는 중세 일본의 설법)에 따라 콘피라다이곤겐金毘羅大権現이라 불린다. 콘피라는 십이신장군의 필두 쿠비라 대장宮毘羅大将으로, 원래는 힌두교의 신 쿠베라였는데 일본에서는 항해 안전의 신으로 모시고 있다.

히에이 산의 신으로 히에 신사日枝神社에서 모시는 오야마쿠이노카미大山咋神는 엔랴쿠지의 수호신으로 산왕신도山王神道를 거점으로 일본 각지에 퍼져 있으며 산왕권현山王権現이라고도 한다. 오쿠니누시노미코토大国主命를 모시는 이즈모 신사出雲神社는 쿠니츠카미国津神계 신사다. 스와 신사諏訪神社는 시나노스와信濃諏訪의 수호신, 타케미나카타노카미建御名方神를, 카스가 신사春日神社는 무의 신인 타케미카즈치노미코토武甕槌命와 검의 신인 후츠누시노미코토経津主神를 모시며, 타케미카즈치노미코토는 카시마 신궁鹿島神宮, 후츠누시노미코토는 카토리 신궁香取神宮에서 모시며, 각각 조정과 문무 양쪽에서 섬기고 있다. 또한 쿠마노 신사熊野神社는 케츠미코노카미家都御子神(스사노오), 쿠마노하야타마오노카미熊野速玉男神(이자나기), 쿠마노후스미노카미熊野牟須美神(이자나미)를 모신다.

하치만 신궁八幡神宮의 어제신은 오진 덴노応神天皇로, 미나모토노요시이에源義家가 이와시미즈하치만궁石清水八幡宮의 신사 앞에서 관례를 한 인연으로 겐지의 씨족신이 되었으며 제철과 관련된 신이기도 하다. 이 밖에 스가와라노미치자네管原道真를 모시는 텐만구天満宮, 무나카타 삼여신宗像三女神을 모시는 무나카타 신사宗像神社, 해양계 신을 모시는 스미요시 신사住吉神社가 있다.

주요 신사와 그 신사에서 모시는 주요 어제신

신메이 신사 · 이세 신사	아마테라스오미카미
기온 신사 · 야사카 신사	사노오미코토
오미와 신사 · 콘피라다이곤겐 · 코토히라 신사	오모노누시노카미
히에 신사 · 히요시 신사 · 산왕권현	오야마쿠이노카미, 오모노누시노카미
이즈모 신사 · 케타 신사	오쿠니누시노미코토
스와 신사	타케미나카타노카미
카스가 신사	타케미카즈치노미코토, 후츠누시노미코토
쿠마노 신사	케츠미코노카미(스사노오), 쿠마노하야타마오노카미(이자나기), 쿠마노후스미노카미(이자나미)
하치만신사	오진 덴노(호무다와케노미코토), 진구 황후(오키나가타라시히메노미코토), 히메대신
텐만구 · 천신사	천신(스가와라노미치자네)
무나카타 신사	무나카타 삼여신 (타기리비메, 이치키시마히메, 타기츠히메)
스미요시 신사	해양삼신 (소코츠츠노오노미코토, 나카츠츠노오노미코토, 우와노츠츠노오노미코토)
이나리 신사	우카노미타마노카미
에비스 신사	에비스 신, 히루코노카미, 코토시로누시노카미
아사마 신사	코노하나노사쿠야비메

관련 항목
- No.034 신사
- No.075 아마테라스
- No.076 미와 산 전설
- No.078 최초의 재왕, 토요스키이리히메

산토신과 씨족신

고명한 신을 모시는 것만이 신사가 아니다. 지역에 정착한 산토신이나 씨족신 또한, 사람들에게는 중요한 존재인 것이다.

● 지역을 지키는 산토신, 씨족신, 진수

저명한 신을 모시는 신사 외에도 지역적인 **신사**가 존재한다.

산토신産土(우부스나)은 각지에 존재하고 있는 토지신을 두루 일컫는 말로 지역의 수호신을 신앙한다. 씨족신氏神(우지가미)은 원래 일족이 공동으로 모셔왔던 조상을 신격화한 것이지만, 종종 그 토지에 정착하면서 산토신과 같은 취급을 받는다.

진수鎮守란 특정 장소나 건물을 지키는 신에게 주어진 역할이다. 동요에서 「마을의 진수신이~」라는 가사가 있듯이 그 장소에 살고 있는 아라가미荒神를 사당에서 모시게 되면서 진수의 신鎮守の神(지역의 수호신)이 된다. 혹은 토지의 아라가미를 억누르기 위해 고위신의 분령을 모시는 경우도 많다. 예를 들어 칸다묘진에서 모시는 오호나무지노미코토大己貴命는 오쿠니누시니미코토大国主命의 다른 이름이지만, 타이라노마사카도平将門를 함께 모심으로써, 에도 총진수江戸総鎮守의 역할을 맡는다.

이처럼 신사에서 모시고 위계를 주면서 신이 정착하게 되었다. 종종, 호수에 사는 용이나 오로치大蛇를 물의 신으로서 모시는 것은, 그러한 신을 정착시키기 위한 것이다.

해안지대에는 에비스 신恵比寿神을 바다의 신으로 모시는 곳이 있다. 에비스 신이라 하면 흔히 칠복신七福神의 일원인 에비스가 유명하지만, 이것도 원래는 남방계의 해양신으로 히루코카미蛭子神 또는 코토시로누시노카미事代主神라는 두 가지 설이 있다. 히루코카미는 이자나기 · 이자나미伊邪那岐 · 伊邪那美의 첫 자식이었지만, 기형이었기 때문에 바다에 버려진 신이다. 그 때문에 고대 일본에서는 바다의 저편에서 흘러들어와 표착한 물체, 예를 들어 어패류, 유목, 침몰선의 파편, 표류자, 익사체까지도 「에비스」라고 불렀다. 바다에서 온 자는 모두 신인 것이다.

코토시로누시노카미는 오쿠니누시노카미大国主神의 미코가미御子神라고 불리며, 부신과 함께 아마테라스의 자손에게 일본을 물려주었다. 시마네島根 현 미호노세키美保関 쵸 진자鎮座의 미호신사美保神社는, 코토시로누시노카미의 신화를 기념하는 몇 가지 신사 행사를 전하고 있다.

지역적인 신들

산토신	씨족신
토지신의 총칭. 지역의 수호신.	일족의 조상이 신격화된 것. 그 지역에 정착하는 경우도 있다.

가끔 같은 취급을 받는다

산토신

진수

아라가미

위계를 주어
제사 지낸다

진수의 신

특정 장소나 건물을 지키는 신에게 주어진 역할. 그 장소에 살고 있는 아라가미를 제사 지냄으로써 진수의 신이 되는 경우나, 그 황신을 억누르기 위해 권청된 고위신이 되는 경우가 많다.

예) 호수에 사는 용이나 뱀의 모습을 한 수신水神 등.

씨족신

에비스 신과 히루코카미

히루코카미는 바다에서 떠내려온 신이었다는 점 때문에 바다 저편에서 떠내려와 표착한 것은 어패류부터 익사체까지 「에비스」라고 부른다. 해안지대에는 에비스 신을 바다의 신으로 모신다. 원래는 남방계의 해양신으로 히루코카미 또는 코토시로누시노카미라는 설이 있다.

에비스 신

관련 항목
● No.034 신사
● No.041 신사의 계보

음양도와 신도

신도는 대륙에서 유입해온 도교, 불교, 유교 등의 영향을 많이 받았다. 음양도陰陽道는 도교의 음양오행사상을 일본적으로 발전시킨 것이다.

● 음양오행사상을 토대로 일본에서 기술화

히나마츠리 등, 카타시로形代(재앙을 쫓는 데 사용하는 종이 인형 – 역자 주)를 사용한 하라이 행사는 **신도**와 음양도가 융합하는 과정을 여실하게 보여준다. 고대 일본의 종교 문화는 끊임없이 대륙의 문화 도입 영향 아래에 있었다. 외교상 대국의 문화나 최신 기술 사상인 불교나 도교 등을 도입할 필요가 있으면서도, 내정상 국가 통일의 기반이 되는 왕조신화와 각지의 민속 신앙을 융합시킨 신도를 배제할 수는 없었다. 여기서 신도는 완만한 다신교로서「강하게 자기 주장을 하지 않음」으로써 이론화하지 않는 자세가 역으로 성립되었다. 불교는 국가의 정적 방위와 내정 전략, 도교의 음양오행사상은 최신 문화 역법 기술과 역할분담을 하면서 완만하게 신도와 융합해갔다. 이리하여 도교에서 일본 독자로 형성된 것이 음양도다.

음양도는 덴무초天武朝(678~686) 이래 국가의 역법 관리청이 되어 신도와 교류하면서 발달했지만, 궁정 세력이 쇠퇴한 중세기에는 밀교密敎, 수험도修驗道와 교류하다가 츠치미카도 신도土御門神道로 변화하여 신도와 융합해갔다.

남북조南北朝 이후, 궁중 세력은 더욱 쇠퇴해서 예로부터 전해 내려온 전승은 점점 소실되어 갔다. 음양도도 쇠퇴하여 한때는 종가가 단절되기까지 했고, 전국 시대에는 각지에 하야하여 신사에 카구라춤을 전수하면서 생활하게 되었다.

에도 시대에는 도쿠가와의 지원으로 음양도는 부흥했다. 에도의 국학을 받아 츠치미카도 신도는 더욱 발전하지만, 메이지유신에서 시작된 각종 법령이 음양도를 공직에서 배제, 츠치미카도 신도는 민간종교화하게 되었다.

이렇게 해서 음양도는 신도에서 분리되었지만, 천 년 이상 이어진 신도와의 깊은 교류로, 지금도 신도에는 음양도를 기반으로 한 풍습이 많은데, 간지干支의 풍습이 그 대표적인 예이다. 픽션 상에서 종종 별을 읽고 식신式神(시키가미)을 부리는 것처럼 그려지는 것은 이러한 역사적 경위에서 뒤섞여 나온 것이지만, 실제 신사무녀의 대부분은 이러한 마술성과는 무관한 관계가 되어가고 있다.

음양도의 형성

고대 일본의 종교

신도

왕조신화   민속 신앙

대륙의 문화

불교

국가의 영적 방위

대륙의 문화

도교
음양오행사상

최신 천문역법기술

도교와 불교의 융합

융합

일본 독자의 음양도로 변천

음양도가 형성되는 흐름

덴무초 시대	음양도가 국가의 역법 관리 관청이 된다.
중세 시대	밀교, 수험도와 교류한 결과, 츠치미카도 신도로 변화하여 신도와 융합한다.
남북조 시대	궁중과 함께 쇠퇴하여, 종가가 단절되었다.
전국 시대	음양사가 각지에 하야하여 신사에 카구라춤를 전수하면서 생활하게 되었다.
에도 시대	도쿠가와의 지원으로 음양도가 부흥. 에도의 국학을 받아 츠치미카도 신도가 한 층 더 발전한다.
메이지 유신	각종 법령으로 음양도를 공직에서 배제. 츠치미카도 신도는 교파 종교가 되어 하야한다.

신도와 분리

현재	육십갑자나, 대륙에서 유래된 신이 어제신으로 추가되는 등, 음양도를 토대로 한 신도의 풍습이 남아 있다.

관련 항목
● No.033 신도   ● No.058 히나마츠리

신찬

신사에서는 아침저녁으로 신에게 신찬神饌을 바치는 어일공御日供을 조배朝拜, 석배夕拜라고 부른다. 이것은 신사에 있어 가장 기본적인 배례拜礼이다.

● 신의 식사, 신찬

아침저녁의 예배, **어일공**은 신에게 신찬이라고 하는 식사를 바치는 신사의 행사로 각각 조배와 석배라고 부른다. 조배는 아침에 가장 먼저 하는 제사로 새벽 전후에, 석배는 해질 녘부터 심야 전에 하게 된다. 옛날식으로 아침은 오전 4시, 저녁은 오후 10시에 하게 되지만, 근래 들어서는 아침 7~8시 정도, 저녁 6~8시 정도가 많다.

이세 신궁을 시작으로 많은 신사에서는 10일에 한 번 특별 신찬을 올리고, 특히 정중한 어일공을 한다. 이것을 「순제旬祭」라고 한다.

신찬이란, 신이 먹는 음식을 통틀어 이르는 말로 오미케大御饌, 미케御饌, 미케御食, 고젠御膳, 신젠神膳, 오모노御物, 미니에御贄 등으로 부르기도 한다. 신에게 바치는 것은 신주, 물, 쌀, 소금, 떡, 야채, 해산물, 과일, 과자, 새 등이 있다. 「어신주, 물, 소금, 쌀」을 카와라케土器(유약을 바르지 않고 낮은 온도에서 구운 그릇)에 담아 산보三方(사람주나무로 만든 밥상과 비슷하게 생긴 받침대)에 얹는다. 쌀은 겉겨를 제거한 벼나 겉겨를 제거하지 않은 벼를 사용하거나, 갓 지은 밥을 바치는 경우가 많다. 이 밖에도 떡, 생선, 해초, 야채 등을 통째로 한 품목씩 산보에 올린다.

날것으로 바치는 것을 「생찬生饌」, 불로 요리한 것을 「숙찬熟饌」이라 부른다. 통째로 바치는 것은 「마루모노 신찬丸物神饌」이라 부른다. 메이지 이전에는 각지에 온갖 신찬의 전통이 있어서, 뛰어난 실력으로 조리한 화려한 신찬도 드물지 않았다. 현재에는 「생찬」과 「마루모노丸物」가 늘어났기 때문에, 조리한 신찬은 「특수신찬特殊神饌」 또는 「고식신찬古式神饌」 등으로 불린다.

신전에 바치는 것을 헌찬献饌, 내려주는 것을 철찬撤饌이라 한다. 신전으로부터 내려진 신찬은 나오라이용 식재료로 사용되거나, 어신주, 청염淸め塩으로서 참배자에게 대접하거나 해서 관계자가 서로 나누어 먹는다. 신에게 바쳤던 음식을 서로 나누어 가짐으로서, 신의 힘을 그대로 받아들일 수 있는 것이다.

신찬

- 신이 먹는 음식을 통틀어 이르는 말.
- 아침저녁의 제사인 히나미노고쿠 때 신에게 바치는 것.
  신주, 물, 쌀, 소금, 떡, 야채, 해산물, 과일, 과자, 새 등.

별칭 오미케, 미케, 미케, 고젠, 신젠, 오모노, 미니에 등

신찬의 종류

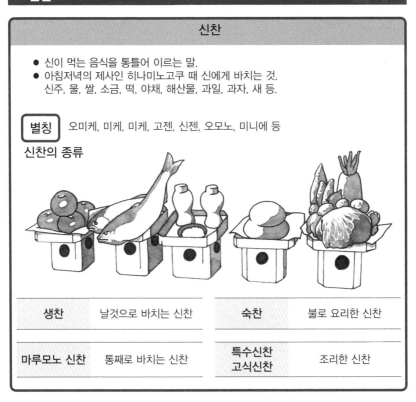

생찬	날것으로 바치는 신찬	숙찬	불로 요리한 신찬
마루모노 신찬	통째로 바치는 신찬	특수신찬 고식신찬	조리한 신찬

조배 옛날 : 오전 4시 / 현재 : 오전 7~8시 정도

석배 옛날 : 오후 10시 정도 / 현재 : 오후 6~8시 정도

순제 이세 신궁을 시작으로 많은 신사에서 10일에 한 번 특별 신찬을 올리고, 특히 정중히 하는 어일공.

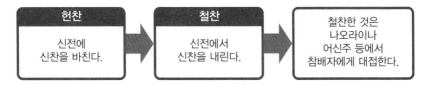

헌찬 신전에 신찬을 바친다. → **철찬** 신전에서 신찬을 내린다. → 철찬한 것은 나오라이나 어신주 등에서 참배자에게 대접한다.

관련 항목
- No.018 무녀의 하루
- No.060 월차제와 신금식

어신찰

신을 상징하는 어신찰御神札은 수여품 중에서도 귀중한 것 중 하나다. 어신찰이란 무엇일까? 그리고 어떻게 모셔야 하는 것일까?

● 신의 어찰

어신찰이란 쉽게 말해 부적이다. 이것은 신의 분령을 눌러 담은 것으로, 자택의 카미다나神棚(집안이나 사무실 등에서 신을 모셔둘 수 있게 만들어둔 것 – 역자 주)에 놓고 신의 요리시로로 사용한다.

어신찰은 여러 개 모셔두는 경우가 많다. 우선 대표적으로 모시는 것이 왕실의 조상신 **아마테라스**의 어신찰이다. 이것은 이세 신궁이 각지의 신사에 일괄 배포하기 때문에 신궁대마(神宮大麻)라고도 부른다. 이 밖에도 씨족신이나 산토신의 어신찰, 그리고 그 외 모시고 있는 신의 어신찰을 나란히 세우는 것이 좋다.

신찰을 모시는 방법은 카미다나의 유무로 조금 달라지지만, 기본적으로 눈높이보다 높은 장소에 모신다. 카미다나가 없는 경우 하얀 종이(될 수 있으면 반지半紙)를 깐다. 모실 때 부적의 존안(문자가 쓰여 있는 면)이 남쪽이나 동쪽을 향하도록 배치한다. 옆으로 나란히 세울 경우 한가운데에 신궁대마, 즉 아마테라스의 어신찰을 놓고 오른쪽에 씨족신, 왼쪽에 그 외의 신을 모신다. 카미다나의 중앙에는 궁형宮型이라고 해서 사당 형태로 만들어진 것이 있는데 여기에 아마테라스를 모신다. 공간이 없어서 겹쳐서 배치해야 하는 경우에는 아마테라스를 맨 앞에 배치하고, 씨족신을 두 번째로 배치한다.

어신찰에는 종류가 몇 가지 있다. 타마구시玉串는 총합적인 가호를 주는 것이다. 대신大神과 신도 자신을 영적으로 하나로 묶어주는 효과가 있다.

구체적인 소망이 있을 경우에는 그 내용을 적어 넣은 어목찰御木札을 받는다. 학업성취, 가내 평안 등의 바람을 써넣고 그곳에 신의 미타마御魂를 담은 것이다.

세키후다関札는 집에 재난이나 나쁜 기운이 들어오지 못하게 막거나, 출입할 때 안전하기를 비는 것으로 현관 앞에 붙여놓는다. 부적에 구멍을 뚫는 것은 불경스러운 것이므로 압정은 쓰지 않고, 풀이나 테이프로 고정하는 것이 바람직하다.

카마노야시로후다釜社札는 화재를 막아주거나 안전하게 조리할 수 있게 수호신의 가호를 받기 위해 부엌의 청정한 장소에 두고 모신다.

어신찰

어신찰 = 부적

● 신의 분령을 눌러 담은 것.
● 카미다나에 놓아두는 신의 매개체.

어신찰은 동시에 여러 개를 모시는 경우가 많다.

신궁대마

왕실 조상신 아마테라스의 어신찰.
이세 신궁이 각지의 신사에 일괄적으로 배포.

씨족신이나 산토신의 어신찰.

그 외 모시는 신의 어신찰.

기본적인 모시는 법

궁형이 하나일 때

궁형이 세 개일 때

● 시선보다 높은 장소에 모신다.   ● 부적의 얼굴은 남쪽이나 동쪽을 향하도록 놓는다.
● 카미다나가 없을 경우에는 반지半紙를 아래에 깐다.

어신찰의 종류

타마구시
총합적인 가호를 주는 것. 대신과 신도를 꿰뚫어 영적으로 하나가 된다.

어목찰
학업성취, 가내 평안 등의 구체적인 소망을 써넣고 그곳에 신의 미타마를 담은 것.

세키후다
집에 재난이나 나쁜 기운이 들어오지 않도록 막거나, 출입할 때 안전하기를 소망하는 것으로 현관 앞에 붙여놓은 것.

카마노야시로후다
화재를 막아주거나 안전하게 조리할 수 있도록 부엌의 청정한 장소에 두고 모시는 것.

관련 항목
● No.042 산토신과 씨족신   ● No.075 아마테라스

수불

신도의 제사는 청정을 공경한다. 그렇기에 제사 전에 하는 하라이인 수불修祓은 신도 제사 중에서도 가장 기본적이면서도 중요한 사항이다.

● 불과 물, 바람으로 몸을 정결히 한다

수불이란 부정을 없애는 것이다. 제사에서는 신과 대면하는 재주斎主(제사를 실행하는 자)나 제사 도구, 참례자參列者가 청정해야 하기 때문에, 제사를 하기 전에 미리 재계斎戒의 일환으로 **신찬, 타마구시,** 봉사자, 참례자 등을 대상으로 하는 수불 의식修祓の儀을 반드시 행한다. 원래는 제전祭殿, 또는 신사의 경내에 들어오기 전에 해야 하지만, 간략하게 바뀌면서 제전 안에서 한꺼번에 하는 경우도 많다.

수불 의식은 이자나기가 황천에서 돌아왔을 때, 바닷물로 죽음의 부정을 씻어냈던 고사에서 유래한다. 이자나기는 츠쿠시국筑紫国의 히무카日向에 있는 타치바나노오도橘の小門의 아와기하라阿波岐原에서 몸에 걸친 것을 벗어던지고 바닷물로 몸을 정화하는 미소기하라에禊祓를 했는데, 이를 토대로 **뜨거운 소금물**(시오유라고 한다)을 사용한다. 하라이 의식에서는 오른손에 든 **비쭈기나무**를 왼손에 든 끓인 소금물에 담가서, 좌-우-좌의 순서로 흩뿌리는 것이 수순이다.

오래된 하라이 방법으로 화수풍을 들 수 있다.

「화火」는 **부싯돌**을 쳐서 **키리비**切り火를 하는 것으로, 고대 일본에서 믿었던 화산을 어신화御神火라고 하여, 이 신위神威로 부정을 모두 태워버린다. 만담의 막을 올릴 때 부싯돌을 치거나, 막을 올리기 전에 키리비를 치는 것은 이런 액막이厄祓い 의식인 것이다.

「수水」는 바닷물로 미소기키요메禊清め를 하는 것으로 죄의 부정罪穢れ을 씻어낸다. 끓인 소금물은 바닷물에 가까운 영수이며, 이것의 영력을 신의 나무인 비쭈기나무 잎에 깃들도록 하여 사악한 기운을 물로 씻어 내리는 것이다. 미소기禊, 유다테湯立, 카와라하라이川原祓, 나가시비나流し雛 등 신도에는 물로 정화하는 많은 제사가 있다.

「풍風」은 신의 입김으로, 강한 바람을 통해 사악한 것을 불어 날리는 것이다. 흔히 「카미카제神風」라고 부르는 말은 여기서 유래된 것이다. 신도의 제례에서 바람을 표현하는 것은 하얀 막대기에 시데紙垂를 단 **오누사**大麻로, 이것을 흔드는 것은 어신풍御神風을 일으켜서 사악한 것을 불어 날린다는 의미가 있다.

하라이의 3대 요소, 화·수·풍

요소	사용 아이템	사용법
화(어신화)	부싯돌	불꽃을 일으키는 키리비의 하라이.
수(어신수)	끓인 소금물	끓인 소금물을 넣는 바다의 목욕재계.
풍(어신풍)	오누사	시데에 깃드는 신위의 하라이.

수불의 의식

끓인 소금물을 사용하여 하라이를 하는 것으로, 이자나기가 황천국에서 돌아왔을 때, 해수에서 죽음의 부정을 씻어냈던 고사를 토대로 한다.

1) 비쭈기나무를 오른손에 들고, 왼손에 든 끓인 소금물 그릇에 담근다.

2) 왼쪽, 오른쪽, 왼쪽의 순서로 비쭈기나무를 휘둘러 소금물을 흩뿌린다.

신사에서 하는 일반적인 수불의 순서

1) 제사장 밖에 하라에도를 설치하여, 네모난 이미다케를 배치해서 시메나와를 달아놓는다.

2) 하라이코토바를 읊는다.

3) 부싯돌 하라이(지방에 따라 다르다).

4) 오누사 하라이.

5) 끓인 소금물 하라이.

6) 산마이로 하라이를 한다
(신찬의 일종으로 무엇을 뿌릴 지는 지방에 따라 다르다. 새전을 뿌리는 경우도 있다).

7) 카타시로 띄우기(하라이 신사 행사일 경우에 한다)
※ 규모가 작은 마츠리일 때는, 하라이코토바와 오누사 하라이를 생략하는 경우도 있다.

관련 항목
- No.013 토리모노
- No.021 재계
- No.045 어신찰
- No.047 타마구시호텐

101

타마구시호텐

신에게 바치는 타마구시호텐玉串奉奠 의식은, 참배자의 참된 마음을 신에게 바치는 의례이다.

● 진심 어린 마음을, 비쭈기나무에 맡긴다

신사에서 참배할 때, 참배자의 마음을 나타내기 위해 **타마구시**玉串를 바친다. 이것을 타마구시호텐 의식이라고 한다.

타마구시란, 상록수인 비쭈기나무의 가지에 시데와 목면을 달아놓은 공물捧げ物이다. 폐백幣帛이나 「미테구라みてぐら」라고 부르기도 한다.

비쭈기나무는 신의 나무를 뜻하는 문자대로 신에게 바치는 나무이며 신의 번영을 기원한다. 언제든지 나뭇잎의 색깔이 바뀌지 않는 상록수의 특성에서, 참배자의 신을 향한 공순恭順의 마음이 영구불변할 것임을 나타내는데, 사카키さかき, 榊라는 말은 현재 비쭈기나무를 뜻하고 있으나, 원래는 특정 식물을 가리키는 말이 아니었다고 한다. 인간의 세계와 신의 세계의 경계를 나타내는 나무로 경목境木이 어원이기 때문이다. 그래서 비쭈기나무가 없는 지역은 상록수인 전나무나 삼나무 등을 심기도 한다.

새하얀 종이를 접고 가위질을 하여 만드는 시데와 참죽나무椿 섬유인 유우는 신의 옷을 나타내는데, 유파나 신사에 따라 비쭈기나무에 다는 시데의 수가 조금씩 다르다. 재료로 미노화지美濃和紙(닥나무를 사용한 일본의 전통 종이. 한국에서는 흔히 미농지라고도 한다 – 역자 주)가 좋다고 하지만, 일반 반지半紙라도 상관없다.

타마구시 예배란 타마구시를 통해 하나의 꼬치로 꿰어 놓은 것처럼 신과 예배자가 하나로 이어지는 것으로, 참배자는 비쭈기나무를 바침으로써 그 진정한 마음을 신에게 바치고 신의 은혜를 받는다.

타마구시호텐 의식에서 예배자는 신직으로부터 타마구시를 양손으로 받은 뒤, 신 앞에 준비된 안案(책상)의 앞으로 나온다. 그리고 비쭈기나무를 시계방향으로 반 정도 회전시킨 뒤 신 앞에 바친다. 이때 뿌리 부분이 신 앞을, 잎 부분이 자신을 향하도록 한다.

근대에 들어서는 신사에서 비쭈기나무를 미리 준비해놓기 때문에, 타마구시호텐을 할 때는 타마구시 요금으로 일정 금액을 바친다. 또한, 신사 행사에 따라 무녀가 비쭈기나무 춤을 봉납하는 경우도 있다.

타마구시호텐 의식

타마구시호텐 의식

=

신사에서 제사를 할 때, 참배자의 마음을 나타내기 위해 타마구시를 바치는 것.

타마구시

비쭈기나무 가지에 시데와 유우를 달아놓은 공물.

경리

신의 번영을 기원하며 신에게 바치는 나무. 상록수의 특성에서 참배자의 신을 향한 공순의 마음이 불변할 것임을 나타낸다. 인간의 세계와 신의 세계의 경계를 나타내는 경목이 어원.

시데

새하얀 종이에 접음새를 넣어 만든 것.

유우

신의 옷을 나타내는 나무 섬유.

타마구시호텐의 순서

① 손으로 비쭈기나무의 밑동을 위로 잡고 왼손으로 비쭈기나무의 가지 끝을 아래에서 받친다. 이때 왼쪽을 약간 높게 해서 가슴 높이로 든다. 팔꿈치는 약간 편다.

② 타마구시의 끝을 시계방향으로 90도 돌린다.

③ 손을 밑동으로 내린다.

④ 양손으로 비쭈기나무의 밑동을 든 상태로 기원한다.

⑤ 오른손을 떼서 타마구시를 한 번 더 90도 회전시키고, 오른손으로 비쭈기나무의 중반을 아래에서 받친다.

⑥ 손을 내려 밑동이 신 앞을 향하도록 하여 바친다.

⑦ 위에 비쭈기나무를 바치면서, 한 걸음 물러나고, 니레니하쿠슈이치레 제사를 한다.

관련 항목
● No.013 토리모노

샤케

신사의 세계는 옛 일본의 집의 모습이 남아 있다. 대대로 신사와 그 전통을 지켜왔다. 그 것이 샤케社家다.

● 신사를 지키는 신직의 혈연

샤케란 **신직관계의 혈연**을 가리킨다.

신도에서는 신직의 결혼을 인정하고 있으며, 신사는 지역에 밀착된 신도의례를 담당한다는 점 때문에 많은 신사에서 신직을 세습하고 있다. 샤케에서 태어난 아이 중 누군가가 가문 = 신사를 잇는다. 물론 신직의 자격이 필요하기 때문에 개인경영에 가까운 민사를 잇는다고 하더라도 적절한 **신직양성기관**에서 수행할 필요가 있다. 하물며 다수의 신직을 포괄하는 대사大社쯤 되면, 계위階位와 실적이 없어서야 다른 신직들 위에 설 수 있을 리가 없다.

한편으로 샤케에서 태어나고 자랐을 경우, 어릴 적부터 신도를 접하다 보니 전통적인 신사의 생활이나 의례, 금기를 전제로 한 생활에 익숙하다. 신직으로서 필요한 기초지식이나 의례작법을 배우기 때문에 신직으로서의 적성이 높아진다.

더욱이 혈연血筋이란 지역과 밀착한 인간관계(지연地筋)이며, 동시에 그 땅을 수호하는 어제신御祭神과의 영적인 관련성(영연靈筋)이기도 하다. 그 땅에서 나고 자란 신직의 혈연이 신사를 지킨다. 그것이 바람직한 모습인 것이다.

샤케에는 그러한 규칙이 있기 때문에, 신직을 목표로 할 경우에는 신도양성기관에서 추천을 얻기가 쉽다. 추천으로 입학할 경우에는 종파계승자임을 증명하는 것과 일본 각 지역에 존재하는 신사청神社庁의 추천이 필요하다. 양성 내용에는 1개월 이상의 신사에서의 실습도 있어서 샤케 출신자는 실습할 곳을 찾기 쉽다. 또한, 모든 신직양성기관에는 장기간 정좌나 이른 아침의 제사 실습, 서예, 아악 연습 등이 있으므로, 역시 어릴 적부터 그러한 생활에 익숙해 있는 만큼 일반 가정 출신자보다 적성이 있다고 할 수 있겠다 그 때문에, 신도양성기관에는 샤케 출신자가 많고, 여기에 다니는 것 자체가 결과적으로 동업인과 네트워크를 넓히는 일이 된다.

샤케

샤케

- 많은 신사에는 세습제로 운영되며, 신직의 혈연관계를 샤케라고 한다.
- 어릴 적부터 신직에 필요한 기초 지식이나 예의범절을 배운다.

세습을 위해 필요한 자격 등

민사

적절한 신직양성기관에서 수행하고 자격취득을 할 필요가 있다.

대사

양성기관에서 수행하고 자격을 취득하는 것 외에, 계위와 실적이 필요하다.

샤케의 메리트

신직의 혈연

샤케가 가진
세 가지 「혈연」

지연

지역과 밀착한 인간관계.

영연

어제신과의 영적인 관계성.

그 땅에서 나고 자란 신직의 혈연이 그 신사를 지키는 것이 바람직하다.

신도양성기관으로 가기 위한 추천을 얻기 쉽다.

관련 항목
- No.039 신사의 구성원
- No.049 신직 양성 기관에서 배우는 일

신직 양성 기관에서 배우는 일

신직이 되기 위해서는, 전문 신직양성기관에서 배울 필요가 있다. 그렇다면 그 기관에서는 무엇을 가르쳐주는 것일까?

● 신도학교의 커리큘럼

4년제 신직양성기관인 국학원 대학國學院大學과 황학관 대학皇學館大學에는 신직 양성 학과가 있다. 국학원 대학에는 신도학부가, 황학관 대학에는 문자부신도학과가 있다. 각각 4년제 졸업 후에 다니는 대학원이나 전공과를 가지고 더 깊이 배울 수도 있다.

이러한 학과는 **신직양성**이 전제이기 때문에, 그곳에서는 신직이 되어 제사를 하기 위해 필요한 온갖 지식과 기술을 배운다. 일본사, 고문古文, 한문, 서예는 필수다. 문헌학文獻學도 중요해서 신도문헌을 능숙하게 읽고 고전을 배우며 최종적으로는 직접 축사祝詞를 작문할 수 있어야 한다.

신도는 일본 고유의 종교이므로 일본문화론, 일본사, 왕실사, 신도사神道史, 신궁사神宮史 등 일본에 관한 다양한 지식을 배우는 한편, 현대 사회 속에서 신도가 처한 위치를 모색하기 위해 다른 종교를 포함한 광범위한 종교학을 배운다. 철학, 심리학, 경제학, 고고학을 선택하는 경우도 있다. 외국어와 국제 감각은 현대 신사의 궁사宮司에 빼놓을 수 없는 소양이다.

제사 실습도 많다. 교내에는 실습용 제전祭殿이 있으며, 실제 의복裝束을 입고 기본 동작부터 하나하나 꼼꼼하게 배우게 된다. 절을 할 때의 각도도 때와 장소, 상황에 따라 여러 가지가 있으며, 정좌한 상태로 이것을 제대로 해낼 수 있어야 한다. 많은 동작이 정좌에서 시작되기 때문에 신도양성기관의 입학자격의 조건 중 하나가 「정좌를 할 수 있는 사람」이다.

졸업하기 전에는 신도 및 관련 분야에 관한 졸업 논문을 쓰지만, 신도 제사나 축사의 연구로부터 음양도나 일본사, 국문학까지 범위의 폭이 넓다. 졸업 논문 외에도 실제로 각지의 신사에서 1개월 정도 머무르는 신사 실습이 필요하다.

4년제 양성기관을 나오면 「정계」의 계위를 얻을 수 있다. 이것은 일반 신사의 궁사가 되는 데 필요한 자격이다.

신직양성기관

신직양성학과가 있는 4년제 학교

 국학원 대학
(신도학부)

 황학관 대학
(문학부 신도학과)

정좌를 할 수 있는 것이 입학 조건 중 하나.
제각각 졸업 후에 진학할 수 있는 대학원이나 전공과가 있다.

4년제 양성기관에서 배우는 것

필수
● 일본사
● 고문
● 한문
● 서예

문헌학

신도문헌을 능숙하게 읽고 최종적으로는 직접 축사를 작문할 수 있어야 한다.

● 신도문헌 강독
● 고문　　● 한문
● 서예　　● 축사작문실습

일본에 관한 지식

신도는 일본 고유의 종교이므로 일본에 관한 지식을 배운다.

● 일본문화론
● 일본사 ● 왕실사
● 신도사 ● 신궁사

선택
● 철학
● 심리학
● 경제학
● 고고학

종교학

현대 사회 속에서 신도가 처한 위치를 모색하기 위한 광범위한 종교학.

● 종교론
● 비교문화학
● 민속학

그 외

● 외국어
● 국제감각
● 실제 의복을 착용하여 제사를 실습한다

졸업하기 위해서는 졸업 논문과 각지의 신사에서 1개월 정도 머무르는 실습이 필수.

「정계」의 계위를 얻을 수 있다.

관련 항목
● No.039 신사의 구성원　　　　　　　　　● No.048 샤케

신사의 1년

무녀의 생활은 신사의 제사 사이클과 함께한다. 그것은 일본의 사계에 맞춘 것이다.

● 연중행사란, 사계절 근무

신사의 제례에는 모내기를 하는 봄, 벼를 가꾸는 여름, 수확의 가을, 휴식의 시기인 겨울의 일상이 반영되어 있는데, 무녀의 생활은 이러한 제례와 함께하게 된다.

봄은 **절분회**節分会로 시작한다. 춘분 전날에는 오니鬼(지난해의 액이나 역병)를 쫓아내고 풍년을 기원한다. 입춘이 지나고 첫 말의 날午の日은 하츠우마初午, 봄 농경이 시작하는 시기이며 산의 신을 맞이하여 결실을 기원한다. 건국기념일, 기년제祈年祭도 원래는 봄을 축복하기 위한 것이다. **삼짇날**桃の節句, **히나마츠리**雛祭는 예로부터 봄의 기원 행사였던 것이다.

여름의 시작인 단오절端午の節句은 중국의 의례가 이앙제田植え祭의 신사 행사와 결합하여 벼의 성장을 기원하는 행사가 되었다.

6월에 하는 나고시노오하라에夏越しの大祓え는 반 년 동안의 죄나 부정을 쫓아내는 행사다. 종이 인형에 입김을 세게 불거나 몸에 문지르는 등으로 부정을 옮긴 뒤, 이것을 강이나 바다에 떠내려 보낸다. 오봉お盆에는 불교 양식이 들어 있지만, 옛 일본의 조령제祖霊祭에서 유래한 것으로, 헤이안 시대의 미타마 신앙과 불교의 정토 사상이 뒤섞이면서 씨신제를 대신하여 집에 죽은 자의 혼을 불러들이는 연회가 되었다.

가을에 벼 이삭稲穂의 결실을 신에게 바쳐서 감사한다. 전국에서 **신상제**新嘗祭가 개최되고 이날 전후로 가을의 예대제例大祭가 열린다. 오히간お彼岸도 불교화했지만 역시 조상제祖先祭다.

겨울은 휴식의 계절이다. 우선 **타노카미오쿠리**田の神送り로 이네다마稲霊(산의 신)를 치하하고 산으로 돌아가 쉬게 한다. 겨울이 시작되기 전에는 아이들의 성장을 기원하는 시치고상七五三이 오며, 이윽고 동지제冬至祭를 맞이하여 **새봄의 축하 행사**新春の祝い를 한다. 제야除夜에는 밤을 새워 토시가미歳神를 맞이하고 신년을 기원한다. 또한 오쇼가츠お正月(정월)에는 새해를 맞아, 신년제와 하츠모우데初詣, 7일의 아오우마세치에白馬節会와 나나쿠사七草, 10일의 토오카에비스十日戎, 15일의 사기초左義長 등이 열렸다.

신사의 1년

여름 벼농사 준비

단오절	나고시노오하라에	오봉(우라봉에)
벼의 성장을 기원한다.	반 년 동안 죄나 부정을 쫓아낸다.	신불습합으로 만들어짐. 옛 조상의 영을 위로하는 연회.

봄 모내기

절분회
오니를 쫓아내고 풍년을 기원한다.

하츠우마
산의 신을 맞이하여 결실을 기원한다.

히나마츠리
예로부터 봄의 하라이였다.

일본의 중요 절기는 농경을 기준으로 했다.

가을 수확

신상제
벼 이삭의 결실을 신에게 바치고 감사하는 의식.

가을의 예대제

오히간
불교화한 조상제.

겨울 휴식

타노카미오쿠리	동지제	제야	오쇼가츠
이네다마를 치하하고 위로하여 산으로 돌려보낸다.	신년을 축복하는 마츠리.	철야를 해서 토시가미를 맞이하고 신년을 기원하는 행사.	신년 축하 행사.

관련 항목
- No.052 연말연시의 의식
- No.055 절분
- No.058 히나마츠리
- No.061 나고시노오하라에
- No.064 신상제
- No.065 타노카미오쿠리

신도제사 신을 모시다

신사의 제례는 신을 초대하여 모시는 것이다. 마츠리マツリ, 제사祭祀란 자연의 힘을 인격화하여 축복하고 축하해서 그 화를 줄여보고자 하는 것이다.

● 제사를 거쳐 제신이 된다

무녀가 알아야 할 **신도의 여러 행사**를 해설하기 전에, 신도의 제사에 대하여 다시 한 번 생각해보자.

근세의 신도학설·교설에 대해서는 제쳐놓고, 고대의 신도는 기독교로 대표되는 계전 종교啓典宗教(신앙의 원점을 규정하는 교전을 가지고 있는 종교)는 아니다. 특정한 종조宗祖를 가지지 않고 불교와 같은 수많은 경전도 없다. 일본 고유의 토착신앙이며 어느 쪽인가 하면 「초들어 말하지 않는다言挙げをせず」(구태여 언명하지 않는다)는 자세를 취한다. 왕권신화(야마토 조정의 왕권을 정당화하는 신화)를 그대로 유지하기에 번번이 정치에 이용됐다. 하지만 기본적으로는 만물을 신봉하는 정령신앙에 가까우며, 자연의 은혜를 축복하고 생명을 가지고 있는 모든 것에 신이 깃든다고 간주한다. 자연의 은혜에 감사하는 것이 즉 마츠리이다.

신도 제사의 기준은 벼농사稲作 제사이다. 봄에 **산의 신**을 맞이하여 **논의 신**으로서 사당에서 모시고, 가을 수확 후 그 공로를 치하하고 위로하여 산의 신으로 되돌리며, 신으로 돌려보내서 쉬게 한다. 원래 산이라고 하는 것은 농촌 공동체의 「밖」에 있는 것으로, 여기에서 오는 산의 신은 인간이 아닌 괴물이다. 「두려움オソレ」이라는 단어가 「경외/무서움」으로 구분해서 쓰듯이, 신을 경외하며 두려워하고 있었다. 신령은 이계에서 온 손님으로 아라미타마荒御魂라고 불린다. 신도의 제사는 산의 신을 모시고 아라미타마를 마을에 행복을 가져다주는 니기미타마和御魂로 바꾸는 것이다.

신도 제사는 이 방법으로 온갖 것을 받아들인다.

바다에서 표착한 유체나 다른 나라에서 온 외래인을 히루코가미蛭子神라고 하며, 정쟁에 패배하여 원한을 품고 죽은 사람들을 신으로 모신다. 오랜 원한, 사악한 힘, 역겨운 마음, 혹은 병원체나 악습조차도 「부정穢れ」으로 간주하며, 하라이를 통해 정결하게 하여 신으로 재생시킨다. 극장 애니메이션 「센과 치히로의 행방불명」에 등장하는 신의 목욕탕은 그야말로 모든 부정을 씻어내는 정결한 장소인 것이다.

신도의 마츠리

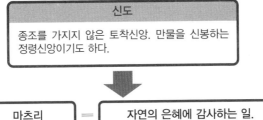

신도
종조를 가지지 않은 토착신앙. 만물을 신봉하는 정령신앙이기도 하다.

마츠리 = 자연의 은혜에 감사하는 일.

아라미타마와 니기미타마

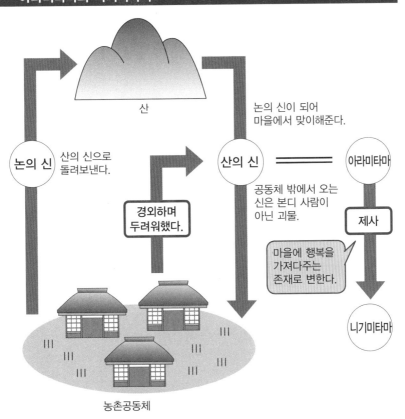

산

논의 신이 되어 마을에서 맞이해준다.

논의 신 — 산의 신으로 돌려보낸다.

산의 신 ==== 아라미타마

공동체 밖에서 오는 신은 본디 사람이 아닌 괴물.

경외하며 두려워했다.

제사

마을에 행복을 가져다주는 존재로 변한다.

니기미타마

농촌공동체

관련 항목
- No.033 신도
- No.057 타노카미무카에
- No.065 타노카미오쿠리

연말연시의 의식

한 해가 시작될 때는 많은 신사 행사가 있지만, 그 원점은 생명의 재생을 기원하는 츠키고모리月籠り의 의례이며 이것이 하츠모우데가 되었다.

● 니넨마이리로 생명의 재생을 기원한다

연말연시는 신사에서 특별한 시기다. 섣달 그믐날大晦日을 시작으로 세단제歲旦祭, 아오우마세치에白馬節会, **좌의장**左義長, 어느 신사를 막론하고 보름 가까이 연속으로 행사가 열리는데, 평소에는 한산하더라도 연초에는 니넨마이리二年参り를 하는 참배객으로 분주해진다.

하츠모우데는 「섣달 그믐날」 의식에서 생겨났다. 「그믐날つごもり」이란 즉 「츠키고모리」다. 음력으로는 달이 차고 기우는 시기와 달력이 일치했기 때문에, 그믐날에는 새로운 달을 맞이하기 위해 오코모리お籠り(일정 기간 신사나 절에 머물면서 기도하는 것 – 역자 주)를 했다. 차고 기우는 모습이 생명이 죽고 재생하는 모습과 닮았다고 생각했던 것이다.

새해를 맞이하는 12월 말일은 그믐 행사 중에서 가장 중요한 것이며, 오래전에는 씨족신의 사당에서 오코모리를 하면서 밤을 지새웠다. 일본에는 「해歲」조차도 신격화하여 씨족신으로 간주하여 모셔왔다. 신년을 맞이한다는 것은 기력이 쇠한 토시가미歲神를 배웅하고, 새로운 토시가미를 맞이하는 행사. 산의 신 = 논의 신의 재생의식에 해당하는 사이클로, 토시가미는 이나다마稻靈라고도 할 수 있다.

신년의 전야는 토시가미의 도래, 즉 심신과 세계의 재생이다. 그곳에서 새로운 생명이 되살아나기를 기원하는 마음에서 천지의 신들에게 절하며, 1년 동안 무사하기를 기도한다. 그것이 토시코시 마이리年越し参り와 하츠모우데의 관습이 되었다.

예로부터 궁중에서는 설날 새벽에 사방배四方拝의 의식이 열리고 있었다. 덴노는 청량전淸凉殿의 동정東庭에서 속성属星(태어난 해에 따라 정해지며 운명을 지배한다는 별 – 역자 주), 천지사방의 신과 왕실의 능묘에 절을 했는데, 원래는 음양도를 참고, 별을 모셨으나, 메이지 유신 이후 폐지되었다. 현재는 신가전神嘉殿의 남정南庭에 어좌를 설치하고 먼저 이세 신궁을 향해 어요배御遥拝를 한 후 동서남북을 향해 천신지기天神地祇에 절한다. 그 후 궁중에서는 신년제인 세단제가 시작된다. 각지의 신사에서도 마찬가지로 씨족 대표가 신사에 모여 축사를 올리게 되었다.

신년제 「해歲」의 신격화

A 그믐날의 신사 행사
츠키고모리. 월주기에 맞춘 죽음과
재생의 의식.

이러한 요소들이
겹쳐 이루어진 것이
「해」이다.

B 이나다마의 신사 행사
벼농사 신사행사와의 융합.
풍년 기원(풍족한 해의 미타마).

해

C 태양의 신사 행사
태양 재생 의식으로서의
동지제와 신년 제사.

신사의 연말연시 스케줄

정월 초	12월 13일쯤부터 정월 초라고 하는 신년 제사와 그 준비가 시작된다. 카도마츠門松, 시메나와注連縄 등의 신년 장식을 준비하며 그와 관련된 제사를 시작. 떡방아도 이 시기에 한다.
동지제	동지의 마츠리. 그리고 다이쇼 덴노의 생일(크리스마스)과 쇼와 덴노의 생일에는 결혼식이 많다.
스스하라이	연초를 대비하는 대청소.
토시노이치	연말연시용품을 구매하는 시기.
제야제 섣달 그믐날.	니넨마이리의 시작. 제야의 종과 함께 하츠모우데가 시작된다.
사방배	설날 이른 아침 오전 4시의 신년 참배. 이를 위해 결재潔齋를 한다.
세단제	신년 첫 아침의 제사. 씨족대리가 모여서, 제사와 참하參賀. 이후 매일 저녁까지 신년 기원, 수불(오하라이)이 이어진다.
카구라하지메, 우타하지메	신사에서 카구라나 노래 등의 예능 의례가 시작된다.
아오우마세치에	1월 7일에 신마神馬를 보며 1년 건강을 기원한다. 이날은 나나쿠사 신사七草神事의 날이기도 하다.
토오카에비스	1월 10일에 하는 행사. 복을 기원한다.
좌의장	1월 15일에 하는 행사. 지난해의 신찰神札을 태워 오하라이를 한다.

관련 항목
● No.050 신사의 1년   ● No.054 좌의장과 오타키아게

No.053

파마시와 궁신사

정월의 엔기모노緣起物로 파마시破魔矢가 있는데, 이것은 애당초 파마시와 파마궁破魔弓의 신사 행사에서 시작된 것이다..

● 봉사제와 파마시의 유래

정월에 신사에서 사는 엔기모노 중 하나로 파마시가 있다. 악마를 물리친다는 이름대로 부정한 것을 물리쳐서 집안의 안전을 기원하는 엔기모노다. 예로부터 일본에는 활시위가 울리는 소리는 마를 쫓는다고 해서 명현鳴弦 의식을 했다. 에도 후기에는 파마궁이라 불리는 장식용 활에 화살을 더한 장식물을 보내는 관습이 있었는데, 이것을 간략화해서 화살만 보내도록 바뀌었다고 한다. 지금도 상량식上棟式에서 지붕 위의 귀문鬼門(음양도에서 귀신이 출입하는 문을 뜻하는 단어. 북동쪽을 가리키며 꺼리고 피해야 할 방향 – 역자 주) 방향에 파마궁과 파마시를 장식하는 관습이 있다.

또한, 1월 15일의 소정월小正月 전후로 많은 신사에서 **봉사제**奉射祭(일본어로 「부샤사이ぶしゃさい」, 「비샤사이びしゃさい」, 「보사 마츠리步射祭り」라고도 한다), 또는 궁신사弓神事라고 하여, 활과 화살을 쏘는 신사 행사를 한다. 이것은 정월에 1년의 흉사를 점치는 토시우라年占 행사의 일종이다. 후시미이나리 대사伏見稲荷大社의 봉사제(오유미하지메御弓始め라고도 한다)에서는 제원祭員이 신시神矢를 가지고 천지사방에 활을 쏜다. 그 후 사수 2명이 번갈아가며 큰 표적을 쏜다. 이때 화살이 맞는 쪽으로 그해 오곡의 풍년과 흉년을 점친다고 한다.

궁신사는 해안 지역에서 많이 하는데, 이세 · 시마志摩의 해안 · 도서 지역에서는 궁신사를 할 때 큰 표적과 작은 표적 중 작은 것에 맞춰서는 안 된다고 한다. 만약 맞으면 「이와이나오시祝い直し」라 하여, 다음 날 다시 쏴야 한다. 그리고 마츠리 마지막에는 바다를 향해 화살을 쏜다. 포정 개시包丁始め의 의식과 일체화한 것도 있는데, 파마시의 「파마はま」는 「악마를 타파하는」것이 아니라 「물가浜」를 나타내며, 바다에서 찾아온 「외계의 신」=「이방인」에 대한 위협, 혹은 싸움의 기억이 제사가 된 것이 아닐까 하는 설이 있다. 이 경우는 아즈미노이소라阿曇磯良 등 아마족海人族에 의한 바다의 정령에 관한 제사였을지도 모른다.

파마시가 된 것은 가마쿠라鎌倉 이후 무사가 대두되면서, 무가의 수호신인 하치만 신사에서 하는 야부사메 봉납流鏑馬奉納이 퍼진 것 때문일지도 모른다.

파마시

파마시

정월의 엔기모노 중 하나. 부정한 것을 물리쳐서 집안의 안전을 기원한다.

파마시의 역사

명현 의식	활시위가 울리는 소리는 마를 쫓는다고 해서 했던 의식.
에도 후기	정월에 파마궁이라고 불리는 장식용 활에 파마시를 더해서 선물하는 관습이 있었다.
현재	간략화해서 화살만 보내도록 바뀌었다. 상량식에는 지붕 위의 귀문 방향에 파마궁과 파마시를 장식하는 관습이 남아 있다.

봉사제

파마시

1월 15일의 소정월 전후로 많은 신사에서 하는 화살을 쏘는 신사 행사.
● 정월에 1년의 흉사를 점치는 토시우라 행사의 일종.
● 해안 지역에서 하는 경우가 많아서 실제로 쏘지 않고 화살을 쥐고 발사하는 시늉만 하는 예도 많다.

별칭 보사 마츠리, 미케치신사, 궁신사, 오유미하지메

후시미이나리 대사의 봉사제 순서

제원이 신시를 가지고 천지사방에 활을 쏜다.

사수 2명이 번갈아가며 큰 표적을 쏜다.

화살이 맞는 쪽으로
그해 오곡의 풍년과 흉년을 점친다.

큰 표적과 작은 표적 중 작은 것에 맞춰서는 안 된다. 맞으면 「이와이나오시」라고 해서 다음 날 다시 해야 한다.

바다와 파마시의 관계

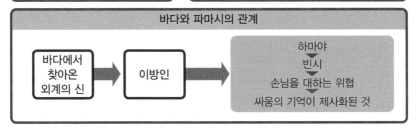

좌의장과 오타키아게

1월 중순이 되면 각지에서 마츠카자리松飾り나 시메나와注連縄 등을 태운다. 이것은 좌의장左義長, 또는 돈토야키どんと焼き 등으로 불리는 액막이 행사이다.

● 정월의 끝을 고하는 좌의장

정월의 마무리로 마츠카자리나 시메나와를 태우는 의식을 좌의장이라 한다. 보통 1월 중순에 마츠카자리나 시메나와를 마을의 경계, 광장, 논 등 특정 장소에 쌓아놓은 뒤 태우는데, 지역에 따라 톤도とんど, 돈도야키どんど焼き, 사이토야키さいとう焼き, 봇켄교ぼっけんぎょう, 산쿠로야키三九郎焼き 등으로도 불린다. 신사에서 마츠타키마츠리松焚祭, 시메야키제注連焼祭 등의 이름으로 신사 행사를 하거나, 토리오이鳥追い나 어신화제御神火祭, 사이노카미賽の神, 도조신道祖神의 제례와 함께 하는 곳도 있다.

좌의장의 어원으로 토리오이 신사 행사와 관련된 경조驚鳥, 망치로 공을 치는 일본의 옛날 놀이(또는 그 망치), 구장毬杖 등이 언급되지만 확실하지는 않다. 봄(농경의 시작)을 맞이하는 주술적인 의미가 있는 것이 아닐까 하는 이야기도 있다.

평소부터 많은 신사에서는 오타키아게お焚き上げ라고 해서 신도 제사와 관련된 것(오래된 신찰 등)을 불로 태우는 히마츠리火祭り를 하고 있다. 오타키아게나 좌의장은 역할을 완수한 신도 제사의 도구를 쉬게 하기 위해 태운다. 마츠카자리, **어신찰**, 시메나와, 카미다나神棚 등의 제사 도구는 어느 것도 일시적이긴 하지만 신의 힘이 깃든 것이다. 따라서 좌의장 때 이것을 태우면서 거기에 깃든 신령의 분령을 치하하고 본체인 신령의 곁으로 돌려보내는 것이다.

한편 좌의장은 사에노가미塞の神(경계의 신)나 도조신에서 유래되었다는 말도 있다. 마을의 경계나 사거리에서 카도마츠를 세우거나 정월 장식을 장식하고 카키조메書初め(새해에 처음으로 붓글씨를 쓰는 행사. - 역자 주) 태움으로써 행역신行疫神의 침입을 방지한다. 그리고 그 불로 태운 떡이나 경단을 먹음으로써 유행병을 막거나 무병식재 기원을 한다. 유래가 불분명한 만큼 잘못된 인식도 많아서, 좌의장이나 오타키아게에는 다양한 것을 불러들이기 쉽다. 멋대로 외국 신의 형상이나 인형을 버리고 가서 고생하는 신사도 있다. 다른 종교의 물건은 올바른 제사자에게 가져가야하며 인형같은 것들은 영혼이 깃들기 쉬워서, 제대로 된 오하라이お祓い를 해야 한다.

좌의장과 오타키아게

좌의장

정월 마지막 날에 하는 씨자의 집에서 모아놓은 마츠카자리나 시메나와를 쌓아놓고 태우는 행사. 마츠타키마츠리, 시메야키제 등의 명칭을 붙여 신사 행사를 하는 경우도.

에도 시대의
좌의장

오타키아게

신도 제사와 관련된 것을 태운다 (히마츠리).

역할을 마친 신도 제사의 도구를 쉬게 하기 위해 태운다.

도구에 깃든 신의 분령을 치하하고, 본체로 돌아가게 하기 위한 의식.

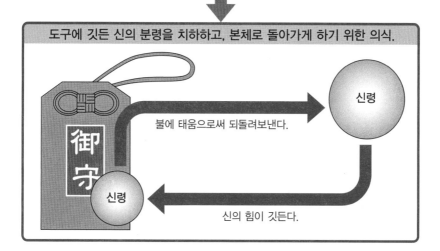

불에 태움으로써 되돌려보낸다.

신령

신의 힘이 깃든다.

신령

No.055

절분

2월부터는 벼농사의 시작을 준비하는 제사가 시작된다. 절분회節分会, 하츠우마初馬, 타아소비田遊び, 신년제新年祭. 모두가 봄을 축복하며 신을 맞이하기 위한 준비다.

● 논의 신을 맞이하는 예축제사와 액막이

신도행사는 벼농사의 사이클과 맞물려 있어, 봄 농사가 시작되는 2월부터 관련 제사가 시작되는데, 이 시기의 제사는 세 가지로 나누어진다. 절분회로 대표되는 봄이 되기 전의 하라이祓い 제사, 타아소비와 같이 농작업을 먼저 하고 신사 행사(神事)를 하는 예축제사予祝祭祀, 그리고 타노카미무카에田の神迎え나 하츠우마처럼 산에서 논의 신을 맞이하는 카미무카에神迎え가 그것이다.

절분이란 원래 계절이 변하는 시기인 입춘, 입하, 입추, 입동의 전날을 가리킨다. 원래 사용되었던 음력은 달의 운행을 따르는 태음력太陰曆이었기 때문에 계절의 변화와 맞지 않는 경우가 많았고, 그것을 보완하기 위해 입춘부터 시작되는 이십사 절기二十四節氣가 정해졌다. 이것은 태양력의 1년을 24 계절로 나눈 것으로 벼농사의 기준이 되었다.

춘분 전날 밤의 절분은 태양력에서 섣달 그믐에 해당하는 시기다. 이 때문에 절분에는 지난해의 액을 내쫓는 **수불**修祓, 결재潔斎 행사를 하게 되었다. 이것이 절분이다.

궁중에서는 추나식追儺式을 해서 재액의 상징인 오니를 쫓는다. 추나追儺의 신사 행사에서는 오니 분장을 한 자가 나타나 쫓겨나는 모습을 보여준다. 중국에서 들어온 음양도 계통의 의식으로 「오니야라이おにやらい」라고도 부른다.

흔히 마메마키豆まき라고 부르는 의식은 볶은 콩을 뿌려서 오니를 쫓아내는 것으로 헤이안 시대에 시작되었다. 이와 비슷한 행사인 추나는 원래 마메마키와 다른 의식이었다. 조정에서는 별도로 구분되고 있지만, 시정으로 전해지면서 구별되지 않게 되다가 이윽고 일체화했다. 게다가 「야이카가시やいかがし」(호랑가시나무柊의 가지에 정어리의 머리를 꽂아 출입구에 달아놓은 부적)까지도 흡수하면서 지금의 모습이 되었다. 지역이나 신사에 따라서는 추나나 마메마키 중 하나만 하는 경우도 많다. 간지신앙干支信仰과 합류하면서 씨자의 토시오토코年男나 토시온나年女 ─(절분날에 액막이로 콩을 뿌리는 일을 맡은 사람. 절분날에 그해 간지에 태어난 남성이나 여성을 뽑는다 ─ 역자 주)가 콩을 뿌리는 것이 관습이 되었다.

벼농사와 절분

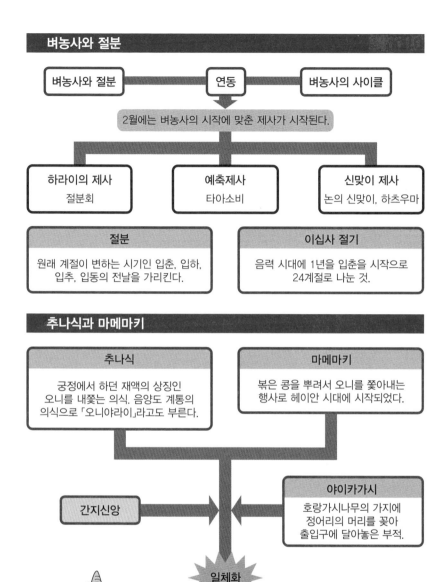

벼농사와 절분 — 연동 — 벼농사의 사이클

2월에는 벼농사의 시작에 맞춘 제사가 시작된다.

하라이의 제사
절분회

예축제사
타아소비

신맞이 제사
논의 신맞이, 하츠우마

절분
원래 계절이 변하는 시기인 입춘, 입하, 입추, 입동의 전날을 가리킨다.

이십사 절기
음력 시대에 1년을 입춘을 시작으로 24계절로 나눈 것.

추나식과 마메마키

추나식
궁정에서 하던 재액의 상징인 오니를 내쫓는 의식. 음양도 계통의 의식으로 「오니야라이」라고도 부른다.

마메마키
볶은 콩을 뿌려서 오니를 쫓아내는 행사로 헤이안 시대에 시작되었다.

야이카가시
호랑가시나무의 가지에 정어리의 머리를 꽂아 출입구에 달아놓은 부적.

간지신앙

일체화

현재의 마메마키로

관련 항목
● No.046 수불
● No.057 타노카미무카에

119

타아소비

입춘을 맞이하여 봄이 되면 새로운 농경 사이클이 시작된다. 그리고 그 예축행사로 하는 것이 타아소비이다.

● 1년의 벼농사를 모방하는 예축신사

봄이 시작되면 논에 들어가 벼농사를 모방하는 타아소비 제사를 한다. 이것은 **1년의 풍요를 기원하는 예축신사**予祝神事로, 미리 기원함으로써 풍요를 기정사실화하는 주술적인 신사 행사神事이다. 예로부터 음력 설날에 했던 행사였지만, 현재는 계절에 맞춰 2월 초순에 하고 있다.

행사의 내용은 신직, 무녀, 카구라메, 사오토메早乙女, 또는 씨자나 마을의 촌장 등이 씨 뿌리기, 모내기, 풀베기, 벌레 잡기, 벼 베기, 입고 등의 1년간의 벼농사 노동을 흉내 내어 보여주는 것이다. 사오토메가 신사에 속한 논인 신전神田(신사에 소속된 전답. 일본어로 칸다かんだ라고 읽는다 – 역자 주)에 들어가서 실제로 농기구를 다루는 경우도 있지만 대부분의 지역에서는 흉내만 내고 있으며, **카구라**神楽와 같이 사오토메 역할의 의상을 입은 카구라메나 무녀가 모내기 흉내를 내는 것이 의례가 되었다. 대신신사大神神社의 온다마츠리御田祭り의 경우, 카구라오神楽男가 씨뿌리는 행위를 연기한 뒤 사오토메가 실제로 밭에 들어가 모내기를 한다. 원래 모내기를 하는 시기가 아니기 때문에, 소나무의 묘종을 벼의 묘종으로 내세워서 신전에 꽂는다. 이 송묘松苗는 논의 수로에 꽂으면 해충을 막아주고 풍요를 약속한다고 한다. 카스가 대사에서는 3월에 하는 제사로 소 가면을 쓴 남자가 곡괭이나 써레를 당겨 밭을 가는 흉내를 낸 뒤, 사오토메가 모내기 춤을 추고 겉겨나 떡을 뿌리며 송묘를 심는다.

고대에는 「아세카케마츠리汗かけ祭」와 같이 남녀의 교합의례(성혼)를 포함해서 풍요를 기원하는 신사 행사였지만, 시대를 거치면서 봄의 촌제村祭가 되어 실제 농업을 포함하지 않는 카구라가 되면서 덴가쿠田楽로 변해갔다.

타아소비에는 토시가미歲神에게 농경 작업을 보여준다는 명목으로 마을 사람들이 서로 농경 작업의 순서를 확인하는 의미가 담긴 것일지도 모른다는 의견이 있다. 농작의 유입기에 확립된 코칭을 제사로 만든 것일까? 어쩌면 모방은 샤먼형 강신의례降神儀礼의 중요한 요소여서 모방을 통해 이나다마稲霊를 촌락에서 공유한 것일지도 모른다.

타아소비의 제사

타아소비의 제사

- 벼농사를 모방해서 1년의 풍요를 기원하는 예축신사.
- 음력으로 설날에 했던 행사였지만, 현재는 2월 초순에 하고 있다.

참가자
무녀, 신직, 카구라메, 사오토메,
씨자, 마을의 촌장 등

1년간의 벼농사 노동을 흉내 낸다.
뿌리기, 모내기, 풀베기, 벌레 잡기,
벼 베기, 입고 등

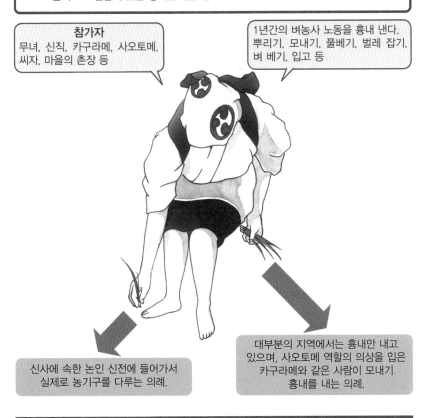

신사에 속한 논인 신전에 들어가서
실제로 농기구를 다루는 의례.

대부분의 지역에서는 흉내만 내고
있으며, 사오토메 역할의 의상을 입은
카구라메와 같은 사람이 모내기
흉내를 내는 의례.

타아소비의 형성

고대	현대
고대에는 남녀의 교합의례(성혼)을 포함해서 풍요를 기원하는 신사 행사였다.	봄의 촌제가 되었으나, 실제 농업을 포함하지 않는 카구라로 바뀌면서 덴가쿠로 변화.

관련 항목
- No.027 카구라
- No.050 신사의 1년

타노카미무카에

봄의 농경이 시작됨과 동시에 농촌과 산지의 경계에서 산의 신을 논의 신으로 맞이하는
제사를 한다.

● 산의 신을 맞이하여 이나다마로 모시다

일본에는 산을 일종의 신계로 여기며 산의 신이 마을에 왕래한다고 하는 **이나다마 신
앙**稲霊信仰이 있다. 니가타 현新潟県의 사쿠가미 신앙作神信仰의 경우, 산의 신이 3월 16
일에 아침 일찍 떡을 찧는 절구 소리에 끌려 마을로 내려와서 「논의 신田の神」, 11월 16
일에는 절구 소리를 타고 산으로 되돌아가서 「산의 신山の神」이 된다고 하며, 이 두 날
을 「타노카미무카에」와 「**타노카미오쿠리**田の神送り」라 부른다. 논의 신은 사도佐渡에서는
「타노카미田ン神」, 「춘분 씨社日さん」로, 카노세촌鹿瀬村에서는 「낱알의 신粒の神」으로, 츠가
와 초津川町에서는 「사가미サ神」 등으로 불리고 있다.

노토能登 지방에서는 논의 신이 산의 신이 아니었기에 겨울에 마을에서 지내며, 다른
지역과 정반대로 봄에 타노카미오쿠리를 하고 가을에 타노카미무카에를 한다. 칸나즈
키神無月의 부재신留守神(다른 신들이 자리를 비운 사이에 그 자리를 지키는 역할을 하는 신 – 역자 주)이 되
는 지역도 있다. 이러한 사실들은 논의 신이 일종의 조령신이라는 야나기타 쿠니오의
주장을 뒷받침하고 있다.

벼농사에 의존하는 농민에 있어 산은 귀중한 수원이며 조령이 도달하는 장소로 신성
시되고 있다. 옛 일본에는 매장이나 화장 외에 산에 죽은 자를 모시는 풍장이 있었다.
원래 산지는 사냥꾼이나 광부, 숯장이 등, 산의 주민 이외는 들여서는 안 되는 진입
금지 구역이었다. 현재 입산 금지가 풀리는 뜻하는 야마비라키山開き는 원래 야마노카
미무카에를 이르는 말로, 음력 4월 8일을 개산제로 정하여 산에 오르는 산악 신앙계
신사가 많다. 마찬가지로 논의 신이 돌아오는 날을 야마지마이山閉まい라고 한다.

하츠우마는 이나리 신앙과 합체한 타노카미무카에 의식으로, 후시미이나리 대사伏見稲
荷大社를 비롯한 전국의 이나리 신사에서 하고 있지만, 이나리 신사의 어제신 우카노미
타마노오카미宇迦之御魂大神는 우케모치노카미保食神, 혹은 미케츠카미御饌津神라고도 리
며, 음식의 신이자 농경신이다. 2월 첫 말의 날에 말을 타고 산에서 내려올 때, 여우
를 미사키御先로서 앞에 세운다고 한다.

타노카미무카에

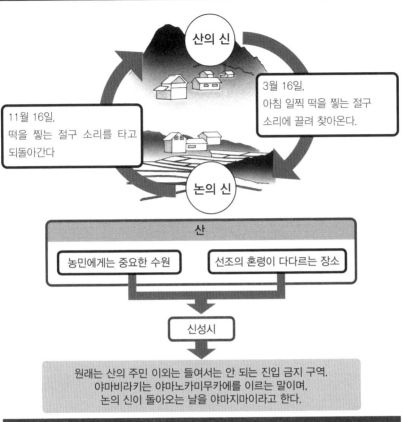

산의 신

3월 16일.
아침 일찍 떡을 찧는 절구
소리에 끌려 찾아온다.

11월 16일.
떡을 찧는 절구 소리를 타고
되돌아간다

논의 신

산
농민에게는 중요한 수원   선조의 혼령이 다다르는 장소

신성시

원래는 산의 주민 이외는 들여서는 안 되는 진입 금지 구역.
야마비라키는 야마노카미무카에를 이르는 말이며,
논의 신이 돌아오는 날을 야마지마이라고 한다.

하츠우마

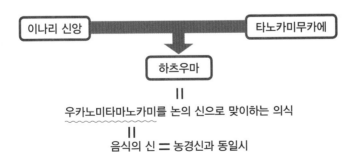

이나리 신앙   타노카미무카에

하츠우마

∥
우카노미타마노카미를 논의 신으로 맞이하는 의식
∥
음식의 신 ＝ 농경신과 동일시

관련 항목
- No.050 신사의 1년
- No.051 신도제사 신을 모시다
- No.065 타노카미오쿠리

히나마츠리

3월 3일의 히나마츠리雛祭는 예로부터 삼짇날의 명절上巳の節句이라고 불렀으며 음양도 계통의 하라이 의식에서 시작된 것이다.

● 인형에 옮겨서 떠내려 보내는 음양도 계통의 수불 제사

3월 3일 삼짇날桃の節句, 히나마츠리는 예로부터 삼짇날(「죠미じょうみ」 또는 원사元巳라고도 함)의 명절로 불렸던 다섯 명절五節句 중 하나로 원래는 하라에祓え 제사였다.

히나마츠리의 원점은 **음양도**에 있다. 음양도는 고대 중국에서 일어난 도교 사상 중 풍수나 음양오행 사상을 기원으로 일본에서 발전시킨 술법을 가리킨다. 그 원형인 음양오행 사상은 스이코推古 여제의 치세였던 서력 604년경에 전해졌으며, 마법, 천문, 복점卜占의 법으로 당시의 섭정이었던 세이토쿠聖德 태자에게 높이 평가받아 국정에 도입되었다. 텐무 덴노는 천문이나 둔갑遁甲(방위술)과 같은 음양도를 잘 이해하여 직접 복점을 하고, 음양안과 같은 음양도를 통해 마법, 천문, 복점을 하는 부서를 설치했다.

이윽고 헤이안 시대에는 궁정에서 다달이 음양도의 하라에 의식을 하게 되었다. 그들은 궁중신기관宮中神祇官이 개발한 신도의 하라에 술법 나카토미노하라에中臣祓를 응용하여, 덴노의 부정을 카타시로形代에 옮겨서 나나세七瀬(일곱 개의 여울)로 내쫓았는데, 이것을 나나세노하라에七瀬の祓라고 한다. 옛날의 카타시로는 금속제였지만, 이윽고 목제로, 그리고 종이紙製로 바뀌어 갔다. 이것이 구정에 퍼졌다.

삼짇날의 하라에는 그 일환이다. 삼짇날이란 3월 첫 뱀날이라는 의미로 중국에서는 이날에 물가로 나와서 술을 마시고 부정을 쫓아내며 초혼의 행사를 하곤 했다. 이것을 곡수曲水의 연회라고 하여 일본에도 일찍부터 전해졌다. 헤이안 시대의 귀족들은 이날에 음양사에게 하라에를 시켰으며, 인형으로 신체를 쓰다듬게 한 뒤 그것을 강에 떠내려 보냈다. 현재에도 각지에 남아 있는 「나가시비나流し雛」 풍습은 이것이 발전한 형태다. 원래 카타시로인 히나를 강에 떠내려 보내지 않고 예쁘게 장식하게 된 것은 에도 시대부터의 일로 이것이 히나마츠리가 되어 널리 퍼지게 된다. 18세기경부터는 한층 화려함이 더해지면서 쌓는 단수도 늘어났다.

히나마츠리의 형성

히나마츠리

↑
원점

음양도

헤이안 시대

음양사에 의해 궁정에서 다달이 하라에 의식을 하게 되었다. 그 일환으로 신도의 하라에 술법인 나카토미노하라에를 응용한 나나세노하라에를 이용했다.

나나세노 하라에

궁중신기관이 개발한 신도의 하라에 술법으로 나카토미노하라에를 응용하여 만들어진 것. 덴노의 부정을 카타시로에 옮겨서 일곱 개의 여울로 내쫓는다.

음양사에게 하라이를 시켜서 몸을 어루만진 인형을 강에 떠내려 보냈다.

나가시비나로 발전

에도 시대

히나를 강에 떠내려보내지 않고, 예쁘게 장식하게 되었다.

18세기경

히나 인형의 화려함이 더해지면서 단수도 늘어났다.

관련 항목
- No.043 음양도와 신도
- No.050 신사의 1년

하나시즈메

봄의 마츠리의 계절이 온다. 하나시즈메花鎮め, 진화제鎭花祭, 봄 마츠리春祭り. 이것들은 꽃이 개화하는 시기에 역귀를 진정시키는 마츠리다.

● 꽃의 마츠리에 씨족신을 부른다

3월부터 5월의 개화기에는 각지에서 하나시즈메, 진화제, 하나마츠리花祭り라고 불리는 제사가 열린다. 불교식으로 말하자면 하나마츠리는 석가탄신일(음력 4월 8일)이지만, 도호쿠 지역에서 11월에 하는 시모츠키카구라霜月神楽도 하나마츠리이므로, 봄 마츠리는 하나시즈메, 또는 진화제라고 부르는 것이 맞을 것이다.

하나시즈메는 따뜻해지고 꽃이 피는 봄에 신들에게 꽃을 바쳐, 역병이나 풍수해風水害로부터의 안전을 기원하는 의식이다. 「신기령神祇令」에 제정된 제례 중 하나로, 미와 산三輪山의 오모노누시노카미大物主神의 제사에서 유래하며, 『고사기』의 스진崇神 덴노 관련 단락에는 미와 산의 신을 모시면서 역병이 가라앉았다는 기록이 있다.

봄 마츠리의 형식은 다양하다. 오사카 부大阪府 사카이 시堺市에 있는 오토리 신사大鳥神社에서 열리는 화적제花摘祭는, 화적녀花摘女나 치고稚児가 끄는 꽃수레 앞뒤로 미코시神輿가 행궁을 건너간다. 물고기가 신찬으로 바쳐지며, 화적녀는 꽃바구니를 바친다. 일설에는 신이 꽃놀이를 하는 거라고 한다.

나라 현奈良県 나라 시奈良市의 카스가 대사에 있는 미즈야 신사水谷神社의 진화제는, 신앞에 벚꽃 잎을 올리고 미즈야카구라水谷神楽를 연주하여 역병의 유행을 막는 마츠리다. 미즈야 신사는 카스가산의 미마쿠리노카미水分神를 모시는 사당으로 산의 신, 물의 신을 진정시키는 마츠리로 알려졌다.

헤이안 시대에는 음력 4월 4일에 봄 마츠리가 열렸다. 이것은 꽃 마츠리다. 사람들은 이 시기가 되면 집집마다 우노하나卯の花(음력 4월을 나타내는 꽃. 병꽃나무 꽃 – 역자주)를 출입구에 꽂아 놓고 산에서 따온 비쭈기나무를 집밖에 세워놓아 장식해서 신을 맞이했다. 타노카미무카에와도 비슷한데 이십사 절기로 말하자면 봄과 여름의 사이에 해당한다는 점에서, 여름을 맞이해 신령의 재생과 신위의 부활을 기원하는 것이다.

4월의 마츠리에서 맞이하는 신은 야카츠카미宅神(집의 신)라고 불리는데, 원래 씨족신이다. 우노하나는 울타리 장식에 곧잘 사용되었던 꽃으로 봄의 꽃으로서 알려졌다.

하나시즈메

하나시즈메

3월부터 5월의 개화기에 하는 제사. 진화제, 하나마츠리라고도 한다.

신들에게 꽃을 바쳐서
역병이나 풍수해를 진정시키기를
기원하는 의식.

신기령에도 제정된
제례 중 하나.

미와 산의
오모노누시노카미의
제사에서 유래되었다.

헤이안 시대

음력 4월 4일에 봄 마츠리가 열렸다.

집의 출입구 → 우노하나 ⎫ 장식해서,
집밖 　　　 → 비쭈기나무 ⎭ 야카츠카미(씨족신)를 맞이했다.

비슷하다

타노카미무카에

이십사 절기에서는 봄과 여름의 사이에 해당한다.

여름을 맞이해 신령의 재생과 신위의 부활을 기원했다.

관련 항목
● No.050 신사의 1년
● No.076 미와 산 전설

월차제와 신금식

이세 신궁 등에는 해마다 6월과 12월에 월차제月次祭라고 하는 중요한 제사가 있다. 이것은 신들에게 신찬神饌을 바치는 중요한 신사 행사다.

● 신들에게 신찬을 바치고 음복한다

현재 월차제라고 불리는 것은 궁중제사宮中祭祀, 신궁제사神宮祭祀, 신사제사神社祭祀의 3종류가 있다. 우선 월차月次는 다달이 모신다는 의미가 있다. 그 때문에 일반적인 신사 행사 중에서는 월례의 **신찬신사**神饌神事나 월차강사제月次講社祭 (천신강天神講이나 이나리강稻荷講 등), 월시제月始祭, 만월제滿月祭를 월차제라고 부르거나, 10일, 20일, 30일에 씨자 총대氏子総代가 모여서 하는 순제旬祭를 월차제라고 부르는 경우도 있다.

궁중제사의 월차제란 제폐祭幣(제사에 사용하는 공물)를 6월과 12월, 이렇게 1년에 2회 여러 사당에 봉헌하여 국가의 평온과 왕의 건강 등을 기원하는 궁중제사다. 폐백幣帛(신전에 올리는 공물 - 역자 주)을 올리게 되는 신사는 「연희식延喜式」에서 304석. 이것은 신상제(新嘗祭) 때 올라오는 것과 같은 규모로 특히 영향력이 큰 신사다. 몬무 덴노 2년(702년)에는 이미 이러한 제사를 했다고 전해진다. 덴노 자신이 직접 중화원中和院(덴노의 신령을 모시는 곳 - 역자 주)에 행차하여 신금식神今食 의식을 했다. 덴노 자신이 신들에게 식사 등의 신찬을 바치고 자신도 직접 식사하는 의식인 것이다. 그 제사 내용은 신상제와 매우 닮았지만, 가을 햅쌀을 축복하지 않는다는 점이 중요한 차이점이다. 아마도 신과 같은 것을 먹음으로써 신의 힘을 얻는 의식이었을 것이다. 이 관습은 철하품撤下品(음복을 위해 내려온 신찬)을 받아먹는 풍습이 되어 지금도 전해지고 있다.

월차란 본래 매월 해야 할 신찬 의식이었지만 반 년마다 하는 것으로 바뀐 것이다. 「신기령」에 의하면 「서민의 택신제宅神祭와 같다」는 내용이 있는 것으로 보아 신년제와 비슷한 제사였을 것으로 생각된다. 유감스럽지만 월차제는 궁정이 쇠퇴하면서 명맥을 간신히 유지하다가 오닌의 난으로 폐절되기에 이른다. 이세 신궁에는 메이지 시기에 부흥되어, 유키오미케由貴大神饌를 공물로 바칠 수 있게 되었지만, 궁중에서는 부활하지 않았다.

아마도 원래 모습은 매월 그믐날(「츠키고모리月籠り」라고도 부른다)에 하는 신위의 재생신년제나 만월제 때 신에게 바친 것을 음복하는 의식이었을지도 모른다.

월차제와 신금식

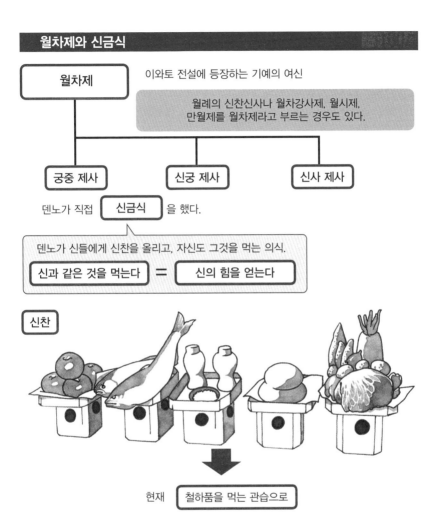

월차제 → 이와토 전설에 등장하는 기예의 여신

월례의 신찬신사나 월차강사제, 월시제, 만월제를 월차제라고 부르는 경우도 있다.

궁중 제사 　 신궁 제사 　 신사 제사

덴노가 직접 신금식 을 했다.

덴노가 신들에게 신찬을 올리고, 자신도 그것을 먹는 의식.

신과 같은 것을 먹는다 ＝ 신의 힘을 얻는다

신찬

현재 → 철하품을 먹는 관습으로

월차제의 역사

702년	무몬 덴노가 중화원에 행차하여 신금식 의식을 한다.
중세	궁정의 쇠퇴와 함께 명맥이 끊어져 간다.
무로마치 시대	오닌의 난으로 폐절.
메이지 시대	이세 신궁에서 부흥하지만, 궁중에서는 부활하지 않았다.

관련 항목
- No.045 어신찰
- No.050 신사의 1년

나고시노오하라에

음력 6월 말, 장마를 맞은 일본에서는 나고시노오하라에夏越の大祓가 열린다. 반 년간의
부정을 쫓아내고 역병을 피하는 중요한 의식이다.

● 치노와를 빠져나와 여름 이전의 부정을 씻는다

음력 6월 말일에는 나고시노오하라에라는 신사 행사가 열린다. 나고시名越, 미나즈키
노하라에六月祓, 아라니고노하라에荒和の祓라고도 한다. 오하라에大祓란 사람들이 매일
알게 모르게 범하는 죄나 부정을 씻고 재액을 막는 신사 행사다. 한 해에 2회 하며 6
월과 12월(시와스노오하라에師走の大祓)의 그믐날에 했는데, 이것은 원래는 궁중행사였다. 역
병이 유행하기 쉬운 여름을 앞둔 6월의 오하라에는, 심신의 츠미케가레罪穢れ(죄와 부정
함)를 씻어 깨끗하게 하고 병마에 지지 않는 힘을 받을 수 있도록 「치노와茅の輪」를 빠져
나가는 신사 행사였다. 포아풀과의 여러해살이풀인 치가야茅, 즉 띠는 이뇨・소염작용
이 있는 약초인데, 이것으로 만든 카타시로形代에 츠미케가레를 옮겨, 강이나 바다에
떠내려보내기도 하며, 가축의 역병을 막고자 소와 말을 바다에 몰고 가는 곳도 있다.
이 행사는 가미요神代(일본 역사상 첫 왕인 진무 덴노 이전의 시대- 역자 주)의 고사에 기인한다. 『비
후국풍토기備後国風土記』에 의하면 우두천왕牛頭天王이나 무토신武塔神과도 동일시 되는
스사노오가 여행을 하던 중, 쇼민쇼라이蘇民将来와 코탄쇼라이巨旦将来라는 형제에게 하
룻밤 묵게 해달라고 하자, 유복한 코탄은 거절했던데 반해 형인 쇼민은 가난했지만 스
사노오를 후히 대접했다. 답례로 스사노오는 「치노와」 만드는 법을 가르쳐주고, 작은
치노와를 허리에 달게 했는데, 그해에 스사노오는 무서운 역병을 퍼뜨렸다. 이후 역병
이 도는 시기가 되면 치노와를 장식하고 「쇼민쇼라이」라 외치며 역병을 막았다고 하는
데, 이 풍습은 도래인과도 관계가 있을 것으로 추측되고 있다. 또한, 우두천왕을 어제
신으로 삼는 기온 신사祇園神社, 쓰시마 신사津島神社, 야사카 신사八坂神社에서는 음력 6
월 말에 기온어령회祇園御霊会를 대대적으로 개최한다. 어령회御霊会는 원한을 가진 죽은
사람(예를 들어 스가와라 미치자네菅原道真)를 모시는 것이며, 나고시노오하라에와 습합하여 도
시형 여름 마츠리夏祭り로 정착되었다.

나고시노오하라에

오하라에

하루하루를 살아가면서 모르고 저질러버리는 죄나 부정, 재해를 막기 위해
1년에 두 번 하는 신사 행사.

시와스노오하라에

12월의 그믐날(오미소카)에 한다.

나고시노오하라에

음력 6월 말일에 한다. 심신의 츠미케가레를 씻어 깨끗하게 해서 여름에 유행하기 쉬운 역병에 지지 않는 힘을 받을 수 있도록 치노와를 묶는 신사 행사가 널리 열린다. 나고시, 미나즈키노하라에, 아라니고노하라에라고도 한다.

치노와를 빠져나가는 순서

① 음력 6월에 나고시노오하라이를 하는 사람은 그 목숨 영원토록 이어진다고 하더라水無月の夏越の祓をする人は、寿命が千年伸びるといわれている」라는 옛 노래를 부르며하며 빠져나가면서 오른쪽으로 돌아간다.

② 다시 정면으로 빠져나가서 이번에는 왼쪽으로 돌아간다.

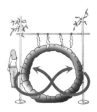

③ 세 번 정면으로 돌아간 뒤 빠져나와 배전으로 향한다.

관련 항목
● No.050 신사의 1년

칠석과 우라봉에

7월 7일은 칠석의 명절七夕の節句, 그리고 8월 초순의 우라봉에盂蘭盆会는 얼핏 보면 신사와 관계가 없는 것처럼 보이지만, 이러한 것들도 틀림없는 신사의 행사다.

● 저편에서 찾아오는 조상의 영을 모시고, 도와준다

칠석과 흔히 오봉이라 부르는 우라봉에는 얼핏 보면 관계가 없는 것처럼 보이지만, 실은 기원에 공통점이 있다. 칠석은 중국에서 전해 내려온 칠석의 명절로 원래 카와세하라에川瀬祓로 통하는 액막이 행사였다. 중국에서는 여성이 재봉이 능숙해지기를 기원하는 걸교전乞巧奠이라고 부르는 신사 행사가 있었다. 이것이 소위 말하는 칠석 전설로 견우와 직녀의 슬픈 사랑 이야기이다. 일본에도 『고사기』에 타나바타츠메棚機津女 전설이 있으며 이것과 칠석 전설이 결합하면서 일본의 칠석이 탄생하게 되었다. 「타나바타」란 물가에서 신의 옷을 짜는 사람이다. 이것은 하룻밤 동안 신의 아내가 된다는 점에서 하타야機屋에서 신의 강림을 기다리는 무녀의 전설과 연관이 있다. 그 때문에 신사에서는 칠석을 칠석제, 또는 별 마츠리星祭り로서 축복하는 경우가 많다.

중국의 칠석 전설은 『문선文選』에 수록된 한나라 시대의 기록 『고시 십구편古詩十九編』에 처음 등장했는데, '7월 7일, 견우와 직녀가 회합하는 밤. 부녀자들은 7개의 바늘 구멍에 아름답게 채색된 실을 꿰었으며, 헌상품을 뜰에 늘어놓아 바느질의 숙달을 기원했다'.라고 되어 있다. 연인들이 마음을 표현하는 날이 된 것은 비교적 근래의 일이다.

칠석은 원래 음력 7월 7일에 열리던 행사였다. 그리고 일본에는 이 직후, 음력 7월 15일에 우라봉에(오봉)가 열리고 있었다. 이것은 대륙에서 전해진 불교의식이었지만, 본질은 일본의 오래된 조령신앙으로 집에 선조의 영혼을 불러들이는 의식으로, 칠석은 우라봉에 직전에 열리는 하라에祓를 동반하는 행사였다. 사사카자리笹飾り는 신령이 깃드는 도구로, 강에 떠내려 보내는 것이 관습이었다. 메이지 유신 후, 그레고리력이 도입되면서 7월 7일은 여름이 시작되는 날이 되었지만, 음력으로는 가을이 시작되는 날로 수확 전의 조령제를 위한 미소기禊 의식이었을 것으로 추정된다.

흔히 탄자쿠카자리短冊飾り라고 부르는 것은 카타시로 및 오색의 도교계 장식물이었지만, 에도 시대에 센다이 번仙台藩에서 자녀의 습자習字를 권했던 것에서 시작되었다고 한다.

일본의 칠석

중국	걸교전의 신사 행사.
『고사기』	타나바타츠메 전설

→

일본의 칠석

신사에서는 칠석제, 별 마츠리로서 축복하는 경우가 많다.

칠석 전설

천제의 딸인 직녀와 함께 일하던 견우는 천제에게 인정받아 결혼한다.

▼

하지만 결혼한 두 사람은 일을 하지 않게 되면서, 천제의 분노를 산다.

▼

천제는 두 사람을 떼어 놓았으며,
이들은 1년에 한 번, 맑은 7월 7일에만 만나는 것을 허락받게 되었다.

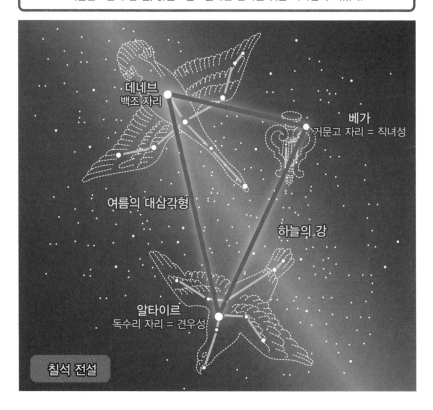

데네브
백조 자리

베가
거문고 자리 = 직녀성

여름의 대삼각형

하늘의 강

알타이르
독수리 자리 = 견우성

칠석 전설

관련 항목

● No.050 신사의 1년

No.063

칸나즈키와 카미아리즈키

일본에서 음력 10월은 예로부터 칸나즈키神無月라고 불리고 있다. 일본의 신들이 이즈모에 모이기 때문이라고 하지만, 실은 신상제新嘗祭를 하기 전에 하는 모노이미物忌 제사다.

● 신상제를 맞아 모노이미를 한다

음력 10월은 칸나즈키라고 해서 1년 동안의 일들을 의논하기 위해 전국의 신들이 이즈모 대사에 모이는 달이다. 이 때문에 이즈모 이외에는 신들이 자리를 비우게 된다. 한편 이즈모에서는 이 달을 카미아리즈키神在月라고 부르며 음력 10월 11일부터 17일까지의 7일 동안 전국의 신을 맞이하는 제례 「카미아리마츠리神在祭」가 열린다.

그 동안 이즈모 대사는 전국의 신들의 오타비쇼御旅所(원래 신사 이외에서 머무르는 장소)가 되고, 신들이 회의하는 동안 그 지방의 인간들은 근신재계하고 가무음곡을 삼가하며 특정 장소에 틀어박혀 부정을 피해야 하는데, 이를 이미코모리#忌み籠り#라 한다.

단, 칸나즈키와 카미아리즈키에 관한 설명은 중세 이후에 이즈모 대사로 참예예배参詣礼拝를 권하는 유행신관遊行神官인 어사御師가 전국에 널리 퍼뜨린 것이라는 설도 있다. 이즈모에서도 카미아리마츠리는 오이미마츠리御忌祭라고도 부르며, 원래는 1년 동안 가장 중요한 신상제이기 때문에 모노이미를 한 「칸나즈키(신의 달)」라고 부른다.

수확감사제의 일종인 신상제는 신과 식사를 함께 하는 신금식이기도 하기에 신위를 받아들이기 전에 모두가 몸을 깨끗하게 해야만 한다. 그 때문에 이미코모리忌み籠り를 엄중하게 한 것이다. 가무음곡은 물론 큰 소리로 말하는 것조차 멀리하는 나날을 보내며 신을 맞이하는 청정한 심신으로 돌아가는 것이다.

예로부터 신상제를 실행하는 것은 여성이었던 것인지, 『만엽집』의 아즈마우타東歌 중에는 여성이 신상제를 맞이하면서 이미코모리를 해야 하는 의무와 사랑하는 연인과의 밀회 사이에서 아무것도 못 하는 모습을 담은 노래가 남겨져 있다.

「논병아리 노니는 카츠시카의 올벼를 공양해야 한다지만 사랑하는 그이를 어찌 밖에 세워두기만 해야 하는가鳰鳥の葛飾早稲を饗すともその愛しきを外に立てめやも」만엽집万葉集 3386」.

이것이야말로 칸나즈키와 무녀의 로맨틱한 관계의 원류가 아닐 수 없다.

칸나즈키와 카미아리즈키

칸나즈키

이즈모 이외의 장소에서 10월을 이르는 통칭. 10월은 1년 동안의 일들을 의논하기 위해 전국의 신들이 이즈모 대사에 모이기 때문에, 이즈모 이외에는 신들이 자리를 비우게 되면서 이렇게 불리게 되었다.

카미아리즈키

이즈모에서 10월을 이르는 통칭. 음력 10월 11일부터 7일 동안 전국의 신을 맞이하는 카미아리마츠리가 열린다. 그동안, 그 지방의 사람들은 근신재계하며 특정 장소에 틀어박혀 부정을 피해야만 한다.

전국의

신

1년 동안의 일들을 의논하기 위해 이즈모 대사로

카미아리마츠리가 열리는 동안, 이즈모 대사는 전국의 신들의 오타비쇼가 된다.

이하의 설명은, 중세 이후에 이즈모 대사로 참예예배를 권하기 위해 퍼지게 되었다는 설이 있다. 원래는 1년 동안 신상제를 위해 모노이미를 한 「칸나즈키」라고도 부른다.

신상제로서 열리는 신위재생의 의식이기 때문에, 사람들은 머리를 풀지도, 수염을 깎는 것도, 바느질이나 가무음곡을 하는 것도, 큰 목소리를 내는 것도 삼가는 나날을 보냈다.

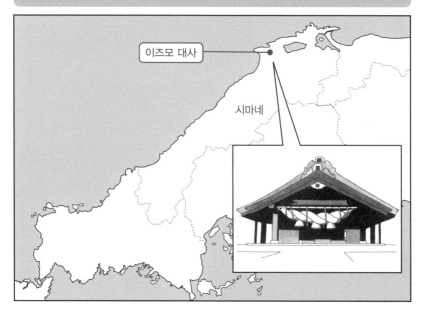

이즈모 대사

시마네

관련 항목

* No.050 신사의 1년
* No.064 신상제

신상제

가을 최대의 마츠리가, 바로 햅쌀의 풍요를 축복하여, 신에게 보고하는 신상제다. 이것은 겨울을 맞아 신위를 얻는 제사이기도 하다.

● 국가 전체의 재생을 기원하는 오래된 신사 행사

신상제란 매년 11월 하순, 두 번째 묘의 날에 궁중 및 전국의 신사에서 열리는 수확제다. 메이지 6년 양력을 채용했던 때에 11월 23일로 정해지고 전쟁 후에는 근로감사의 날이라고 하는 축일이 되었다.

덴노가 직접 오곡의 햅쌀을 천신지기天神地祇에 바치고 그것을 음복하여 그해의 수확을 감사하는 궁중제례로, 아스카 시대의 고교쿠皇極 덴노 치세 때 시작되었다고 전해진다. 신상제는 이세 신궁 및 여기에 따르는 신사의 제례가 되었으며, 이세 신궁에는 덴노가 칙사를 보내서 오미케大御饌(신이 하는 식사)를 공물로 바치는 형식이 되었다. 일반 신사에서는 어제신에게 풍요를 감사하는 수확제로서 열리고 있다.

예로부터 궁중 의례인 신상제에 관해서는 은밀하게 취급되고 있어서 그 내용이 공개되지 않았기 때문에, 일반 대중에게는 신상제는 수확제로 간주되고 있다. 하지만 최근의 학설에서는 음력 11월 23일이 거의 동지라는 점, 태양신의 말예이며 이나다마稻靈(벼의 신령) 그 자체에 상응하는 호노니니기ホノニニギ의 자손인 덴노가 직접 **신금식**神今食을 하는 점에서, 태양의 재생의례가 아닐까 하는 의견이 있다. 영국의 아더왕 전설에서 왕 자신이 국토를 체현한 것처럼, 덴노란 일본의 국토 자체이며 동지가 되면 덴노가 직접 신금식을 함으로써 대지의 기운(비옥함)이 재생되는 것이다. 그 증거로 신상제의 신좌에는 황조 호노니니기가 (신생아의 모습으로) 강림했을 때 사용했던 포대기를 본뜬 침실 마도코오부스마真床御衾가 설치된다.

덴노의 신위를 높이기 위한 의례이기 때문에, 대상제大嘗祭라고도 하지만, 현재는 특히 덴노가 새로 즉위한 해의 신상제만을 대상제라고 부르게 되었다. 실제 수확제에 해당하는 것은 10월 17일에 개최되는 신상제로 여기서 하츠호初穂(그해 처음으로 익은 벼 이삭 – 역자 주)와 오미키라 불리는 어신주御神酒를 어제신에게 바친다.

신상제의 역사

신상제

덴노가 오곡의 햅쌀을 천신지기에 권하고 자신도 그것을 먹어서 (신금식) 그해의 수확을 감사하는 궁중제례.

아스카 시대에 시작되어, 태양력 채용 이전에는 음력 11월의 두 번째 묘의 날에 열렸다.

↓

전쟁 후

11월 23일은 근로감사의 날로서 국민의 축일로. 신상제는 이세 신궁 및, 여기에 따르는 신사의 제례가 된다.

태양의 재생 의례로서의 신상제

궁중의례인 신상제

=

비사

내용이 공개되지 않았기 때문에 일반 대중에게는 신상제는 수확제로 간주되고 있다.

최근의 학설

태양의 재생의례?

음력 1월 23일은 거의 동지

태양신의 말예이며 이나다마 그 자체에 상응하는 호노니니기의 자손인 덴노가 직접 신금식을 한다.

→

일본의 국토 자체인 덴노가, 동지에 직접 신금식을 함으로써 태양이 재생된다.

관련 항목
● No.045 어신찰
● No.050 신사의 1년

타노카미오쿠리

수확이 끝난 농촌에서는 논의 신을 치하하고 위로하여 산으로 돌려보내는 제례가 열린다. 가을 마츠리秋祭り, 타노카미오쿠리田の神送り다.

● 풍요의 신을 치하하고 위로하여 산으로 돌려보낸다

봄에 산에서 논으로 초대받은 신은 가을의 수확이 끝나면 노고를 치하하고 위로하여 산으로 돌려보내고 쉬게 해야 한다. 이 제사를 타노카미오쿠리라고 하며 많은 농촌지대에서 열리고 있다. 카미카리아게神刈り上げ, 카리아게 명절刈り上げ節句, 노가미아게農神上げ 등으로 불리며, 떡이나 팥밥, 경단, 감주, 오하기おはぎ(멥쌀과 찹쌀을 섞어 동그랗게 빚은 떡의 일종) 등을 바친다. 「사노보리サノボリ」라고 하는 지방도 있지만, 거기서는 봄의 카미무카에神迎え를 「사오리サオリ」라고 한다.

타노카미오쿠리는 11월에 열리는 일이 많으며 「시모츠키마츠리霜月祭」라고도 한다. 아이치愛知, 나가노長野, 아키타秋田 등에서는 「시모츠키카구라霜月神楽」라고 해서 밤 내내 가마에 물을 넣고 끓여서 카구라神楽를 봉납한다.

같은 계통의 행사로는 이시카와 현石川県 노토 지방의 「아에노코토」가 잘 알려졌다. 아에노코토란 환대한다는 의미로 논의 신을 나타내는 가마俵를 모시고, 논의 신을 집주인이 욕실에 들이거나 객실에서 진수성찬을 바치면서 쉬게 한다. 논의 신은 산에 돌아가지 않고 토우야当屋(신사의 제례나 행사 등을 주재하는 임무를 맡은 사람의 집 – 역자 주)에 머물며 이듬해의 봄까지 쌀가마니 속에서 잠든다. 이 때문에 가을의 신사 행사를 「카미무카에」, 봄에 논으로 내보내는 신사 행사를 「카미오쿠리」라고 부른다.

마찬가지로 큐슈九州 남부의 「타노칸사아タノカンサア」의 경우, 당번이 돌아가며 논의 신을 치하하고 위로하는 논의 신 신앙田の神信仰이 있지만, 당번은 신혼 가정이 우선시된다. 이것은 젊은 부부의 성적인 에너지를 논의 신에게 주입하기 위함이다.

논의 신 신앙이 활발한 지역에서는 논의 두렁이나 십자로, 촌의 경계 등에 논의 신의 신상神像을 만들어 놓는 일이 많다. 이것은 17세기경에 수도자나 수행자에 의해 널리 퍼진 것으로, 여행 중인 승려나 신직의 모습을 하고 있다. 큐슈 지방에서는 논의 신은 관대한 신으로 「옷토이オットイ」라고 하며 마음대로 여행을 떠나버리지만, 얼마 안 있어 편지를 보내거나 불쑥 돌아오기도 한다.

한 눈에 보는 무녀의 계통도

타노카미오쿠리

봄에 산에서 논으로 초대받은 신을 가을의 수확 종료 후 노고를 치하하고 위로하여 산으로 돌려보내고 쉬게 하는 의식.많은 농촌지대에서 열린다. 떡이나 팥밥, 경단, 감주, 오하기 등을 바친다.

산

신

가을 | 수확 종료 후에 돌려보낸다

초대한다 | 봄

신

논

별칭

카미카리아게, 카리아게명절, 노가미아게 등. 11월에 열리는 일이 많다는 점 때문에 시모츠키마츠리라고도 불린다.

시모츠키카구라

에치, 나가노, 아키타 등에서는 시모츠키카구라라고 부른다. 밤 내내 가마에 물을 넣고 끓이며 카구라를 봉납한다.

다양한 논의 신 신앙

아에노코토

이시카와현 노토 지방에서 열리는 신사 행사. 「환대」를 의미한다.

옷토이

큐슈 지방의 관대한 논의 신.

타노칸사아

큐슈 남부에서 행해지는 논의 신 신앙. 당번제로 신을 모시고 위로한다.

오른손에 주걱

왼손에 절굿공이 또는 신장대

논의 신

관련 항목
- No.050 신사의 1년
- No.051 신도제사 신을 모시다
- No.057 타노카미무카에

하츠미야모우데

생후 처음으로 씨족신氏神様에게 참배하는 하츠미야모우데初宮詣는, 미야마이리宮参り라고도 하며, 그 지방의 신에게 아기를 인정받기 위한 마츠리다.

● 씨족신에게 신생아의 성장을 기원한다

하츠미야모우데란 아기가 탄생한 후에 처음으로 **씨족신**에게 참배한다는 점에서 미야마이리, 또는 하츠미야初宮라고 불린다. 씨족신에게 아이의 성장을 기원함과 동시에 씨자氏子에 참여했다 사실을 씨족신에게 보고하는 의식이다. 신에게 처음으로 이름을 댄다는 의미도 있으며, 그 때문에 신전에서 일부러 울려서 울음소리로 신에게 아기의 존재를 인상에 남기는 풍습도 있다.

아기에게는 몬츠키紋付를 입히는 관습이 있으며, 아기를 안은 상태로 이 몬츠키를 걸친다. 몬츠키는 아이들의 일족을 나타내는 것으로 조상들의 환생을 나타내고 있다.

하츠미야모우데는 히아케ヒアケ, 히바레ヒバレ, 우부아케ウブアケ, 시메아케シメアケ 등으로 부르며, 이날을 기해 신생아의 모노이미物忌가 열리는, 즉 신전에 나갈 자격을 가진 것을 의미한다. 남자아이는 생후 32일, 여자아이는 생후 33일째로 되어 있지만, 지역에 따라 빠른 경우에는 생후 7일째, 늦는 경우에는 100일을 넘기는 경우도 있다. 일반적으로 자식의 이미忌み(부정을 피해 조심해야 하는 날 – 역자 주)는 33일, 모친의 이미는 75일로 알려져 있으며 자식의 이미가 걷혀도 아직 모친의 이미는 걷히지 않았기 때문에, 모친은 토리이를 지나지 않고 조모나 산파가 아이를 안고 참배하는 풍습이 있었다. 하지만 최근에는 모노이미의 풍습이 희박해지면서 모친도 함께 참배하게 되었다고 한다. 지방에 따라서는 33일의 하츠미야모우데는 모친은 토리이까지 가고, 75일, 또는 100일의 하츠미야모우데가 돼서야 신전에 나아간다는 풍습이 있는 경우도 있다.

하츠미야모우데는 그 지방의 씨자집단에 신생아가 참여하는 의식이기도 하기 때문에, 가능한 한 가족 전원이 참가해서 제대로 기원하는 것이 좋다. 아이들의 건강한 성장을 기원하고자 한다면 부디 그 지방의 신사에 참배시키는 것이 좋을 것이다.

또한, 생후 7일째의 이렛날 잔치七夜の祝い, 생후 120일째의 오쿠이조메食初祝, 첫명절初節句, 혹은 임신 직후의 순산 기원 등 임신 출산에 관련된 신도 제사는 많아서 그때그때 신사에 참배해서 아이들의 성장을 기원하는 관습이 있다.

한 눈에 보는 무녀의 계통도

하츠미야모우데

아기를 씨족신에게 보고하는 의식. 미야마이리, 하츠미야라고도
한다.

보고

주역

인정한다

씨족신

아기

모친

옛날에 모친은
참배를 하지 않았다.

한 눈에 보는 무녀의 계통도

착대축

임신 5개월째
개의 날戌日에
수천궁에서 참배를
하고 복대를 착용하여
순산을 기원한다.

이렛날 잔치

생후 7일째에
아이의 이름을 짓는다.

오쿠이조메

생후 100~120일째에
처음으로 일반 식사,
쌀밥과 어육을 먹인다.

첫 생일

생후 1년의 축복.

하츠미야모우데

첫명절
처음으로 명절을 축복한다.
남자아이→5월 5일의 단오의 명절
여자아이→3월 3일의 히나마츠리(삼짇날의 명절)
명절이 생후 21일 이내→이듬해로 돌린다.

하츠미야모우데

자식의 이미아케忌み明け에
그 지방의 씨족신과 산토신에게
처음으로 참배한다.

관련 항목
- No.042 산토신과 씨족신
- No.067 시치고산

시치고산

아이의 성장을 축복하는 시치고산七五三. 현재 11월 15일에 열리는 이 제사는 각종 성장 축하 행사가 모인 것이다.

● 아이들의 건강한 성장을 신에게 기원한다

11월 중순에 열리는 시치고산은 아이들의 성장을 축복하고, 한층 더 건강할 수 있기를 신에게 기원하는 축의祝儀(축복의 의식)다. 어원이 축복을 하는 연령을 늘어놓은 것이듯, 원래는 여러 개였던 아이들의 성장 축의를 정리해서 11월 15일쯤에 하도록 된 것이다. 이것은 에도 시대 때 장군 도쿠가와 츠나요시德川綱吉가 자식인 도쿠마츠德松의 축의를 이날에 한 것이 전례로 알려졌다. 애당초 해마다 제각각 축하 행사를 하고 있었지만, 다이쇼 시대부터 지금처럼 11월 전후에 집중되는 형태가 되었다. 현대에는 집안 사정으로 10월 말부터 12월 초두 중 아무 날에나 하게 된다.

원래 남녀 함께 3살에 머리를 묶는 「카미오키의 식髪置の式」을 하고 그때까지는 깎은 머리카락을 기르도록 했지만, 지금은 여자아이만 하는 의식이 되었다.

남자아이에게는 5살일 때 하카마袴를 입히는「하카마기의 식袴着の式」이, 여자아이에게는 7살에 어른의 의상으로 바뀌는 「오비토키의 식帯解の式」이 있으며 이후 어른의 의복이 된다. 지역에 따라서는 처음으로 훈도시フンドシ나 유모지湯文字와 같이 어른과 똑같은 속옷을 입히는 의식을 한다.

시치고산은 주로 관동에 있는 풍습이며, 관서에는 13살이 될 때 **미야마이리**를 하는 쥬산마이리十三参り 풍습이 있다.

본래는 영유아의 생존률이 낮았던 시대, 홀수년까지 살아남은 것을 신에게 감사하여 더욱 성장할 수 있도록 기원한 것이었지만, 다이쇼 이후 시치고산은 화려해진 경향이 있어서 여기서 유아용용 전통복을 맞추고 참배하는 일이 늘어나고 있다.

시치고산에 따라다니는 축하품인 치토세아메千歳飴는, 겐로쿠 시대에 아사쿠사浅草의 엿장수 시치베七兵衛가 개발한 것으로 알려졌다. 오래 살 수 있도록 가늘고 길게 늘어나도록 만들어진 홍백 엿을 먹이는데, 녹인 엿에 들어간 미세한 공기 방울이 바로 치토세아메의 바삭바삭한 식감을 내는 비결이라 할 수 있다.

시치고산의 형성

시치고산

아이들의 성장 축의

성장을 축복한다.　　　그리고 건강을
　　　　　　　　　　　신에게 기원한다.
11월 15일쯤에 축복한다.

에도 시대	도쿠가와 츠나요시가 자식인 도쿠마츠의 축의를 11월 15일에 했다.
다이쇼 시대	3살, 5살, 7살에 따로따로 열렸던 각 년의 축복이 11월 전후로 집중되는 형태로 변했다.
다이쇼 이후	시치고산이 화려해지는 경향으로.
현재	각 가정 사정에 맞춰 10월 말부터 12월 초에 행한다.

시치고산은 제각각 달랐다

원래는

영유아의 생존률이
낮았던 시대.

홀수년

생존을 감사

더 오래 성장할 수 있기를 기원

신

3세	5세	7세
카미오키의 식	하카마기의 식	오비토키의 식
그때까지는 깎았던 머리카락을 기른다. 지금은 여자아이만 하는 의식.	남자아이가 하카마 등 어른과 같은 의복을 입게 된다.	여자아이가 어른과 같은 속옷과 의복을 입게 된다.

관련 항목
● No.042 산토신과 씨족신　　　　　　● No.066 하츠미야모우데

신전결혼

인생의 신도제사로서, 우선 떠오르는 것이 신전결혼. 삼삼구도三々九度 의례는 옛 일본의 맹세의 잔 신사 행사다.

● 신전에서 결혼의 맹세를 이룬다

신전에서 결혼의 맹세를 해며 삼삼구도三々九度의 잔을 나누는 풍경은 누구나 익히 알고 있지만, 현재의 신전형식은 의외로 메이지 이후에 나타난 것이었다.

원래 고대 일본은 성에 관대해서 「사실혼事実婚」이나 「카요이콘通い婚(결혼 후에도 부부가 동거 못하고 남편 또는 아내가 배우자 있는 데로 왕래하는 혼인 형태)」의 풍습이 강했다. 연인 사이가 된 후 서로가 납득하면 일단 데릴사위로 들어가고, 그 후 독립했다. 아스카 시대에 호적령이 나오면서 결혼에 관한 법률이 정해졌지만, 헤이안 시대까지는 카요이콘이 계속되어 밤을 세 번 보내고 처음으로 피로의 연회를 했다. 무가 시대가 되면서 가문이 중요해졌기 때문에 아내를 맞이하는 혼례로 바뀌었지만, 가문에서 축언의 연회를 올리는 자택혼을 했다.

삼삼구도의 잔은 천지인의 배를 나눠 상호 결속을 다지는 일본 고래의 계약 의례다. 대륙에서 유래했다고 하며, 무로마치 시대에는 일반화되어 경사스런 자리에서 널리 쓰였으나, 현재는 신전결혼神前結婚, 일부의 **신도 제사**, 혹은 마츠리의 노점을 도맡아 하는 테키야テキヤ 등 일본적인 결사에서의 결속을 다지는 정도로만 남아있다.

신전결혼이 탄생한 것은 메이지 30년, 도쿄의 히비야 대신궁日比谷大神宮에서 처음으로 다카키 가네히로高木兼寛 남작 중매의 신전결혼식이 열린 것이 시작으로 알려졌다. 메이지 33년 5월, 왕세자 요시히토嘉仁 친왕(후의 다이쇼 덴노)과 공작 쿠조 미치타카九条道孝의 4녀 세츠코節子의 결혼이 신전식으로 열린 이래, 일반 대중들에게도 신전 결혼식이 보급되었다. 다이쇼 시기에는 자택 결혼이 줄어들면서 신전식을 하게 되지만, 다이쇼 12년의 관동 대지진으로 히비야 대신궁이 소실되고 말았다. 그래서 데이코쿠 호텔帝国ホテル에서는 타가 신사多賀神社의 어제신인 이자나기와 아자나미의 2신의 분령을 같은 호텔 안에 안치했다. 이 형식을 「영도식永島式」이라고 해서 현재의 신전결혼의 귀감이 되고 있다. 한때 결혼식장이 유행했지만, 현재에는 호텔이나 레스토랑과 계약하고 있는 신사가 많아서 신사에서 결혼식을 올리는 사람이 늘어나고 있다.

신전결혼의 역사

고대 일본	사실혼이나 카요이콘의 풍습이 강했다.

연인 사이가 된다	➡	데릴사위	➡	독립

아스카 시대	호적령이 발령(결혼에 관한 법률이 제정).
헤이안 시대	카요이콘의 풍습이 남음.

밤을 세 번 보냄	➡	피로의 연회가 열렸다.

무가 시대	가문이 중요해짐 ➡ 아내를 맞이하는 혼례(자택혼)가 되었다.
무로마치 시대	삼삼구도의 잔 ➡ 일반화 다양한 경사가 열리게 되었다.
메이지 시대	메이지 30년 도쿄의 히비야 대신궁에서 처음으로 신전결혼식이 열린다. 영향 ➡ 일반 사람들에게도 거행되게 되었다. 메이지 35년 5월 다이쇼 덴노의 결혼이 신전식으로 열린다. 신전식이 보급된다.
다이쇼 시대	관동대지진으로 히비야 대신궁이 소실. 제국 호텔에서 이자나기, 이자나미의 분령을 안치 (나가시마식永島式).
현재	신사에서 신전결혼식이 증가.

관련 항목
● No.033 신도

No.069

액막이

남자는 42세, 여자는 33세가 대액년大厄年이라고 한다. 액년은 체력적으로도 환경적으로
도, 인생의 한고비이며, 자중해서 보낼 시기이기도 하다.

● 인생의 한고비에 결재하여, 자중을

인생에는 고비라고 하는 것이 있다. 어느 정도 나이를 먹으면 체력적인 의미, 혹은 사
회적인 의미로 전환기가 찾아온다. 그것이 재액으로 이어지는 해이며 자중해서 행동
해야 하는 해가 액년이다. 남자는 25세, 42세, 61세, 여자는 19세, 33세, 37세가 액
년으로 특히 남자의 42세, 여자의 33세를 대액大厄이라고 한다. 전후의 년을 전액(前
厄), 후액(後厄)이라고 해서 결과적으로 전후 3년이 자중해야 하는 기간이다. 모두 세는
나이数え年(태어나자마자 1살로 계산하는 나이. 한국과 중국, 대만 등에서 주로 사용한다 – 역자 주) 기준이다.
우선 신체 건강이나 사회 환경, 가정환경에서 변화가 오기 시작한다. 남성은 청년에서
장년으로 향하는 시기이며, 여성은 임신출산이 일단락되는 시기다. 잠시 한숨 쉴 때
컨디션이 무너지거나 역으로 젊을 때처럼은 몸이 따라주지 않을 때 나이를 느끼기도
한다.
액년에는 신사에서 **오하라이**를 받거나 친족 지인을 모아 연회를 개최하거나 해서 액
막이厄祓い를 한다. 또한, 건축물을 개축하거나 기업을 일으키는 등 새로운 일을 시작
하는 것도 액년에는 좋지 않은 것으로 알려졌다. 연회는 함께 식사를 하며 친족간의
연을 깊이 하여 액년에 본인의 액을 희미하게 한다. 또한, 돈을 떨어뜨리거나 기부하
는 등의 행동을 함으로써, 복을 주위에 나누어주면서 재액에서 벗어나거나 가볍게 하
려는 바람이 담겨 있다. 다리나 사거리에서 돈을 흩뿌려서 그것을 타인에게 줍게 하는
지역도 있지만, 최근에는 흩뿌리는 금액이 커져서 문제가 되고 있다.
예로부터 액년은 환갑이나 고희古希 등과 마찬가지로 축하받는 나이이며, 미코시神輿를
나르는 사람이나 미야자宮座(씨자 안에서 마을의 제사나 제례를 독점적으로 집행하는 제사 집단 – 역자 주)
에 가입하는 등 신사 행사와 관련된 「역년役年」으로 하레노바晴れの場에 참가해야 한다.
따라서 액년인 사람은 모노이미재계物忌斎戒를 해야 할 필요가 있었다. 하지만 현재에
는 제사의 의미가 희미해지고, 금기의 측면만이 남아 있다.
액막이 전문 신사도 있지만, 신사라면 어느 곳이든 액막이 오하라이厄除祭를 해주고 있다.

액년은 인생의 한고비

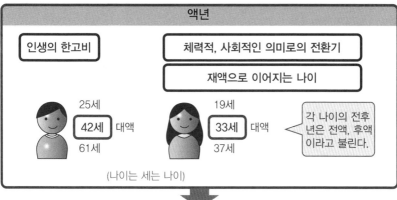

액년

인생의 한고비

체력적, 사회적인 의미로의 전환기

재액으로 이어지는 나이

25세
42세 대액
61세

19세
33세 대액
37세

각 나이의 전후
년은 전액, 후액
이라고 불린다.

(나이는 세는 나이)

액막이

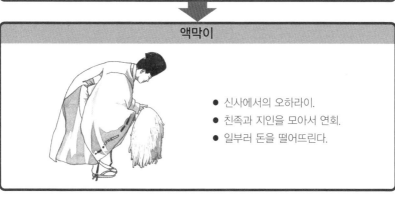

- 신사에서의 오하라이.
- 친족과 지인을 모아서 연회.
- 일부러 돈을 떨어뜨린다.

액년은 토시이와이였다

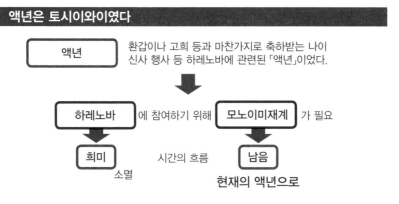

액년

환갑이나 고희 등과 마찬가지로 축하받는 나이
신사 행사 등 하레노바에 관련된 「액년」이었다.

하레노바 에 참여하기 위해   모노이미재계 가 필요

희미   시간의 흐름   남음

소멸   **현재의 액년으로**

관련 항목
- No.046 수불

신장제

신장제神葬祭는 신도식 장례로 고인을 신으로 모시고 집을 지키는 가신家神으로서 다시 맞이하는 신사 행사다.

● 신도식으로 장사지내고 고인의 영을 가신으로 삼는다.

일본에는 옛날부터 기쁜 일을 **신도**가, 죽음과 관련된 부정된 일을 불교가 분담했던 측면이 있지만, 신도에도 장례의 제사가 있다. 신장제라고 해서 죽은 사람의 미타마御靈를 집의 신으로서 모시는 제사다.

신장제의 특색은 신사가 아닌 자택이나 장례식장斎場에서 열린다는 점이다. 이것은 신사가 청정한 신의 영역이며, 죽음을 부정으로 간주하기 때문이다.

사람이 죽는 것을 귀유帰幽라고 부르며, 귀유 후 고인을 키타마쿠라北枕로 고쳐서 침선枕膳(머리맡에 준비해둔 진지)을 올린다. 철야제通夜祭에는 유체에서 레이지霊璽(위패에 해당함)로 혼을 옮겨서 그 전에 고인을 회상하는 연회를 연다. 다음 날 장지로 관을 옮기고 여기서 진짜 장례식인 매장식을 한다.

그 후 10일마다 50일까지 타마마츠리霊祭를 해서 모노이미物忌가 걷히면, 고인의 미타마를 집의 신으로서 자택의 영묘御靈屋(미타마야라고 함)에 맞이한다. 그리고 백일제, 1년제, 3년제, 5년제, 이후 5년마다 50년까지 영제를 열어 가신家神으로서 모신다.

옛 일본의 신장제는 고대에 탄생하여 기기記紀에 묘사된 아메노와카히코アメノワカヒコ의 장례에서 그 모습을 더듬어볼 수 있다. 당시는 모가리殯라고 해서 매장하기 전에 사후 며칠부터 몇 개월에 걸쳐 모가리노미야殯宮(유체를 보존하는 별장)에 유체를 안치하여 상선上膳을 준비하고, 가무음곡歌舞音曲으로 죽은 사람의 영을 달래는 의식을 했다.

불교가 전해진 이후 장례에는 불교가 관련되게 되었으며, 에도 막부의 사단제도寺壇制度(사찰의 신청 제도. 절의 문도제도를 이용한 호적관리)에 의해 일단 불교식으로 통일되었다. 이 단계에서 관전일공棺前日供(머리맡의 진지)이나 소금을 통한 정화, 마쿠라나오시枕直し 등의 신도 제사가 불교식 장례에 흡수되었다. 에도 시대 후기, 국학의 융성으로 신장제가 부활될 기미가 높아지고 메이지 유신 후, 국가 신도로 전환되어 신장제가 장려되면서 현재의 형태로 굳어졌다. 하지만 이미 불교 장례가 관습화되어 있으며, 신장제는 그다지 보급되지 않아서 현재도 불교식으로 하는 곳이 대부분이다.

신장제의 흐름

귀유

죽은 사람이라는 뜻.

→

마쿠라나오시 의식

키타마쿠라로 고쳐서 시로타비를 신기고 얼굴 하얀 천으로 덮어서 호신용 칼을 얹는다.

→

납관 의식

사체를 관에 넣는다.

→

관전일공 의식

침선을 준비한다.

→

산토 신사에 귀유봉고 의식

상주, 또는 신주가 그 지방의 신사에 사거死去 보고를 한다.

→

철야제 의식

친척 일가, 친구, 지인 등이 모여서 고인을 애도한다.

천령 의식(천령제)

고인의 영을 레이지에 옮긴다. 철야제의 일환으로 한 뒤, 밤새 송별 잔치를 여는 것이 통례.

→

발관 의식(발추제)

집에서 관을 배웅내는 제사. 발추제 때는 집이나 장례식장을 정화하는 제사를 한다.

→

장례식장 의식

매장터나 화장터에서 하는 제사.

→

매장제(화장제) **의식**

매장 후에 하는 제사.

→

귀가제 의식

세숫물이나 소금으로 정화를 한 후, 집에 들어와 장례식의 종료를 영묘에 봉고奉告한다.

→

타마마츠리

50일까지 10일 마다 한다.

→

모노이미가 걷히면 고인의 미타마를 집의 신으로서 자택의 영묘에 맞이한다.

관련 항목

● No.033 신도

지진제와 상량식

신사의 신주가 신사의 밖에서 가장 많은 제사를 하는 예가 건설과 연관된 제사, 지진제 地鎮祭와 상량식上棟式이다.

● 토지신을 믿으며 건물의 완성을 기원한다.

신도의 제사는 꼭 신사에서만 열린다고는 할 수 없다. 신전 결혼이나 밖에서 하는 오하라이ぉ祓い도 많다. 이러한 출장 제사를 외제外祭라고 부른다. 가장 많은 외제는 건설에 관련된 지진제와 상량식이다.

지진제란 건물을 새로 세울 때 기공식 전에 그 땅의 신을 모시며 건설의 허가를 얻는 제사다. 토지는 신의 것이기 때문에 건축 전에 양해를 구해서 그 승낙과 가호 아래 건설을 시작하는 것이다. 지역에 따라서는 지이와이地祝い, 지유즈리地讓り, 지모라이地貰い 등으로 불린다.

또한, 간사이 지방 등에서는 이세 신궁 근처의 물가에서 모래 또는 소금을 준비해서 네 모퉁이에 두거나, 제단의 양쪽에 오행에 맞춘 녹·황·적·백·청·의 오색 비단 노보리幟에 비쭈기나무를 달아놓은 「마사카키眞榊」를 세우거나 하는 경우도 있다.

상량식(타테마에建前라고도 한다)이란 건축 도중에 건물의 수호신과 장인의 신을 모시고 상량까지 공사가 종료된 사실에 감사하며, 건물이 무사히 완공되기를 기원하는 의식이다. 지역에 따라서는 상량식을 무네아게棟上げ라고 부르는 경우도 있다.

보통 목조 건물의 경우에는는 마룻대를 올릴 때, 철골조는 철골 공사가 완료되었을 때, 철근 콘크리트는 골조 부분에 콘크리트를 전부 부은 다음에 한다. 마귀를 쫓기 위해 어폐御幣를 귀문鬼門을 향해 세우고 네 모퉁이 쪽 기둥에 술이나 소금, 쌀 등을 뿌려서 천지 사방의 신에게 절한다. 활과 화살을 마룻대에 달아놓는 경우도 있다. 무네후다棟札에 상량년월일과 건축주 등을 쓰고 동량棟梁이 가장 높은 무나기棟木(마룻대, 용마루)에 부착한다. 이렇게 상량식의 제례를 한 후, 지역에 따라서는 마룻대 위에서 홍백 떡이나 돈을 뿌리는 곳도 있다. 원래 동량이 건물이 완성될 때까지 재해가 일어나지 않기를 기원하는 것이었지만, 현재는 건축주가 공사 관계자에게 기분 좋게 일을 할 수 있게 하고 이웃 주민들을 불러 대접한다는 의미가 강해졌다.

지진제와 상량식

| 외제 | 신사 밖에서 오하라이 등을 하는 출장 제사. |

지진제

신 (토지의 주인)

↑ 건축 전에

건축 허가를 얻는다

별칭
지이와이, 지유즈리, 지모라이,
지마츠리 등

상량식

건설 도중에

지금까지 무사했음에 감사.

건물의 무사 완공을 기원.

- 폐속幣束을 귀문을 향해 세워놓는다.
- 네 모퉁이에 있는 기둥에 술이나 소금, 쌀 등을 뿌려서 천지 사방의 신에게 절한다.
- 활과 화살을 마룻대에 달아놓는 경우도 있다.

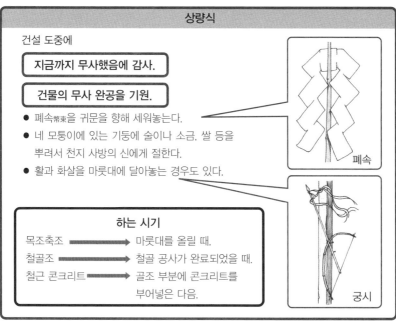

폐속

궁시

하는 시기

목조축조	➡	마룻대를 올릴 때.
철골조	➡	철골 공사가 완료되었을 때.
철근 콘크리트	➡	골조 부분에 콘크리트를 부어넣은 다음.

관련 항목
- No.033 신도

어신주를 들지 않는 신은 없다

신도에서는 신에게 바치는 헌상품으로 술을 많이 사용하며 이를 어신주라 부른다.

술과 신의 관계는 고대로 거슬러 올라간다. 술과 신의 관계는 고대로 거슬러 올라가는데, 곡물이 명정銘酊효과를 지닌 술로 변하는 발효현상은, 일종의 신의 행위로 인식되었다. 고대 일본에서 술은 특별히 허락받은 토지刀自라고 불리는 여성들이 만들며 사람들에게 하사되었다. 알코올의 명정 효과가 신을 느끼게 하는 하레(비일상=신성)의 세계로의 입구가 되어 제사에서 술을 이용하게 되었다.

또한, 신도에서는 신과 같은 것을 먹음으로써 신의 영성靈性을 얻는 「신금식」이라고 하는 관습이 있었다. 이때 어신주는 신으로부터 하사받는 음료로 제사 마지막에 신직이나 무녀를 통해 수여받을 수 있었다. 어신주를 수여할 때는 초벌구이를 해서 만든 하얀 토기(카와라게かわらけ라고 한다) 잔을 준비하는 것이 통례다.

누룩이 발명되기 이전의 곡물주는 무녀가 곡물을 입으로 씹어서 빚어낸 쿠치가미노사케口噛みの酒로, 「씹다かむ(카무)」라는 말과 「신かみ(神, 카미)」라는 말은 같은 어원으로 간주된다. 8세기의 「오스미국풍토기(大隈国風土記)」에는 「쿠치가미노사케」라고 하는 항목이 있어서 「남녀 함께 모여 쌀을 씹으며 술독에 뱉어 넣어서」라고 묘사되어 있다. 이처럼 술을 만드는 것을 「(술을) 빚다かもす(醸す, 카모스)」고 하며 이것은 「씹다」와 같은 맥락에서 볼 수 있다. 실제로 옛말을 보면 「술을 빚다酒を醸む(사케오 카무)」라고 한다. 오키나와의 이리오모테西表 섬에서는 다이쇼 시대까지 선택받은 무녀가 쿠치카미자케의 일종인 「미시ミシ」를 만들었으며, 이와 비슷한 전통이 아시아 각지 및 남미에 남아 있다. 안데스 고지대에서는 지금도 옥수수로 「치차Chicha」라는 술을 만드는데, 잉카 제국 시대에는 선택받은 젊은 무녀들이 만들며 제국 각지에 성스러운 음료로서 하사되었다고 한다.

현재의 일본주라면 투명한 청주를 말하지만, 신도의 의식에서는 예로부터 탁주의 일종인 시로키白酒와 쿠로키黒酒를 올려왔다. 신상제神嘗祭나 대상제大嘗祭에서는 시로키·쿠로키를 신전에 바쳤는데, 이것을 손에 넣을 수 없을 경우 청주와 탁주どぶろく의 조합으로 대용했다.

시로키는 누룩이 남은 하얀 탁주로 옛날에는 각 신사나 씨자가 양조해왔지만, 현재는 주세법 관계로 자가 양조는 금지되었다. 현재는 이세 신궁 등 면허를 지닌 40곳 정도의 신사에서 시로키를 만들어 제례에 사용하고 있다. 히나마츠리에서 마시는 시로자케白酒는 다른 것으로 이쪽은 찐 찹쌀에 누룩, 미림味醂, 소주燒酎 등을 더한 시로네리白練り의 술이다. 이것은 에도 시대에 생겨났으며 히나마츠리와 함께 전국으로 퍼졌다.

쿠로키는 쿠사기久佐木라고 하는 식물을 찌고 구워서 그 재를 시로키에 더해 보존성을 높인 흑회색의 술灰持酒(아쿠모치자케)다. 무로마치 시대에는 시로키에 검은 깨를 더한 대용품이 이용되었다. 이것은 지금도 큐슈 방면 등에서 생산되고 있다. 아카자케赤酒, 쿠로키 등으로도 불리며, 현재에는 직접 마시는 것보다도 조리용 술로 귀히 여겨지고 있다.

제 3 장
무녀의 역사

무녀의 역사

무녀의 역사를 논한다는 것은 일본의 종교문화사를 논하는 것과 다름없다. 여기에는 고대로 거슬러 올라가는 깊고 복잡한 역사가 있다.

● 무녀, 무제, 예능민……무녀의 변천

무녀의 역사는 종교와 국가의 관계에 따라 몇 번이나 변천을 거듭했다. 그 원점은 고대 샤먼Shaman까지 거슬러 올라간다. 초기의 무녀는 신령이나 정령을 빙의시켜, 트랜스Trance 상태에서 신탁을 받는 샤먼이었다. 샤먼의 풍속은 아시아 전역에 널리 존재하며, 일본에는 북방과 남방에서 **샤머니즘**Shamanism이 유입되어 이것이 뒤섞인 형태로 정착했다. 지금도 도호쿠 등에는 **카미사마**カミサマ나 **이타코**イタコ 등의 북방계 무녀가, 오키나와의 아마미奄美에는 **유타**ユタ나 **노로**ノロ 등의 남방계 신녀의 풍속을 찾을 수 있다. 무녀는 야요이 시대까지 공동체의 제사 지도자로서 활약했다. 이 시대는 남성은 수렵, 여성은 농경이라고 하는 남녀 분업 속에서 제사는 여성이 관장했으며 이들은 토지刀自 (여성을 높여 부르는 말 – 역자 주) 등의 명칭으로 불리고 있었다. 5~6세기경에는 무녀의 하니와埴輪(일본의 고분 시대에 많이 제작된 흙으로 빚어 만든 토기의 일종. 인물이나 동물 등을 만들어 무덤 주위에 묻어두었다 – 역자 주)가 만들어지면서 무녀의 지위가 높아졌음을 알 수 있다. 아마도 3세기 야마타이코쿠邪馬台国의 히미코 또한, 이러한 무녀의 힘을 이용한 것으로 생각된다.

하지만 머지않아 남성도 촌락에서 농작업을 하게 되자 정치의 실권을 남자가 휘어잡아 왕이 되었고, 무녀는 정치의 중심에서 점점 배제되었다. 아스카·나라 시대에는 진구 황후神功皇后를 시작으로 여제들이 다시 정권을 쥐던 때도 있었지만, 불교 등의 대륙 문화가 들어오면서 여성이 주체가 되는 제사는 배제되었다. 그리고 신도는 빙의를 따르지 않는 의제무擬制巫로 이행하고 신불 습합으로 불교의 감시하에 놓이게 된다.

그럼에도 **빙의무녀**憑依巫女 풍속은 각지에 남아 있었다. 하지만 다른 종교에 대항하기 위한 신도 이론이 정비되어 가자, 빙의 무녀는 풍속화 되어 떠돌이 무녀, 예를 들어 도보 무녀나 예능민芸能民으로 바뀌어갔다. 특히 국가 신도화가 가속화되던 메이지 유신에는, 무녀에 의한 신탁이나 복점卜占이 금지되면서 무녀의 힘도 부정되었다. 이 제도는 원래 기독교 억제를 목적으로 했으나, 동시에 고대로부터 내려온 무녀 샤머니즘도 부정하는 것이었다.

무녀의 역사

야요이 시대	여성이 제사를 관장한다 ◀ 토지 등으로 불렸다. 〔야마타이코쿠의 히미코 등.〕 무녀 ◀ 공동체의 제사지도자로서 활약.
5~6세기	무녀 하니와가 제작된다. ▼ 당시 무녀의 지위가 높았다.
야마토 조정	남왕 ▶ 정치의 실권을 휘어잡는다. 무녀 ▶ 정치의 중심에서 배제되기 시작한다.
아스카 시대	불교의 도입 남권화 가 시작.
나라 시대	여제 ▶ 다시 실권을 휘어잡는다. 하지만 ▼ 신불습합으로 다시 약체화
헤이안 시대	국가체제로 이행. 신도 ▶ 대륙 문화로
카마쿠라 시대	변화 신도이론의 정비. ▶ 빙의무녀의 토속화. ▶ 떠돌이 무녀로.
메이지 유신	국가신도화로 신사의 국가기관화. ▼ 무녀의 힘을 부정. 무녀에 의한 신탁, 복점의 금지.

관련 항목
- No.087 빙의무녀
- No.088 이타코
- No.089 카미사마
- No.090 노로
- No.091 유타
- No.093 샤머니즘

히미코

『위지왜인전魏志倭人伝』에 남겨진 야마타이코쿠를 지배했던 여왕, 히미코卑弥呼는 귀도를 이용한 무녀왕이었다.

● 귀도를 이용해 국가를 통솔한다

일본 역사 속의 무녀 중에서 가장 오래된 인물은 야마타이코쿠의 히미코다. 중국의 역사서 『위지왜인전』, 정확히는 『삼국지위서동이전왜인조三国志魏書東夷伝倭人条』에서 이천자 정도를 할애하여 3세기경의 왜국의 모습을 적고 있다. 서진西晋의 관료 진수陳寿 (233-297)가 적은 이 기록에는 당시의 일본으로 보이는 왜국과 야마타이코쿠를 이끄는 여왕, 히미코의 이름이 올라 있다. 또한, 위와 야마타이코쿠 사이에는 국교가 있었던 것으로 기록되어 있다. 당시 왜국에는 30개국이 있었지만, 전란이 계속되었기 때문에 여왕 히미코가 옹립되어 통일을 꾀했다. 히미코는 귀도鬼道를 사용해 사람들을 매료시켰던 것으로 전해진다. 히미코는 결혼하지 않았으며 남동생이 그녀의 정치를 도와줬다. 그녀를 본 자는 적었으며 하녀 천여 명이 시중들게 했다. 남자는 그저 단 한 사람, 남동생만이 식사 시중과 동시에 신탁을 받기 위해 그녀의 곁에 출입할 수 있었다. 경초景初 2년(238년) 6월, 히미코는 중국에 사자를 보냈는데, 당시 위나라의 명제(조예)는 히미코에게 친위왜왕親魏倭王이라는 칭호와 금인자수金印紫綬를 주었다. 여왕 히미코가 죽었을 때 사람들은 큰 무덤을 만들었다. 그 무덤은 직경 백여 보나 되었으며 노비 백여 명이 함께 매장되었다. 그 뒤에 남자 왕을 세웠지만 나라는 어지러워지고, 히미코의 일족이라고 하는 13세의 여자아이를 왕으로 세우자 나라는 겨우 진정되었다고 한다.

히미코의 정체에 대해서는 명확히 알려진 바가 없다. **야마토토토히모모소히메**倭迹迹日百襲媛나 **진구 황후**神功皇后, **아마테라스** 등의 설도 있지만, 확증에는 이르지 못한다. 또한인명이 아니라 공주 무녀姫巫女, 혹은 태양의 무녀라는 역직명이 아닐까 하는 의견도 존재한다. 야마타이코쿠에 대해서도 지금도 키나이 설畿内説과 큐슈 설九州説을 필두로 야마토이치고쿠邪馬壱国, 또는 야마토이치코쿠邪馬一国 등 많은 설이 난립하고 있다. 아마도 당시의 일본에 파견된 외교사절들이 현지에서 주워들은 국명과 인명(또는 역직명)을 음역한 것이며, 당시의 일본어와 중국어의 발음학상의 상관관계를 알 수 없기 때문에 어느 학설도 결정적인 증거에는 이르지 못한 상태이다.

여왕 히미코

히미코 — 일본 역사상 가장 오래된 무녀.

3세기경,
왜국의 통일을 계획한
야마타이코쿠의 여왕.

귀도를 이용해서
사람들을 매료시켰다.

히미코의 정체

히미코의 정체에 대해서는 아래의 후보나,
역직명이었을 거라는 의견이 거론되고 있다.

야마토토토히모모소히메
왕실 조상신. 제7대 코레이
덴노의 딸. 하시하카 고분
에 매장되어 여제에 가까운
모습을 느끼게 한다.

미카요리히메
「축후풍토기일문」에 기록
되어 있는 츠쿠시노키미의
조상 「미카요리히메」. 야마
타이코쿠 큐슈왕조설에 기
인한다.

아마테라스(별칭 : 히루메)
진무 덴노의 5대 이전에 해
당하며, 실존한다면 히미코
와 같은 시대일 거라고 추
정된다.

진구 황후
(오키나가타라시노히메미코토)

주아이 덴노의 왕후. 신내림
을 해서 삼한 정벌에 매달
렸다. 일본서기에 히미코를
의식한 기술이 있다.

야마토히메
제11대 스이닌 덴노의 왕
녀. 아마테라스의 무녀=초
대 재왕이 되어, 각지를 방
랑한 후, 이세에 신궁을 건
립했다.

관련 항목
- No.075 아마테라스
- No.076 미와 산 전설
- No.077 진구 황후

아메노우즈메

아마노이와토天野岩戸에 틀어박힌 아마테라스를 춤으로 유인해낸 아메노우즈메노미코토
アマノウズメノミコト는 무녀의 조상이라 할 수 있는 기예의 여신이다.

● 기예의 신이자 강한 눈동자의 소유자

신화에서 무녀의 조상을 찾고자 한다면, **아마노이와토**에 틀어박힌 **아마테라스**를 춤으로 유인해낸 기예의 여신 아메노우즈메를 들 수 있을 것이다. 그녀의 신명은 『고사기』에는 「천우수매명天宇受賣命」, 『일본서기日本書紀』에는 「천전여명天鈿女命」으로 표기되어 있으며 양자 모두 「아메노우즈메노미코토」라고 읽는다.

아마테라스가 아마노이와토에 틀어박혔을 때, 아메노우즈메는 가슴을 드러내고 치마끈을 늘어뜨린 채, 뒤집어놓은 통 위에서 발을 쿵쿵 구르며 춤을 췄다. 신들이 이것을 보고 웃고 떠들자 아마테라스는 「태양이 숨어버린 세계에서 무엇을 하는 것인가?」라는 생각에 의아해하며 밖을 살짝 내다보았다. 아메노우즈메는 「(당신보다) 귀한 신이 나타났다」고 대답하며 거울을 내밀어 아마테라스의 얼굴을 비췄고, 아마테라스가 놀란 사이에 타지카라오タヂカラオ가 이와토를 열어 아마테라스를 다시 돌아오게 만들었다. 옛 무녀들이 트랜스 상태에서 태양의 재생의례를 행한 것을 생각한다면 아메노우즈메는 무녀의 조상이라고도 할 수 있을 것이다.

그 후 아메노우즈메는 「우아하고 아름다우면서 누구 앞에서도 당당한」 성격이었기에 호노니니기와 함께 지상으로 강림하게 되었다. 타카마노하라高天原와 아시하라노나카츠쿠니葦原中国(지상을 뜻함) 사이의 야치마타(십자로)에서 사루타히코サルタヒコ가 나타나 길을 가로막아섰는데, 그의 이상한 용모(높은 코)와 거울과 같이 빛나는 눈은 다른 신이 시선조차 마주치지 못할 정도였다. 아메노우즈메는 가슴을 드러내고 치마끈을 늘어뜨린 채 비웃어 보였다. 여기에 사루타히코는 「아마츠카미天津神를 맞이하러 왔다」고 대답하며 아메노우즈메와 함께 지상 안내 역할을 다했다.

그 후 아메노우즈메는 사루타히코의 아내가 되었지만, 사루타히코는 이세伊勢의 바다에 빠져 죽고 말았다. 아메노우즈메는 사루타히코의 이름에서 딴 사루메노키미猿女君라는 이름을 짓고 호노니니기를 섬겼으며, 후에 기예무녀 사루메노키미의 선조가 되었다. 이 신화는 야마토 정권의 확대를 정당화하는 신화로도 알려졌다.

무녀의 조상 아메노우즈메

아메노우즈메 아마노이와토 전설에 등장하는 기예의 여신

기예무녀,
사루메노키미의 선조.

신화에서 아마테라스를
춤으로 꾀어내었다.

호노니니기가
강림할 때
함께 내려왔다.

하루타히코의 아내.

사루타히코가 죽은 후,
사루메노키미를
자처하며 호노니니기를
섬겼다.

신명 「천우수매명」,
「천전여명」이라고도 한다

무녀의 조상 아메노우즈메

스사노오의
폭거에 분노한
아마테라스가
아마노이와토에
숨는다.

아메노우즈메가
춤을 추고,
신들의 연회가
시작된다.

즐거워보이는
연회에
의아해하며
아마테라스가
얼굴을 내민다.

겨울로 아마테라스가
놀라고 있는 사이에
타지카라오가
이와토를 열어
태양이 귀환했다.

관련 항목
● No.028 이와토카구라   ● No.075 아마테라스

아마테라스

아마테라스는 태양의 여신이지만, 최근 연구에 의하면 고대의 태양신의 무녀가 모델이라는 의견이 나오고 있다.

● 태양의 무녀인가, 남장한 여신인가?

태양의 여신 아마테라스天照大神, 天照大御神는 일본 신도 최고위의 신이며 왕실 조상신이기도 하다. 이자나기가 황천에서 돌아와 미소기禊를 했을 때 왼쪽 눈에서 태어났다. 오른쪽 눈에서는 월신月神 츠쿠요미ツクヨミ, 코에서는 스사노오スサノォ가 태어났는데, 이 셋을 미하시라노우즈노미코三貴子라고 부른다. 「일본서기」에는 미소기에서 탄생한 일을 이야기하면서 이전異伝으로 이자나기와 이자나미 사이에서 태어난 태양신日神, 혹은 이자나기의 마스미노카가미白銅鏡에서 태어났다는 설도 언급하고 있다.

아마테라스는 아시하라노나카츠쿠니葦原中国에 손자인 호노니니기가 강림했다는 점으로부터 왕실 조상신으로 간주되고 있지만, 최근 연구에는 원래 남신인 다카미무스히노카미高御産巣日神가 실제 창조신이며 그 무녀인 「히루메ヒルメ」, 즉 태양의 무녀가 신격화되어 아마테라스가 되었다는 의견도 나오고 있다. 태양의 무녀 설은 아마테라스의 단독 설화가 적고, 아마테라스가 활약하는 몇 안 되는 신화인 **아마노이와토 전설**과 우케히 전설誓約伝説 모두에서 주역보다는 무녀에 해당한 것에 근거한다. 아마노이와토의 경우, 동생 스사노오의 폭거에 대해 아마테라스는 수동적이었으며, 이와토에 숨었다가도 신들의 연회에 이끌려 돌아왔다. 이것은 동지제冬至祭에서 태양의 죽음과 부활을 체현하는 빙의무녀와도 비슷하다.

우케히 전설은 이와토 전설의 전일담이다. 스사노오는 죽은 모친 이자나미를 그리워해서 네노쿠니根の国저승로 떠나기 전, 누이를 만나기 위해 타카마가하라高天原에 올랐다. 하지만 아마테라스는 동생이 타카마가하라를 빼앗으려고 왔다고 생각해서 남장을 한 뒤 무장을 하고 기다리고 있었다. 스사노오는 자신의 결백을 증명하기 위해 서약을 하고 각자 손에 든 것에서 신이 탄생한다. 남장하고 무장한 여신과의 서약은, 훗날의 진구 황후神功皇后와 일치하는 무녀왕의 모습으로, 이 때문에 아마테라스를 **히미코**나 **진구 황후**로 보는 설도 있다. 또한, 아마테라스가 여신인 것은 이 신이 성립한 것이 여제인 지토持統 덴노 시대였기 때문이라고도 한다.

왕실 조상신 아마테라스

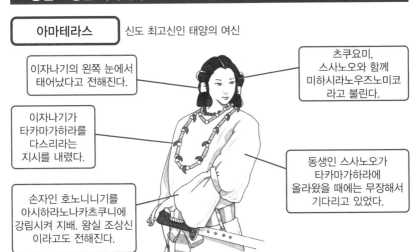

| 아마테라스 | 신도 최고신인 태양의 여신 |

이자나기의 왼쪽 눈에서 태어났다고 전해진다.

이자나기가 타카마가하라를 다스리라는 지시를 내렸다.

손자인 호노니니기를 아시하라노나카츠쿠니에 강림시켜 지배. 왕실 조상신 이라고도 전해진다.

츠쿠요미, 스사노오와 함께 미하시라노우즈노미코 라고 불린다.

동생인 스사노오가 타카마가하라에 올라왔을 때에는 무장해서 기다리고 있었다.

아마노이와토 전설까지

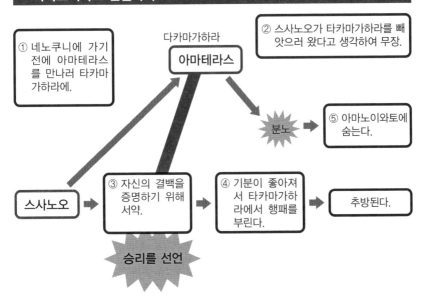

① 네노쿠니에 가기 전에 아마테라스를 만나러 타카마가하라에.

다카마가하라
아마테라스

② 스사노오가 타카마가하라를 빼앗으러 왔다고 생각하여 무장.

분노

⑤ 아마노이와토에 숨는다.

스사노오

③ 자신의 결백을 증명하기 위해 서약.

④ 기분이 좋아져서 타카마가하라에서 행패를 부린다.

추방된다.

승리를 선언

관련 항목
- No.028 이와토카구라
- No.073 히미코
- No.074 아메노우즈메
- No.077 진구 황후

미와 산 전설

신의 아내인 무녀의 좋은 예가 미와 산의 뱀신 오모노누시노카미大物主神에게 사랑받은 아가씨들이다.

● 뱀신과 맺어지는 아가씨들

오미와 신사大神神社의 어제신 오모노누시노카미에 대한 이야기는 『고사기』에 다음과 같이 실려 있다. 오쿠니누시노카미가 향후 나라를 만드는 일로 고민하고 있던 때, 바다 저편에서 눈부신 빛을 내는 신이 오고 있었다. 그 신은 야마토국大和国의 미와 산에 자신을 모시기를 희망했다. 오쿠니누시가 그 이름을 묻자 「나는 그대의 사키미타마쿠시미타마幸魂奇魂(혼의 일부)이다」라고 대답했다고 한다. 오미와 신사의 내력을 보면 오쿠니누시노카미가 자신의 니기미타마和魂를 오모노누시노카미로서 모셨다고 되어 있다.

미와 산의 신에게는 몇 가지 **신혼담**神婚譚이 있다. 우선 타마요리히메玉依姫의 이야기에서는 남자가 야밤에 들어와 임신시켰음을 고백하자, 부모는 알고자, 바늘에 실을 매어 그 남자의 옷소매에 꿰매도록 시켰다. 바늘에 매인 실은 열쇠구멍을 빠져나와 미와 산 사당으로 이어졌는데, 실패에 실이 3회 감을 만큼 남아 있어 「미와三輪」라고 부르게 되었다고 한다. 그리고 세야다타라히메勢夜陀多良比売 이야기에서는 오모노누시大物主가 그녀의 미모에 반해 빨갛게 칠한 화살로 모습을 바꾸고는 강의 상류에서 떠내려오다가 그녀의 음부를 찔렀고, 그녀가 화살을 자신의 방으로 들고 돌아가자 오모노누시는 원래 모습으로 돌아와 맺어졌다고 한다. 히메타타라이스즈히메媛蹈鞴五十鈴媛는 둘의 딸이며, 진무 덴노의 아내가 된다.

코레이 덴노孝霊天皇의 딸 야마토토토히모모소히메倭迹迹日百襲媛는 오모노누시의 무녀로 알려져 있다. 어느 날, 스진 덴노崇神天皇의 부탁으로 재해가 계속되는 이유를 점치자, 오모노누시노카미가 내려와서는 「나를 모시면 나라가 안정될 것이다」라고 했다. 이에 스진 덴노가 오타타네코太田田根子를 오미와 신사의 신주로 삼자 나라가 평화로워졌다고 한다. 아름다운 새끼뱀의 모습으로 변한 오모노누시카미는 야마토토토히모모소히메를 찾아가 아내로 삼았지만, 그녀는 오모노누시의 화를 사서 젓가락에 음부를 찔려 죽었다. 하시하카 고분箸墓古墳은 그녀의 묘라고 하며, 야마토토토히모모소히메가 야마타이코쿠의 여왕 **히미코**라는 설도 있다.

오쿠니누시노카미와 오모노누시노카미

오쿠니누시노카미

스사노오의 자손이며 일본의 국토를 완성한 신.

오모노누시노카미

오미와 신사의 어제신이며 오쿠니누시노카미의 니기미타마.

건국에 고민한다 ← 야마토국의 미와 산에 자신을 모시기를 희망.

고사기의 설

자신의 니기미타마를 오모노누시노카미로서 모셨다. ← 오미와 신사의 내력

오모노누시노카미의 신혼담

타마요리히메

밤에 찾아오는 수수께끼의 남자의 아이를 잉태한다.

▼

그 정체를 알기 위해 남자의 의복 소매에 삼실을 꿰맨다.

▼

다음 날 아침, 실을 더듬어 따라가자 미와 산의 사당까지 이어졌다.

▼

실패에는 실이 3회 감을 만큼 남아 있었기 때문에 미와라고 부르게 되었다.

세야다타라히메

오모노누시노카미가 세야다타라히메를 보고 한 눈에 반한다.

▼

빨간 화살로 모습을 바꾸고는 강을 떠내려오면서 접근한다.

▼

그녀의 아래를 지나갈 때 음부를 찔러서 원래 모습으로 돌아와 맺어진다.

▼

그 후 태어난 아이는 진무 덴노의 비가 되었다.

야마토토토히모모소히메

코레이 덴노의 왕녀로 오모노누시카미의 아내가 된다.

▼

아름다운 새끼뱀의 모습으로 그녀의 곁으로 갔다.

▼

오모노누시를 화나게 만든다.

▼

젓가락에 음부를 찔려 죽고 말았다.

관련 항목

● No.003 신의 아내 ● No.073 히미코

진구 황후

우사하치만 신궁宇佐八幡神宮의 어제신이기도 한 진구 황후는, 스미요미 대신住吉大神의 신탁으로 갔다는 기록이 전해진다.

● 신내림으로 싸움을 신탁하는 왕후

진구 황후는 2세기 말부터 3세기 초에 걸쳐 활약한 왕족의 무녀다. 야마토타케루ヤマトタケル의 자식이자 제14대 주아이 덴노仲哀天皇의 왕후로 오키나가타라시노히메미코토氣長足姬尊, 오키나가타라시히메息長帶比売라고도 부른다. 서력 199년, 진구 황후는 주아이 덴노와 함께 쿠마소 정벌熊襲征伐을 위해 츠쿠시筑紫로 향하던 중, 스미요시 대신으로부터 「서해의 타카라노쿠니宝の国(신라)를 하사한다」라는 신탁을 받았다. 하지만 주아이 덴노는 이를 믿지 않았으며 스미요미 대신을 비난했기 때문에 신의 분노를 사서 급사하고 말았다. 이후, 진구 황후는 다시 신내림 상태가 되어 스미요미 대신으로부터 신탁을 받는데, 「태내의 아이(훗날의 오진 덴노)에게 타카라노쿠니를 하사한다」는 신탁에 따라 임신한 상태로 신라를 침공, 신라왕은 싸우지 않고 항복했다고 한다. 이에 신라는 물론 고구려와 백제까지 조공을 약속했다고 하는데, 이를 삼한 정벌이라고 한다.

『일본서기』에 따르면 임신한 상태에서 한반도를 침공했는데, 배에 월연석月延石이라고 하는 돌을 대고 그 위에 복대를 둘러 배를 차갑게 하는 방법으로 출산을 늦췄다고 한다. 월연석은 세 개 있으며 나가사키 현 이키 시壱岐市 및 교토 시의 츠키요미 신사月読神社와 후쿠오카 현 니조 초二丈町의 친가이세키하치만궁鎮懐石八幡宮에 봉납되었다. 그리고 돌아오는 길에 츠쿠 시의 우미宇美에서 오진 덴노를 출산하였으며, 시메志免에서 오시메お紙目를 바꾼 이야기나, 이키 시의 유노모토 온천湯ノ本温泉에서 갓난아이를 목욕시켰다는 이야기 등 큐슈 북부에 수많은 전승이 남아 있다.

직접 신내림을 한 왕후가 해외 침공에 나섰다는 신화 때문에 진구 황후와 아들인 오진 덴노는 대륙 진출의 거점인 큐슈의 우사 신궁宇佐神宮의 어제신 중 하나가 되었지만 지금은 가공의 인물로 취급된다. 7세기경에 백제가 멸망하자 왜국은 백제의 지원에 나섰다. 하지만, 백강 전투에서 나·당 연합군에 크게 패했는데, 이때의 위기의식과 망명 백제인의 유입으로 성립된 왜국의 근대화(=일본의 성립)를 신격화하면서 지토 여제持統女帝의 이미지와 합체시킨 것이라는 설도 있다.

진구 황후

진구 황후 — 신내림을 하여 삼한 정벌을 했다고 전해지는 왕족의 무녀

2~3세기에 걸쳐 활약한 왕족의 무녀.

제14대 주아이 덴노의 비.

199년에 최초의 신탁.
↓
다시 신탁.
↓
임신한 채 신라를 공격한다.
↓
싸우지 않고 삼한 정벌을 이룬다.

한반도를 침공
↓
월연석을 배에 차고 출산을 늦췄다.

자식인 오진 덴노와 함께 우사하치만 신궁의 어제신이 되었다.
↓
지금은 함께 가공의 인물이라는 설도.

진구 황후와 지토 여제

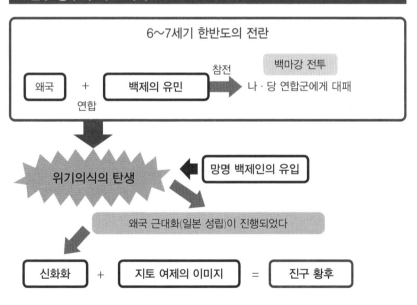

6~7세기 한반도의 전란

왜국 + 백제의 유민 → 참전

연합

백마강 전투
나·당 연합군에게 대패

위기의식의 탄생 ← 망명 백제인의 유입

왜국 근대화(일본 성립)이 진행되었다

신화화 + 지토 여제의 이미지 = 진구 황후

최초의 재왕, 토요스키이리히메

재왕齋王이란 이세 신궁에서 왕족의 무녀가 직접 왕실 조상신 아마테라스를 모시는 역직이다.

● 이세에서 왕실 조상신 아마테라스를 모시는 왕족의 무녀

고대 야마토 조정에서는 처음에 궁중에서 왕실 조상신 아마테라스를 모시고 있었지만, 이윽고 이세 신궁으로 옮겨서 왕족의 무녀인 재왕을 파견해서 모시게 되었다. 재왕이 있는 장소를 재궁齋宮이라고 하며(재왕 그 자체를 재궁이라고 하는 경우도 있다) 이것이 고대 재궁 제도이다. 초대 재왕이 된 것은 토요스키이리히메豐鍬入姬로 제10대 스진 덴노崇神天皇의 딸이다. 당시 일본 전국에 역병이 대유행하자 덴노는 이것이 궁중에서 제사를 하고 있는 아마테라스와 야마토노오쿠니타마노카미倭大國魂神의 불화에 따른 재앙이라 보았다. 이에 덴노는 아마테라스의 어신체인 야타노카가미와 아메노무라쿠모노츠루기를 토요스키이리히메에게, 야마토노오쿠니타마노카미를 누나키이리히메渟名城入姬에게 맡겨 따로 모셨다. 하지만 야마토노오쿠니타마노카미를 맡은 누나키이리히는 신의 힘을 너무 강하게 받아 머리카락이 빠지고 수척해지고 말았다. 다시금 점을 친 결과, 지벌을 내리고 있는 것이 오모노누시노카미라는 것이 밝혀지면서 오타타네코大田田根子로 하여금 **미와 산**에서 모시게 하자 역병이 가라앉았다고 한다.

이 일로 미와 산 서쪽 기슭의 카사누이무라笠縫邑에 모셔지게 된 아마테라스는, 그 이후 약 60년 동안 25회나 천궁遷宮을 거듭하였으며, 최종적으로 이세국의 이스즈 강五十鈴川 근처에 진좌鎮座하게 된다. 천궁을 하는 동안 아마테라스를 받든 무녀를 미츠에시로御杖代라고 불렀으며, 처음에는 토요스키이리히메노미코토가, 미와 산 이후에는, **야마토히메**가 아마테라스의 미츠에시로가 되어 여러 나라를 순행했다. 이 전설은 야마토 조정의 확대를 전설화 한 것인데, 각 순행지는 해양민족의 땅이었으며, 그들에게 가까운 아마테라스를 모시면서 통치를 확정했던 것이다.

한편으로 왕실 조상신의 무녀가 반세기 이후에도 방랑하는 것은 이상 사태이며 그 배경에는 왕실 조상신의 무녀를 조정의 본거지에서 추방하여 제정 분리를 꾀하려는 정치극이었다고 보는 의견도 강하다. 여성사 연구자 중에는 남자 왕이 여성 사제를 국정에서 추방하면서 크나큰 1패를 기록했다고 보는 의견도 있다

왕족의 무녀

재왕 아마테라스를 모시기 위해 궁중에서 이세 신궁으로 파견된 왕족의 무녀.

초대 스진 덴노(기원전 97~30년)의 딸, 토요스키이리히메.

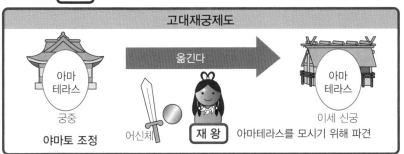

고대재궁제도

옮긴다

아마테라스 궁중 **야마토 조정** / 어신체 / **재 왕** / 아마 테라스 이세 신궁 아마테라스를 모시기 위해 파견

아마테라스는 천궁 전설

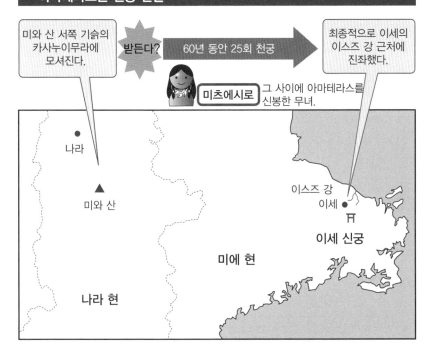

미와 산 서쪽 기슭의 카사누이무라에 모셔진다. / 받든다? / 60년 동안 25회 천궁 / 최종적으로 이세의 이스즈 강 근처에 진좌했다.

미츠에시로 그 사이에 아마테라스를 신봉한 무녀.

나라 / 미와 산 / 이스즈 강 / 이세 / **이세 신궁** / **미에 현** / **나라 현**

야마토히메

야마토타케루ヤマトタケル에게 무라쿠모노츠루기天叢雲剣를 준 조모 야마토히메는, 토요스키이리히메의 뒤를 이어 이세에 신궁을 건축한 전설의 재왕이다.

● 아마테라스를 이세에 전한 왕족 무녀

노령으로 기력이 쇠한 **토요스키이리히메**를 대신해 제11대 스이닌 덴노垂仁天皇의 제4왕녀 야마토히메倭姫가 「미츠에시로」가 되었다. 그녀가 야마토국에서 이가伊賀, 오미近江, 미노美濃, 오와리尾張를 거쳐 이세의 나라에 들어갔을 때 **아마테라스**가 신탁을 내렸다. 「이 카무카제神風가 부는 이세의 나라는 영원불변의 물결의 큰 물결이 연달아 밀려오는 나라다. 야마토 옆에 있는 아름답고 좋은 나라다. 이 나라에 살고 싶다.」

야마토히메는 이 신탁을 얻어 이스즈 강 근처에 이세 신궁을 창건했다고 한다. 야마토히메가 이세 신궁을 건립할 때까지 아마테라스의 어신체, 야타노카가미를 차례로 봉납한 장소는 모토이세元伊勢라고 불린다.

이렇게 건설된 사당을 「이소노미야磯宮」라고 하며 훗날 이세 신궁 내궁의 전신이 된다. 이소노미야는 실제로 어디에 있었는지는 알려지지 않았지만, 그 명칭 등에서 이세의 해인족의 신앙과 깊은 관련이 있을 것으로 추측된다. 이 점에서 토요스키이리히메와 야마토히메의 미츠에시로 전설의 배경에는, 야마토 조정과 이세 해인족의 복잡한 관계가 추정된다. 기기記紀의 신화에서 그녀는 그 후 이세의 재궁으로서 조정의 안녕을 계속 기원했다. 후에 만족의 토벌을 위해 동쪽으로 향하는 그녀의 조카에 해당하며, 동방 정벌을 할 때쯤에 야마토히메는 그에게 아메노무라쿠모노츠루기天叢雲剣(일명 쿠사나기노츠루기草薙剣라고도 한다)를 주었다.

그 후 이세 신궁은 아마테라스의 신탁을 토대로 식물의 신인 토요우케노오미카미豊受大御神를 탄바丹波에서 외궁外宮으로 맞이하면서, 내궁과 외궁의 2대 체제에 들어갔으며, 아마테라스를 모시는 내궁은 코타이 신궁皇大神宮, 숲 속에 있는 외궁은 와타라이度숲의 궁, 정식으로는 토요우케노대신궁豊受大神宮이라고 불린다. 최근 연구에 의하면 외궁인 토요우케노대신궁 쪽이 원래부터 이세에 있었던 오래된 대신이라는 의견도 있으며, 기기 서두에 출현하는 아메노미나카누시노미코토天御中主尊, 또는 야치마타八衢에서 호노니니기를 맞이한 사루타히코야말로 그 신이라는 설도 존재한다.

아마테라스의 신탁을 받은 재왕

야마토 히메

스이닌 덴노(기원전 29~70년)의 제4왕녀. 노령으로 쇠한 토요스키이리히메를 대신한 2대째 미츠에시로. 이세 신궁(이소노미야)의 창건자. 야마토타케루의 조모이며, 아메노무라쿠모노츠를 주었다.

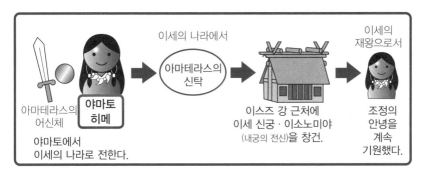

아마테라스의 신탁을 받은 재왕

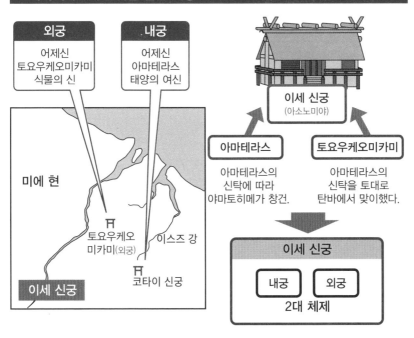

비극의 재왕, 타쿠하타히메

전승의 재왕 중에서도 유랴쿠 덴노雄略天皇의 딸인 타쿠하타히메栲幡姫는 웅략제雄略帝의 폭정 아래 비극적으로 자해를 하고 말았다.

● 죽음으로 자신의 결백을 호소한 무녀

유랴쿠 덴노의 딸로 태어난 타쿠하타히메는 『일본서기』에서 와카타라시히메稚足姫라 불리는 전설의 재왕이다.

어느 날 이가 주변의 호족 아베노오미쿠니미阿閉臣国見라고 하는 남자가 「타쿠하타히메와 그 유에湯人(양육자)인 이오키베노타케히코廬城部武彦가 간통하여 타쿠하타히메가 임신했다」며 덴노에게 참언했다. 타케히코의 부친은 덴노의 처벌이 일족에게 미칠 것을 두려워하여, 타케히코를 카와하라川原로 유인해내어 우카이鵜飼い(길들인 가마우지를 사용해 물고기를 잡는 일본의 전통 풍속 – 역자 주)의 흉내를 시키고는 그 틈에 모살했다. 신뢰하던 가신이 참언으로 일가에게 살해당했다는 사실을 안 타쿠하타히메는 신경神鏡을 들고 재궁을 나와, 이스즈 강 인적이 드문 곳까지 거슬러 올라가 거울을 묻은 뒤 목을 맸다. 죽음으로 결백함을 호소한 것이다.

유랴큐 덴노는 딸을 걱정하여 이스즈 강 근처를 수색했다. 그러자 암흑 속에 뱀과 같은 무지개가 서 있었다. 그곳을 파니 거울이 나왔고, 근처에서 타쿠하타히메의 유체도 발견되었다. 왕이 사실의 진위를 확인하기 위해 시체의 배를 가르자, 그 속에는 물이 있었으며 그 물속에는 돌이 있었다. 예로부터 무녀는 신의 아내로서 뱃속에 돌을 만드는 것으로 여겨졌기에 그것으로 재왕의 결백이 증명되었다. 왕은 참언한 아베노오미쿠니미를 죽이려고 했지만, 아베노는 이소노카미야시로石上社에 숨었다.

무녀가 죽음으로 결백을 증명했다는 이 이야기를 통해 우리는 재왕에게 요구되었던 엄격한 정치적인 위치를 알 수 있다. 야마토 왕권의 이세 진출 과정에서 이세의 태양신을 왕실 조상신으로 습합, 이세의 해인족海人族, 기이紀伊의 이오키베廬城部(풀무로 철기를 만들던 부족, 이후쿠베伊福部라고도 함)와의 융화를 꾀했으나, 이가의 호족인 아츠지阿閉 씨족의 방해를 받은 것은 아니었을까. 이후 재왕 제사를 통해 야마토 정권에 흡수되지만, 새 덴노의 즉위 때마다 재왕이 파견되었으며 그 행렬이 이세와 수도를 왕복했다. 이것은 남북조까지 계속되었다.

타쿠하타히메의 생애

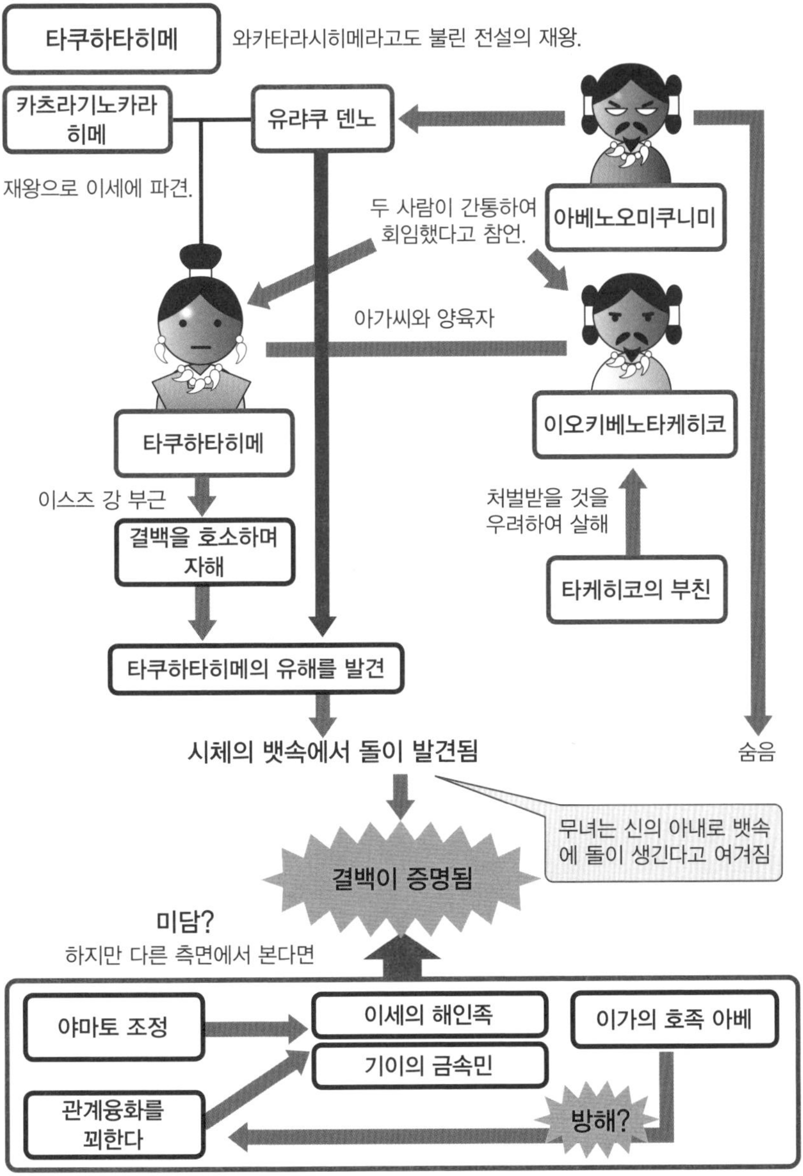
타쿠하타히메
와카타라시히메라고도 불린 전설의 재왕.
카츠라기노카라 히메
유랴쿠 덴노
재왕으로 이세에 파견.
두 사람이 간통하여 회임했다고 참언.
아베노오미쿠니미
아가씨와 양육자
타쿠하타히메
이오키베노타케히코
이스즈 강 부근
결백을 호소하며 자해
처벌받을 것을 우려하여 살해
타케히코의 부친
타쿠하타히메의 유해를 발견
시체의 뱃속에서 돌이 발견됨
숨음
무녀는 신의 아내로 뱃속에 돌이 생긴다고 여겨짐
결백이 증명됨
미담?
하지만 다른 측면에서 본다면
야마토 조정
이세의 해인족
기이의 금속민
이가의 호족 아베
관계융화를 꾀한다
방해?

관련 항목

- No.078 최초의 재왕, 토요스키이리히메
- No.079 야마토히메

우사 신궁의 여니의

우사 신궁宇佐神宮은 아주 오랜 역사를 자랑하는 신궁이지만, 동시에 신불습합의 전례를 이룬 선구적인 존재이기도 하다.

● 신탁을 내린 대장장이 민족의 무녀

큐슈 오이타 현의 우사 시에 있는 **우사 신궁**, 또 다른 이름으로 우사 하치만宇佐八幡으로 불리는 이곳은 고대의 신탁 무녀인 여니의女禰宜가 있었던 것으로 알려졌다. 여니의는 신궁 창건에 관련된 카라시마辛嶋 씨족이 대대로 계승해 왔다. 같은 신궁에 전해지는 『하치만우사신궁어탁선집八幡宇佐宮御託宣集』에 의하면 720년경에 하야토족隼人族의 반란을 제압하기 위해 하치만신八幡神은 여니의인 카라시마노스구리하토메辛嶋勝波豆女가 든 하치만의 어장八幡の御杖에 깃들어 전투를 승리로 이끌었다. 하지만 이 일로 인해 하치만은 살육의 죄에 괴로워하며 부처에게 구원을 청했고 해마다 방생회放生会를 할 것을 신탁했다. 방생회란 흔히 하야토의 요리시로依代라고 하는 갯고등을 바다에 놓아줌으로써 살생의 죄를 씻는 것이다. 725년에는 신역 내부에 미륵 선원弥勒禅院을 건설하여 불교를 도입했다. 이것이 신불습합의 시작으로 알려진다.

덴표쇼호 원년인 749년, 도다이사東大寺의 대불이 건립되었을 즈음, 같은 해 12월에 우사의 하치만신은 대불을 배알하기 위해 상경한다. 『속일본기続日本紀』에는 「하치만신의 니의니禰宜尼 오가노아손모리메大神朝臣杜女가 수레를 보라색으로 물들였으며, 일동이 수레에 타고 도다이사를 찾았다」는 내용이 있다. 하치만신의 미시르시御験를 품고 미코시神輿를 이끌고 상경한 하치만신은, 「전국의 신을 이끌어 협력한다」는 신탁을 냈다. 이른바 미코시의 기원으로도 알려진 이야기이다.

6년 후인 769년에는 도쿄 사건道鏡事件이 일어났다. 쇼토쿠 덴노称徳天皇의 측근인 승려 유게노 도쿄弓削道鏡가 덴노의 자리에 오르면 천하가 태평할 것이라는 신탁을 둘러싸고 덴노 자리의 계승을 둘러싼 분쟁이었다. 진위를 파악하기 위해 파견된 와케노키요마로和気清麻呂는 여니의인 카라시마노요소메辛嶋与曽女를 통해 덴노의 자리는 덴노의 일족이 이어야 한다는 신탁을 받아왔는데, 도쿄에게 자리를 물려주고자 했던 쇼토쿠 덴노는 잘못된 신탁을 가져왔다며 키요마로를 좌천시켰다. 하지만 덴노가 죽으면서 도쿄도 실각했다.

우사의 여니의

우사의 여니의 | 고대 오이타 현 우사 시의 우사 신궁(우사 하치만)에 있었던 신탁의 무녀.

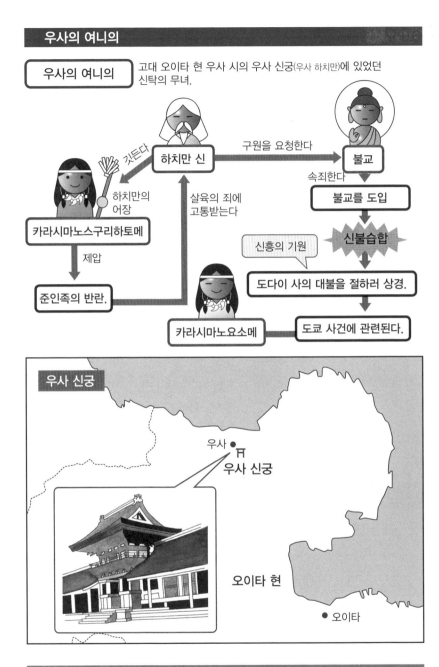

거스른다

하치만 신

구원을 요청한다

불교

하치만의 어장

카라시마노스구리하토메

제압

준인족의 반란.

살육의 죄에 고통받는다

신흥의 기원

카라시마노요소메

속죄한다

불교를 도입

신불습합

도다이 사의 대불을 절하러 상경.

도쿄 사건에 관련된다.

우사 신궁

우사

우사 신궁

오이타 현

오이타

관련 항목
● No.077 진구 황후

아소비메

고대 무녀의 또 다른 모습으로 성혼을 포함한 성적인 의례를 하는 일이 있었다. 아소비메遊び女는 고대 무녀의 또 하나의 형태다.

● 고대의 성적 의례를 담당하는 무녀

고대에는 신을 모시는 것을 「카미아소비神遊び」라고 했다. 원래 아소비遊び(놀이)는 신과 접촉을 하는 하레노히ハレの日(신과 함께 하는 날. 휴일을 말함 – 역자 주), 즉 제례를 가리키는 것이었지만, 여기에는 종종 「성적인 의례」나 「성적인 금기의 해방」이 따라왔다.

불교가 도래하기 전의 일본은 성에 대하여 대단히 관대했다. 여름의 소궁제宵宮祭 등의 제례의 밤이 되면 혼숙을 하면서 종종 성적인 교제를 즐기며 그곳에서 결혼 상태를 찾았다. 그날 밤 신역에 있는 여성은 3번까지는 허락하거나 거절조차 하지 않았다. 남편조차 책망하지 못했다. 난교에 가까운 상황도 있었던 것 같지만 그것은 제례에 있어 「비일상」이며 그것 또한 신의 뜻神慮으로 간주되었다. 츠쿠바네筑波嶺에서는 우타가키歌垣와 이에 관련된 남녀의 연애 등이 전해지고 있지만, 이러한 「제례의 밤에 자유로운 성교를 허락하는」 의례는 각지에서 열렸으며 메이지 중기까지 계속되었다.

고대의 덴노 또한 그러한 성적인 제례의 굴레에서 벗어나지 않는다. 옛 기록을 보면 종종 들놀이나 강놀이의 일환으로 그 고장의 처녀와 교제했던 기사가 남아 있다. 이러한 일은 **신상제** 전후에 벌어지는 경우가 많다. 고대의 신상제에서는 풍요를 기원하여 덴노 자신이 신의 아내인 「아소비메」와 교제한 것이라는 설도 있다.

이러한 아소비메의 제도는 한동안 계속되었다. 나라 시기부터 헤이안 시기에 걸쳐 유녀(遊女)가 주로 했던 일은 신불 일치의 유예遊芸(다도, 꽃꽂이, 무용, 샤미센 등과 같이 취미로 하는 예능 – 역자 주)를 통한 전파였으며, 그 이후에는 유예 전승이 점차 중심이 되면서 매춘과는 선을 긋게 되었다. 이후, 성행위는 유예의 부속물로 성행위 자체의 기술을 유예의 영역까지 승화시키면서, 전문가 집단으로서의 유녀가 확립되어갔다.

하지만 여성은 재산을, 남성은 지위를 계승하는 구조가 붕괴하면서 여성의 지위가 낮아졌고, 남성 중심의 사회가 형성되어감에 따라, 아소비메도 신역인 신사에서 배제되어 **떠돌이 무녀**漂泊の巫女로 전락하기 시작한다.

아소비메의 형성

무희, 무인, 야오토메

고대에는 신을 모시는 것을 의미했다.

원래는 → 하레노히나 제례를 가리킨다.

종종 → 「성적인」 의례나 금기의 해방이 따라온다.

아소비메 신의 아내이며, 성적인 의례가 따라오는 제사의 무녀.

불교 도래 이전의 관대한 혼인제도.	제례 ‖ 비일상의 성적인 해방.	성적인 에너지를 갖고 신을 섬기는 제사.

신상제 전후로 ▼ 메이지 시대까지 계속되었다.

덴노(신) × **무녀**(아소비메) = **풍요를 기원하는 의례**

아소비메의 전락

나라~헤이안 시대

주로 하는 일은 유예에 의한 신불의 전파.

유예 전승이 중심이 되어, 성행위 자체의 기예를 유예의 영역으로 높인다.

전문가 집단으로서 유녀가 확립.

남성 주체의 사회가 되어, 여성의 지위가 하락.

신의 영역에서 배제되고, 그 결과 성이 상품화된다.

관련 항목

● No.064 신상제　　　　　　　　　● No.084 떠돌이 무녀

시라뵤시

시즈카고젠静御前으로 대표되는 시라뵤시白拍子는 헤이안 말기부터 카마쿠라 시대에 활약한 무희舞姬였지만, 그녀들은 신에게 춤을 바치는 무녀이기도 했다.

● 풍부한 교양의 남장 무희

시라뵤시는 헤이안 시대 말기부터 카마쿠라 시대에 활약했던 **무희**다. 홀笏로 박자를 잡으면서 노래하며 신에게 봉납했다고 알려졌지만, 이윽고 남장 무녀나 동자가 춤을 추었다. 나중에는 관악기와 현악기가 없는 춤을 가리키게 되었으며, 헤이안 시대 말기에는 귀족들 사이에서 남장한 기녀妓女가 춤을 추는 것이 유행하면서 이들을 시라뵤시라고 부르게 되었다. 시라뵤시는 하얀 히타타레直垂(일본의 옛 예복. 소매 끝에 묶는 끈이 달려 있으며 옷자락을 하의 속에 넣어 입는다)와 스이칸水干(소년의 나들이 옷으로도 쓰인 일본의 옛 평상복)를 입고 머리에는 타테에보시立烏帽子(전통 관모의 일종. 꼭대기의 중앙을 접지 않았다)를 썼으며 허리에는 시로사야마키白鞘卷의 칼, 손에는 카와호리蝙蝠(부채)를 들고 이마요今樣의 노래나 춤을 피로했다. 『헤이케 이야기平家物語』에 의하면 시마노치토세島の千歳와 와카노마에和歌の前라는 2인조가 춤을 춘 것이 시라뵤시의 시작이라고 한다. 이들은 쿠구츠메傀儡女(사루메노키미)의 말예인 유녀 출신으로, 무녀춤巫女舞에 신불의 유래나 기원 이야기를 전하던 **아소비메**나 사루메노키미의 기술이 더해져 화려하게 발전한 것이다.

조정에서 큰 인기를 얻으면서 시라뵤시는 귀족의 집까지 자유로이 드나들게 되었다. 그중에서 미나모토노 요시츠네源義経의 연인 시즈카 고젠静御前, 타이라노 키요모리平清盛의 애첩이었던 기오祇王, 호토케 고젠仏御前 처럼 귀족의 총애를 받은 자도 있었다.

시라뵤시는 조정의 제사에도 참가했다. 시즈카 고젠은 비를 기원하고자 기녀들과 함께 교토 신센엔神泉苑에서 춤췄는데 그녀가 춤추자 정말로 하늘에서 비가 내렸다고 한다. 시라뵤시가 남장을 한 것은 헤이안 귀족 사이에서 유행한 남색男色의 영향도 있었지만, 그보다는 신이 빙의된 영웅이 이성의 모습으로 변한다고 믿은 중세 일본의 주술적 사상 때문이었다. 삼한 정벌 때의 **진구 황후**는 물론, 스사노오를 맞이할 때의 **아마테라스**도 남장을 했는데, 시라뵤시가 남장한 채로 춤을 춘 것도 신령이 강림하기 쉬워진다고 여겼기 때문일 것이다.

남장을 한 무희 시라뵤시

시라뵤시
‖
소박자라고도

= 헤이안~카마쿠라 시대에 유행했던 가부키의 일종. 또는 그 무희. 미나모토노 요시츠네의 연인, 시즈카 고젠이 유명하다.

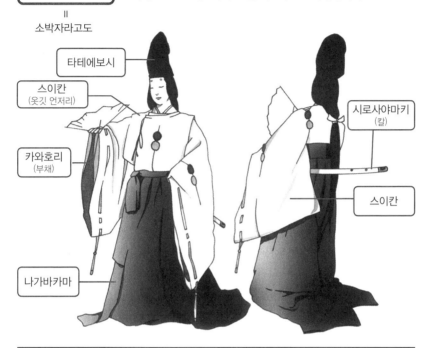

타테에보시

스이칸
(옷깃 언저리)

카와호리
(부채)

나가바카마

시로사야마키
(칼)

스이칸

시라뵤시의 내력

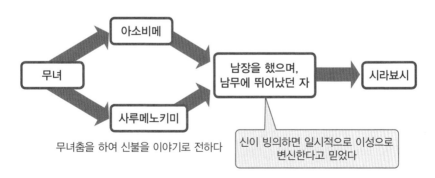

무녀

아소비메

사루메노키미

남장을 했으며,
남무에 뛰어났던 자

시라뵤시

무녀춤을 하여 신불을 이야기로 전하다

신이 빙의하면 일시적으로 이성으로
변신한다고 믿었다

관련 항목
● No.026 무녀의 춤
● No.075 아마테라스
● No.077 진구 황후
● No.082 아소비메

떠돌이 무녀

무녀의 지위가 떨어지면서 오래전부터 빙의계 신사 행사를 계승했던 무녀들은 떠돌이의 길을 걷게 된다.

● 도보 무녀, 아즈사 무녀, 시자

원래 「아소비메」는 풍요의 제사를 관장하고 신불의 포교를 담당했던 무녀였다. 그녀들이 성을 직능으로 삼는 유녀로 실추되어갈 때, 도보 무녀歩き巫女나 아즈사 무녀梓巫女로 불리는 떠돌이 무녀漂泊の巫女들이 빙의와 신탁을 했다.

도보 무녀란 특정 신사에 속하지 않고 각지를 떠도는 무녀로, 원래는 신불의 포교를 위해 기예나 춤을 보이거나 신탁을 고하거나 점을 치는 등의 일을 했다. 그녀들은 이윽고 주문을 주창하고, 신령, 사령, 생령을 불러들이는 이치코市子가 되어 기예나 신탁으로 생활할 뿐만 아니라, 때로는 남성에게 몸을 맡기는 일도 있었다. 카이甲斐의 전국 무장인 타케다 신겐武田信玄은 이 도보 무녀를 정보 수집에 활용하기도 했다.

아즈사 무녀란 강신빙의降神憑依를 위한 주물呪物이며 신령을 불러들이는 무녀춤의 **토리모노**採り物로 아즈사유미梓弓를 들고 있었던 모습에서 이런 이름이 붙었다. 아즈사 무녀는 각지를 떠돌면서 집집의 처마 근처에서 카마도바라이竈祓い(무녀가 민가의 아궁이에서 하라이를 해서 정화하는 행동. 매월 말일에 시행되었다 – 역자 주) 춤을 추고 시주를 받았다. 츠지우라 나이辻占い나 봉납춤도 하고 있으며, 전국 시대에는 황폐한 교토를 벗어난 음양사와 함께, 지방에 카구라춤을 보급하는데 기여했다. 현재 일본무용에 남은 아즈사 무녀의 춤에는, 이 카마도바라이의 춤의 형태가 남아 있다. 그 외에도 아즈사 무녀의 춤 중에는 가면을 쓰고 방울을 들고 춤추는 카구라풍의 안무도 있었다고 한다.

중앙의 신사무녀가 빙의나 복점卜占을 하지 않는 의제무擬制巫가 되어갔던 것과 달리, 떠돌이 무녀는 빙의 · 탈혼을 통해 신탁을 얻는 진정무真正巫로 거리에서 살아남게 되지만, 1873년에 「아즈사 · 이치고 등의 소행 금지梓 · 市子等ノ所業禁止」령이 내려지면서 신탁 무녀는 금지되었다.

하지만 그럼에도 불구하고 **빙의무녀**를 찾는 이들이 많았기에 지금도 도호쿠 각지를 중심으로 일본 전역에 남아있다. 그녀들도 또한 무녀로서 지역의 제사에 참가하여 **유다테신지** 등을 한다는 점에서 신사무녀와 인연이 깊다는 점을 알 수 있다.

도보 무녀와 아즈사 무녀

 떠돌이 무녀 특정 장소에 속하지 않고 일본 각지에서 빙의나 신탁을 하는 무녀.

도보 무녀

신불의 포교를 위해 기예나 춤을 보이거나 신탁을 고하고 점을 치는 등의 일을 했다.

이치코 가 된다

주문을 주창하고, 신령, 사령, 생령을 불러들이는 빙의 무녀.

타케다 신겐이 조직화.

정보 수집에 활용

아즈사 무녀

아즈사유미

강신빙의를 위한 주물.
아즈사 무녀의 이름의 유래.

각지를 떠돈다

카마도바라이 춤을 추고 보수를 받았다.

지방에 카구라춤을 보급하는데 기여.

아즈사 무녀에서 풍속 무녀로

중앙의 신사무녀

의제무
의식적으로 빙의나 복점 등을 하지 않는다.

떠돌이 무녀

진정무
빙의현상 등으로 신탁을 얻는다.

1873년 「아즈사 · 이치코 등의 소행 금지」발령.

인연이 깊다

무녀 풍속으로 남는다.

관련 항목
- No.013 토리모노
- No.030 유다테신지와 카구라
- No.082 아소비메
- No.087 빙의무녀

이즈모노 오쿠니

가부키歌舞伎 춤의 창시자. 이즈모노 오쿠니出雲阿国는 이즈모의 무녀 출신으로, 이즈모 대사 권진勸進을 위해 무녀 춤을 시작했다고 알려졌다.

● 무녀춤에서 가부키 춤의 창시자로

무녀의 역사에서 빼놓을 수 없는 인물이 가부키 춤의 창시자 이즈모노 오쿠니다. 그녀는 이즈모국 마츠에松江의 대장장이 나카무라 산에몬中村三右衛門의 딸로, **이즈모 대사**出雲大社의 무녀가 되어 분로쿠 연간에 이즈모 대사의 권진으로 여러 지역을 돌며 호평을 받았다. 『시경경기時慶卿記』에 따르면 게이초 5년1600년, 쿠니クニ와 키쿠菊가 교토 근위전京都近衛殿에서 「야야코오도리ややこ踊り」를 연기했다고 하며 『언계경기言継卿記』에는 덴쇼 16년1588년 2월에 이즈모 대사의 무녀가 교토에서 춤을 추었다는 기사가 있는데 모두가 오쿠니를 가리키는 것으로 추측되고 있다.

권진이란 절과 신사를 창건하거나 재건, 수리 등의 비용을 모으기 위해 각지를 신주, 신인神人, 무녀, 승려, 수행자 등이 여행해서 도는 것으로, 종종 떠돌이 예능민이 행동하는 이유로 거론되었다.

오쿠니가 가부키 춤으로 호평을 받는 것은 게이초 8년1603년 봄의 일이다. 그녀의 극단은 키타노텐만궁北野天満宮에 무대를 세우고 염불 춤을 추었다. 오쿠니는 요정 유흥茶屋遊び을 다니는 다테오토코伊達男를 연기하여 교토에서 큰 인기를 모았다. 상대 여성은 여장한 남성이 연기했다고 한다. 이후 시죠오가와라四条河原 등에서 크게 흥행했다. 오쿠니가 호평을 얻자 이것을 흉내 내어 연기를 하는 사람들이 나오기 시작했고, 그것이 유녀遊女에 의해 번성하게 되면서 유녀 가부키遊女歌舞伎가 되었다.

게이초 12년1607년, 에도 성에서 권진 가부키를 상연했다는 것이 오쿠니에 관한 마지막 기록이다. 이 후 이즈모에 돌아왔다고도 하며, 실제로 이즈모 대사 근처에 오쿠니의 묘가 있다. 일설에는 이즈모노 오쿠니에게는 나고야 산자부로名古屋山三郎라는 절세 미남이자 창의 달인이었던 연인이 있었다고도 전해지지만, 실제 역사에서는 게이초 8년1603년에 사투私闘로 죽었다.

오쿠니로 시작되는 유녀 가부키는 대단히 큰 인기를 끌었으나, 에도 시대에 금지되었고, 남자가 여성도 연기하는 야로가부키野郎歌舞伎로 바뀌었다.

다테오토코를 연기한 이즈모노 오쿠니

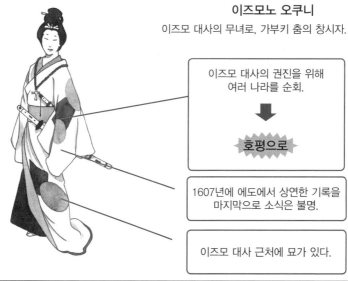

이즈모노 오쿠니
이즈모 대사의 무녀로, 가부키 춤의 창시자.

이즈모 대사의 권진을 위해
여러 나라를 순회.

⬇

호평으로

1607년에 에도에서 상연한 기록을
마지막으로 소식은 불명.

이즈모 대사 근처에 묘가 있다.

이즈모노 오쿠니와 가부키

1603년 키타노텐만궁 │ 이즈모노 오쿠니가 가부키 춤으로 호평 을 받는다.

▼

염불 춤으로 다테 오토코를 연기한다.

▼

좋은 평가를 받자 유녀가 이를 흉내 냄.

▼

유녀 가부키로.

하지만

하지만 대단히 선정적이었기 때문에 에도 시대에 들어 금지.

▼

지금의 야로가부키만의 형태로.

관련 항목
● No.063 칸나즈키와 카미아리즈키

이치야칸조

야마노카미무카에山の神迎え는 산악신앙과 깊은 관련이 있는 제사로 그 옛 형태를 잇는 것이 「이치야칸조—夜官女」다.

● 선택받은 무녀를 산의 신으로 받들다

오사카大阪의 노리스미요시 신사野里住吉神社에 전해지는 「이치야칸조」는 해마다 2월 20일에 열리는 신사 행사. 미야자슈宮座衆의 집에서 10~13세 정도의 소녀 7명이 관녀가 되어 신찬을 올리고, 통에 들어간 후 줄을 이어 신사에 가서 참배를 한다.

노리토祝詞(축사)에 의하면 「7인의 소녀의 아름답고 깨끗한 진심을 신에게 올림으로써 지역의 평온과 무사를 기원한다」고 하는 제사다. 그 지방에는 처녀의 순수함을 인정받을 수 있는 매우 명예로운 제사로 간주되고 있으며, 7명의 관녀에 선택받으면 곱게 단장한 뒤 마중 오는 사람을 기다린다.

하지만 원래는 인신공양의 신사 행사가 토대가 된 것으로 추측된다. 이 마을은 범람이 많은 나카츠가와中津川에 마주해서 탄식의 마을로 불릴 만큼 풍수해나 기근에 고통받는 마을이었다. 어느 날 「마을을 구하고 싶다면 매년 하얀 깃이 달린 화살이 꽂힌 집의 처녀를 음력 1월 20일 밤에 통에 넣어서 신사 경내에 놓아두어라」라는 신탁이 내려왔다. 이것은 「신의 아내神の妻」, 즉 신에게 바치는 인신공양의 제물이었던 것이다.

인신공양의 의식이 6년 동안 계속되던 중 이 마을을 우연히 지나가던 어떤 무사가 이 이야기를 듣고는 대역을 자처하며 찾아왔다. 대역 무사를 통에 넣고 하룻밤이 지난 다음 날 아침. 마을 사람들이 신사에 가보자 신사 경내는 피범벅이 되어 있었다. 그 피의 흔적을 쫓아가니 이웃인 사루무라申村에 도달했고 거기서 숨이 끊긴 거대한 비비狒狒(원숭이 괴물)를 발견했다. 6년 동안 산 제물을 요구했던 것은 신의 이름을 사칭한 비비였던 것이다. 마을 사람들은 혐오스러운 인신공양에 종지부를 찍어준 무사를 찾았지만, 그는 이미 마을을 떠난 뒤였다.

이 무사의 이름은 이와미 쥬타로岩見重太郎로 추측된다. 그는 각지를 방랑하며 비비나 산적 퇴치를 한 것으로 알려졌다. 이 인물은 전국시대 말기에 오사카의 나츠노진夏の陣에서 활약한 스스키다 하야토노쇼薄田隼人正와 동일시되고 있다. 노자토野里의 비비 전설은 마을을 괴롭게 한 나카츠카와中津川의 범람을 신화화한 것으로 전해진다.

현재의 이치야칸조

이치야칸조의 신사 행사

매년 2월 20일에 오사카의 노자토에 있는
스미요시 신사에서 열리는 신사 행사.

| 7인의 소녀 | = 관녀 |

▼

신찬을 올리며, 통에
들어가서 신사에 줄을 선다.

참배 ▼

지역의 평온과
무사를 기원한다.

10~13세 전후의
소녀.

▼

관녀로 선택받은
일은 명예.

▼

소녀들은 몸단장을
하고 맞이하러
오는 사람을 기다린다.

원래는 인신 공양의 신사 행사

풍수해나
기아에 굶주린
마을.

해마다 처녀를 통에 넣어,
산제물로 바쳤다.

신사

6년간 이어짐

어느 날 지나가던 무사가 대신 통 속으로.

다음 날 아침 신사는 피투성이로 → 옆 마을에 거대한 비비가 숨이 끊어져 있었다.

비비에게 속아 넘어간 사실을 깨닫는다 → 무사는 떠나간 뒤였다.

관련 항목
● No.044 신찬

빙의강신으로 교조가 된 두 무녀

예로부터 무녀는 신령을 그 몸에 깃들게 하여 신탁을 해왔는데, 그 중에는 신 그 자체로 여겨져 숭상 받았던 자도 있었다. 고대 야마타이코쿠#邪馬台国#의 히미코는 무녀이자 여왕이었다. 근대에도 무녀 중에 신령과 소통하여 교주가 된 무녀가 있다.

그중 한 명이 「천리교天理教」에서 「오야사마おやさま」라고 불리는 「나카야마 미키中山みき」다. 천리교는 일본 전국에 퍼져 있으며 한 도시의 이름마저 바꿔버린 종교로도 알려졌다. 나카야마 미키는 칸세이 10년1798년 4월 18일에 야마토 국 야마베군 산마이덴촌大和国山辺郡三昧田村(지금의 나라 현 텐리 시 산마이덴 초天理市三昧田町)에서 태어났는데, 그녀의 운명을 바꾼 사건은 덴포 8년1873년에 일어났다. 사건의 발단은 그녀의 아들이 갑자기 왼쪽 다리의 격통에 시달리게 된 것이다. 원인도 알 수 없었으며 오로지 가지기도加持祈祷를 해야만 통증이 가라앉았다. 어느 날 가지기도를 해줄 사람을 찾을 수가 없어 갑작스럽게 나카야마 미키가 대역으로서 집행하게 되었다. 그때 갑자기 그녀의 몸에 이상이 일어났고 지금까지와는 다른 위엄 있는 목소리로 「나는 하늘의 장군 텐리오노미코토天理王命 이다」라고 말했다. 신이 그녀를 신의 사당으로 받아들이겠다고 한 것이다. 3일 밤낮으로 문답한 뒤 드디어 가족들도 신의 뜻대로 따르겠다고 대답했다. 이후 나카야마 미키는 츠키히노야시로月日の社(모습은 인간이지만 마음은 신과 동일시되는 상태)가 되어 천리의 가르침을 널리 퍼뜨리는 활동을 하게 된다. 나카야마 미키가 무녀 중에서도 특이한 점은 특별한 기도를 별로 하지 않는다는 점에 있다. 그녀는 「오타스케お助け」라고 부르는 행위로 사람을 도와준 뒤 그 사람을 신자로 만들어갔다. 다른 무녀와 달리 특별한 기도는 하지 않고 단순히 어려운 상황에 처한 사람의 집에 가서 가르침을 말하는 등의 행동을 하는 것만으로 상태가 호전되었다고 전해진다.

또 한 사람은 「대본교大本教」(정확히는 「교」를 붙이지 않는다)의 개조開祖 「데구치 나오出口なお」이다. 데구치 나오는 덴포 7년1837년에 현재의 교토 부 후쿠치야마 시福知山市에서 태어났다. 메이지 25년, 그녀가 56세일 때의 입춘 전날 밤, 우시토라노콘진艮の金神이라는 이름의 신이 내려와서 다음과 같이 선언했다. 「삼천세계를 한데 모아 만각말대万劫末代로 이어지는 신국의 나라를 일으키리라」 그 후 그녀는 마을에 화재가 일어날 것을 예언하지만, 방화범으로 의심받아 옥에 갇히는 신세가 되고 만다. 옥중에서 못을 주운 데구치 나오는 벽에 신의 말을 적었는데, 이것이 평생에 걸쳐 남긴 「신의 계시お筆先」의 시작으로 전해지고 있다.

이 「신의 계시」는 데구치 나오가 죽기 직전까지 반지半紙 20만 장에 히라가나로 써서 남겼다. 그 내용은 신과 인간과의 관계부터 현실의 비판 등 여러 방면에 걸쳐 있으며, 신의 세상인 「미륵의 세상彌勒の世」의 도래가 계시가 되어 있다. 이 「신의 계시」의 내용을 토대로 그녀의 재혼 상대이자 자신도 영능력자였던 데구치 오니사부로出口王仁三郎에게 강림한 신이 미륵이라는 사실을 확인한 것으로 알려져 있으며, 데구치 나오에게는 사람에게 강령해 있는 존재를 판단하는 능력도 있었을 것으로 추측된다.

제 4 장
세계의 무녀

빙의무녀

일본 각지에는 빙의와 신탁을 하는 공수 무당이나 빙의 무당이 지금도 다수 존재하여 민간 무자民間巫者로 활동하고 있다.

● 공수를 하는 샤먼으로서의 무녀

일본에서 무녀는 크게 신사에서 신도의 의식을 보조하는 신사무녀와 공수를 하는 빙의무녀의 2종류로 나눌 수 있다. 세계적으로 말하자면 후자인 빙의무녀 쪽이 **주술적인 풍속**의 대표자로서 일반적인 존재다. 이 때문에 종종 빙의 무녀는 진정무眞正巫라고 불리며 강신을 의식화하여 실체로서 빙의를 하지 않는 신사무녀는 의제무擬制巫라고 부른다. 옛날에 국가 신도에 속해 있었던 신사무녀와 견주어 빙의 무녀는 민간 무자라고 부르기도 한다.

현대 일본의 빙의 무녀는 근대화와 국가 규제가 이루어지던 메이지 초기에 전근대적으로 인간의 마음을 현혹시킨다고 하여 탄압받았지만, 신앙이 깊어서 지금도 각지에 남아 있다. 동북을 중심으로 남아 있는 **카미사마**カミサマ, **이타코**イタコ가 유명하며, 이외에도 오키나와의 신녀 **유타**ユタ, **노로**ノロ 등이 알려졌다. 아오모리青森의 오소레잔에 있는 이타코는 떠돌이 무녀였던 이치코市子가 정착한 것으로 일컬어지고 있다. 지역에 따라서 신사의 무녀를 「미코ミコ」라고 부르며 민간의 빙의무녀를 「이치イチ」라고 불러 구별하거나 정반대로 부르는 경우도 있다.

빙의무녀의 특색은 트랜스 상태에 들어가 신령이나 사령, 경우에 따라서는 생령까지도 그 몸에 깃들게 하여 공수하는 것이다. 이것을 빙의Possession라고 부른다. 빙의 중에는 인격이나 음색조차 달라지며 그 무녀가 알 리가 없는 개인적인 것조차 언급한다고 한다.

이러한 공수는 사령, 생령, 신불 등의 영체를 자신의 몸에 씌워서 말하게 하는 강령술의 일종으로 추측된다.

공수에도 몇 가지인가 종류가 있는데 신령에게 질문을 하는 것을 카미쿠치神口, 사령의 말을 전하는 것을 호토케쿠치仏口라고 한다. 또한, 살아 있는 자나 장례식이 끝나지 않은 사자의 영혼에게 공수를 하는 것을 이키쿠치生口, 장례식이 끝난 사자에게 공수를 하는 것을 시니쿠치死口라고 한다.

빙의무녀란

빙의 무녀 = 강신을 해서 직접 신령 등에게 빙의되어 신탁이나 복점을 하는 무녀.
별칭 진정무, 민간 무자.

메이지 초기에 탄압받는다

신앙이 깊으며 지금도 각지에 현존

도호쿠지방 중심
미사마, 이타코

오키나와의 신녀
유타, 노로

빙의의 모습

영혼
빙의

트랜스 상태

영혼의 말

공수의 종류

카미쿠치
신령에게 탁선을 바라는 것.

호토케쿠치
사자의 말을 전하는 것.

이키쿠치
살아 있는 자나 장례가 끝나지 않은
죽은 자를 대하는 것.

시니쿠치
장례가 끝난 죽은 자를 대하는 것.

관련 항목
- No.072 무녀의 역사
- No.088 이타코
- No.089 카미사마
- No.090 노로
- No.091 유타
- No.093 샤머니즘

이타코

오소레잔의 공수무녀로 유명한 이타코는 죽은 자의 영혼을 불러내어 유족과 대화를 시켜주는 장님 카미우바神姥다.

● 호토케오로시사령소환의 영매

일본 도호쿠 지방에는 2종류의 **빙의무녀**가 있다. 한쪽은 죽은 사람의 영혼을 부르는 것으로 유명한 장님 카미우바, 오소레잔의 이타코이며 다른 하나는 **카미사마**라고 불리는 신령빙의형 무녀다. 카미사마는 고미소ゴミソ라고 불리는 경우도 있지만, 여기에는 약간 차별적인 뉘앙스가 담겨있다.

일반적으로 이타코는 죽은 사람을 강령시키고 카미사마는 신을 강신시키는 것으로 구분하지만, 이타코는 여기서 한 가지 더, 장님 카미우바라고 하는 특징이 있다. 카미사마는 독자적인 영감이나 신령체험 등을 통해 되는 한 세대뿐인 무녀지만, 이타코는 선천적, 또는 후천적인 장애로 장님, 약시 등의 시각장애를 안은 여성이 된다. 그녀들은 젊을 적부터 이타코 스승을 따라 수행을 쌓으며, 「허가許し」라고 하는 면허를 얻어 영매靈媒를 하는 것이다.

오소레잔에서 죽은 사람의 영혼을 부르는 이타코가 유명하지만, 이타코가 원래 하는 일은 자신의 담당 지역을 순찰하며 농작물을 예상하거나 주민의 건강이나 운세를 점치며 조언을 하는 것이었다고 한다. 일부 이타코는 교령交靈을 할 때 악기를 사용한다. 악기로는 아즈사유미梓弓라고 불리는 활 모양 악기를 많이 사용하지만, 야마토고토倭琴(거문고와 비슷한 일본의 현악기 - 역자 주)나 태고太鼓 등을 사용하기도 한다. 이 점에서 본다면 이타코는 아즈사 무녀梓巫女의 정통 후계자라 할 수 있다.

호토케오로시(ホトケオロシ) 외에 이타코가 하는 대표적인 신사 행사(神事)로 「오시라사마아소바세(オシラサマ遊ばせ)」가 있다. 「오시라사마아소바세」(오시라보로키オシラボロキ)란 동북 지방의 민간신앙으로 가정을 지킨다고 하는 오시라사마オシラサマ의 어신체 역할을 하는 2개의 인형을 꺼낸 뒤, 오시라 제문(オシラ祭文)을 주창하면서 인형을 손에 들고 흔들어서 노는 것이다. 이것을 「논다(아소바세遊ばせ에는 놀게 하다라는 뜻이 있다)」고 하는 이유는 그대로 신을 모시고 달래는 것이기 때문이다. 오시라사마 신앙에는 말이나 누에와 깊은 관련이 있으며 「오시라 제문」 중에는 양잠의 기원을 이야기하는 것도 있다.

도호쿠의 무녀

도호쿠의 무녀

이타코

죽은 사람의 영혼을 불러 강령. 영매적인 요소가 강한 장님 카미우바.

카미사마

신령 빙의형으로 신을 강신. 독자적인 감각이나 신령 체험을 통해 된다.

선천적, 또는 후천적인 시각 장애를 가진 자
(=사회적 약자).
스승(이타코)를 따라 「허가」라고 하는 면허를 얻어 영매를 한다.

주로 하는 일
- 작황의 예상
- 주민의 건강이나 운세를 점침
- 조언
  각자의 담당 지역을 순회한다.

오시라사마아소바세(오시라보로키)

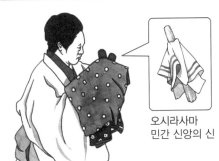

오시라사마
민간 신앙의 신

2개의 인형
오시라사마의 어신체

오시라 주문을 주창하면서 휘둘러서 놀게 한다.

신을 모시고 달래는 일.

가정을 지킨다.

관련 항목
- No.087 빙의무녀
- No.089 카미사마

카미사마

아오모리 현 츠가루津輕 지방에 존재하는 공수무녀 카미사마カミサマ는 신령을 강림시키는 현대의 샤먼이다.

● 신내림의 샤먼

카미사마란 아오모리 현 츠가루 지방에서 신봉하는 **빙의무녀**다. 카미사마라는 단어의 어원은 신이 깃드는 것이다. 실제로는 성씨에 따라 「스즈키의 카미사마」, 지명에 따라 「어디어디의 카미사마」, 강림하는 신령에 따라 「뱀의 카미사마」나 「○○묘진사마明神様」 등으로 불린다.

이타코가 자신의 신체에 신이나 영혼을 강림시키는데 반해, 카미사마는 자신을 수호하는 신과 대화하는 형태로 상담자에게 조언한다. 카미사마는 수호신의 힘을 빌려 신자에게 들러붙은 악령憑き物을 쫓아내고 질병을 치료한다.

또한, 무녀가 되는 경로를 보더라도 이타코가 시각장애인을 구제하기 위한 수단이었던 반면, 카미사마는 어떠한 인생의 고뇌 속에서 영능력에 눈을 떠서 카미사마가 된다. 그녀들 중 대부분은 자신이나 가족이 병이나 고민이 원인으로, 기도나 기원을 하는 도중에 신내림 상태가 되어 그 체험을 계기로 카미사마의 길에 들어선다. 많은 카미사마는 수호신이 평범한 삶을 허락하지 않았다고 한다.

츠가루의 카미사마는 수험도의 영향 아래에 있으며, 지금도 이와키 산岩木山의 아카쿠라 골짜기赤倉沢 등을 성지로 삼고 수행을 하고 있다. 영봉靈峰(신성시하는 산 – 역자 주) 이와키 산에 속하는 이 땅은 먼 옛날 수험도의 영지였다. 메이지 이후에는 국가 소유의 산림이 되었지만, 다이쇼 10년경 영감에 눈을 뜬 쿠도무라工藤むら라는 미코神子가 용신의 인도에 따라 이 땅에 사당을 세웠다. 이 일을 계기로 이 땅은 카미사마의 성지가 되었으며 계속해서 카미사마들이 사당이나 신사를 세워서 20채 이상이나 되는 당사堂社가 늘어서게 되었다. 쇼와 40년경에는 국유림이라는 사실 때문에 더 이상 새로운 당사를 건설할 수는 없게 되었다. 하지만 지금도 「아카쿠라에 간다」고 하면 카미사마에게 상담을 가거나 카미사마가 되기 위한 수행을 떠나는 것을 가리킨다. 쿠도무라는 죽은 뒤 「야쿠죠야마타츠히메노미코토楽乗山館姫之命」로서 아카쿠라에서 모셔지고 있다.

카미사마와 그 성지

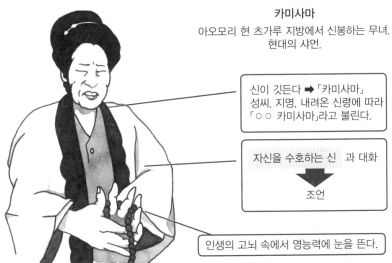

카미사마
아오모리 현 츠가루 지방에서 신봉하는 무녀.
현대의 샤먼.

신이 깃든다 ➡ 「카미사마」
성씨, 지명, 내려온 신령에 따라
「○○ 카미사마」라고 불린다.

자신을 수호하는 신 과 대화
⬇
조언

인생의 고뇌 속에서 영능력에 눈을 뜬다.

아카쿠라 영역

츠가루의 카미사마 성지

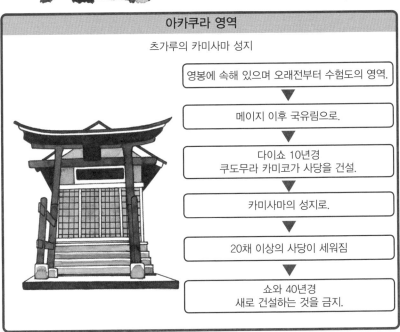

영봉에 속해 있으며 오래전부터 수험도의 영역.
▼
메이지 이후 국유림으로.
▼
다이쇼 10년경
쿠도무라 카미코가 사당을 건설.
▼
카미사마의 성지로.
▼
20채 이상의 사당이 세워짐
▼
쇼와 40년경
새로 건설하는 것을 금지.

관련 항목

● No.087 빙의무녀

● No.088 이타코

노로

오키나와沖縄의 제례에서 중요한 역할을 하는 노로ノロ(축녀祝女)는 류쿠 왕국琉球王国의 여신 관이며 신녀神女의 정점에 서는 무녀다.

● 오키나와 토착 신앙의 중심 「노로」

노로(축녀, 누르ヌル라고도 부른다)는 아마미 제도奄美諸島 및 오키나와 제도에서 촌락의 제사를 관장하는 여성 제사자, 카밍츄神人의 수장 격이라 할 수 있는 존재이다. 선조 신앙을 관장하는 신녀 중에는 신들의 요리시로依代가 되는 **빙의무녀, 유타**나 니간ニーガン이 있는데, 이들을 이끄는 위치에 서는 것이 노로인 것이다. 상위 신관인 노로는 바다 저편의 이상향 니라이카나이ニライカナイ등 류쿠 전래 신화에 나오는 이계의 신들과 교신해서 제사를 하는 동안, 강신을 통해 신 그 자체가 되었다. 동시에 노로는 류쿠왕국의 일부이기도 했다. 15세기에는 류쿠 왕국의 쇼신 왕尚真王은 제정일치에 의한 지배를 목적으로 신녀 조직을 제도화했다. 류쿠왕의 오나리 신オナリ神(여동생의 힘으로 육친 남성을 지키는 자매 무녀)인 치후진聞得大君(「키코에오키미」라고도 한다)을 정점으로 노로는 류쿠왕부의 신녀 조직에 속하면서 마을의 제례에 종사했다. 그 때문에 쿠지누르公儀祝女라고도 한다. 1470년 이후에는 왕녀, 왕비나 왕모가 왕부의 최고신녀인 치후진에 취임. 3명의 우후아무시라레大阿母志良礼가 치후진을 따르며 그 아래에는 상급 신관이라 할 수 있는 상급 신녀가 있으며 치후진은 삼십삼군三十三君 중 최상이라 불렸다. 여기서 삼십삼은 다수라는 의미가 있으며 군君은 상급 신녀들을 가리킨다.

치후진 이하의 모든 노로는 왕부가 임명했으며 결혼 여부는 관계가 없었다. 왕의 영적인 보호자이며 다양한 신탁을 하는 치후진은 왕국 안에서도 강력한 종교적 권위로 국왕 즉위의 신탁까지 행사했다. 쇼신 왕 이후 다시 제정 분리가 진행되면서 신녀들은 낮아졌으며, 1879년에는 류쿠국이 해체되면서 공적 지위를 잃었지만, 지금도 노로는 촌락의 제사를 이끄는 위치에 서 있다.

노로는 세습제이며 노로 전지祝女殿地라고 불리는 가계에서 나온다. 대부분은 류쿠 왕국 시대에 왕부에서 임명받은 것이며 원래는 각 지역의 유력 아지按司(왕족)의 육친이었던 것으로 추측되고 있다. 그녀들은 성무식成巫式을 마치고 신녀가 되지만, 최근 이자이호イザイホー에서는 성무식을 하지 않아 새로운 노로가 탄생하지 않았다.

공적인 무녀, 노로

노로(축녀)

오키나와 및 아마미에 있는 공적인 여성 제사자.신들의 요리시로가 되는 빙의 무녀.

전 류쿠왕부의 신조조직에 속해 있었다.

카밍츄 = 신에 가까운 존재

제사를 하는 동안에는 신 그 자체.
세습제 ← 노로전지라고 불리는 가계.

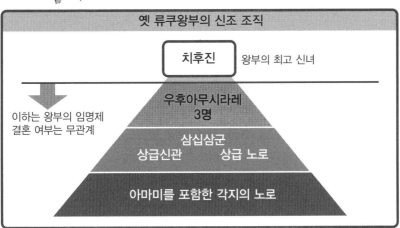

옛 류쿠왕부의 신조 조직

치후진 왕부의 최고 신녀

이하는 왕부의 임명제
결혼 여부는 무관계

우후아무시라레
3명

삼십삼군
상급신관   상급 노로

아마미를 포함한 각지의 노로

15세기	쇼신 왕이 제정일치에 의한 지배를 목적으로 신녀 조직을 제도화.
1470년 이후	왕녀, 왕비나 왕모가 왕부의 최고신녀인 치후진에 취임 ➡ 강대한 권력을 가짐.
쇼신 왕 이후	제정 분리가 진행되면서 신녀조직도 약체화.
1879년	류쿠국이 해체→공적 지위를 잃음.

관련 항목
● No.087 빙의무녀   ● No.091 유타

유타

오키나와의 생활에 오래전부터 녹아 있었던 영능력자 유타그夕. 신령에 의해 유타가 되는 것이 숙명과도 같았던 그녀들이 하는 일은?

● 류쿠의 선조령을 섬기는 무녀

유타는 오키나와 및 남서제도 전역에서 활동하는 무녀로 문스리ムンスリ(박식함)나 유타 스크ユタスク, 니가이비토ニガイビト, 미야코 섬宮古島에서는 칸누프투カンヌプトゥ(신의 사람), 혹은 칸카카랴カンカカリャー라고도 불린다. 여성의 비율이 압도적으로 많으며 빙의 상태로 신탁, 복점, 질병의 치료 등을 하는 영능력자 요소가 강하다.

류쿠 왕국이 제정했던 신관인 노로나 츠카사ツカサ(司)가 공적인 신사 행사나 제사를 관장하는 것에 비해, 유타는 시정에서 살며 일반인을 상대로 영적인 조언을 하는 재야의 **샤먼**이다. 오키나와에서는 깊은 신뢰를 받고 있어서 「힘든 일이 있거든 유타에게 말해라」라는 말을 하곤 한다. 유타는 섬사람들의 고민 상담을 하며 저마다 다른 방법으로 **판시**判示(점의 결론)를 내려 해결하는 것을 생업으로 삼고 있다. 대부분은 치치분チチブン(선조령)의 힘을 빌린다. 점만 치는가 하면 치치분을 직접 강령시켜서 그 말을 의뢰자에게 전하는 유타도 많다. 그 경우 신내림 상태가 된 유타의 말을 의역해서 의뢰자에게 전하는 역할로 나카무치ナカムーチ(仲持ち)를 두는 경우도 있다.

조상에게 공양하는 등, 신불을 섬기는 것도 유타의 특징이다. 유타에게 조상이란 판시를 부여하는 것만이 아니라, 가장 소중한 존재여서 몇 대 전의 조상이라 하더라도 친근감을 느낄 수 있다고 한다. 뭔가 병이 있는 사람에게는 치치분에 문제가 있으며 그것을 해결하는(=공양하는) 것이 병을 해소하는 수단이라고 보고 있다.

유타는 카미다리神ダーリ(신내림)를 계기로 빙의나 환시를 체험하는 소명召命형 **빙의무녀**다. 어릴 적부터 영감이 있어서 「세지다카우마리セヂダカウマリ(영력이 높은 태생)」라고 불리는 자가 미치아케ミチアケ(수호령과의 만남)를 거쳐서 유타가 되는 경우가 많다. 최근에는 오키나와 문화 회귀 운동의 영향으로 유타를 목표로 삼아 수행부터 시작하는 사람도 있으며 그것을 나라이유타ナライユタ라고 불린다.

재야의 샤먼, 유타

유타

오키나와의 영능력자인 무녀. 문스리, 유타스크, 칸누프투(신의 사람), 라고도 불린다.

공적인 노로 ◆━▶ 그 지방의 밀착형 점술사

> 유타가 제각각의 방법으로 판시(점의 결론)을 내려서 섬사람들의 고민을 해결.

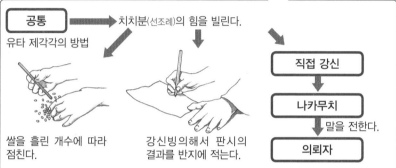

| 공통 | ━▶ 치치분(선조례)의 힘을 빌린다. |

유타 제각각의 방법

쌀을 흘린 개수에 따라 점친다.

강신빙의해서 판시의 결과를 반지에 적는다.

직접 강신 → 나카무치 → 말을 전한다. → 의뢰자

유타와 선조령

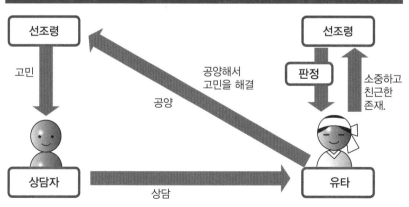

선조령 / 고민 / 상담자 / 상담 / 공양 / 공양해서 고민을 해결 / 선조령 / 판정 / 소중하고 친근한 존재. / 유타

유타와 신앙

신앙 그 자체를 고귀하게 여기는 오키나와의 무녀 유타. 그녀들이 믿는 것이란?

● 십이지 신앙부터 과학까지

유타는 영능력자라는 성격이 강하지만, 유타만큼 신앙심이 깊은 사람들은 없다. 유타가 우선 신봉하는 것은 「치치분」이다. 치치분은 부모와 같은 친밀함을 가지고 접하여 서로 도와주는 상대로 보고 있는데, 오키나와 각지에 있는 토착신을 모셨던 우간죠ウガンジョ(예배소)를 우마이ウマーイ(순례)하거나, 점을 의뢰한 사람에게 우마이를 지시하거나 하는 경우도 있다. 우마이란 옛날부터 전해지는 선조의 성지 순례로, 류큐 왕조의 조상에서 유래한 땅을 순회하는 아가리우마이アガリウマーイ, 東御廻가 유명하지만, 그 밖에도 다른 섬으로 순례하는 유스시마우마이ユスシマウマーイ, 他島廻 등이 있다.

그 반면, 선조령에 얽매이지 않고 다양한 신불을 숭배의 대상으로 받아들이고 있기도 한데, 유타에게 신불은 전지전능한 존재이며 도움을 청하는 상대다. 유타는 각각 조상 숭배와는 별도로 신불로부터 선택한 수호신을 가지고 있어서, 자신의 수호신을 모시고 있는 사원에 자주 예배를 간다고 한다.

신앙 대상 중에서 가장 인기가 있다고 할 수 있는 것이 오키나와에서 오랜 옛날부터 존재했던 십이지+二支 신앙이다. 오키나와에는, 임제종묘심사臨済宗妙心寺파인 자안원慈眼院(자子·축丑·인寅), 안국사安國寺(유酉), 만송원万松院(묘卯·진辰·사巳), 서래원西来院(오午·술戌·해亥), 성광원盛光院(미未·신申)이 있으며 저마다 다른 십이지를 모시고 있다.

최근에는 기독교나 과학적 지식 등 다양한 신앙과 지식을 받아들여서 독자적인 종교 세계관을 가진 유타가 늘어나고 있다고 한다. 예를 들어 기독교와 아마테라스를 연결 짓는다거나, 유전자적인 여성의 우위성과 무녀의 발생을 연쇄시킨다거나 하는 신세대 유타도 있다. 또한, 해외의 이민 사회에서는 유타가 현지 종교와 교류하여 현지의 수호령을 얻기도 하는데, 브라질로 간 유타 중에는 아프리카 계통의 신령이나 브라질의 수호정령 아파레시다Aparecida를 수호령으로 삼은 예도 있다고 한다.

제 4 장 세계의 무녀

유타와 신앙

| 유타 | 유타의 신앙심이 깊지만, 독자적인 신앙 대상이 없다.
기존의 종교를 개인이 믿는 대로 신앙한다. |

십이지 신앙

- 오키나와에서 오래전부터 존재하는 종교→가장 일반적.
- 불교가 베이스→십이지를 신격화해서 모신다.
- 유타는 자신의 수호신이 모셔지고 있는 사원에 예배.

오키나와 본섬에 존재하는 다섯 개의 사원

| 자안원
자·축·인 | 안국사
유 | 만송원
묘·진·사 | 서래원
오·술·해 | 성광원
미·신 |

결정한다

| 신불
전지전능의
도움을 청할 상대. | ← 신앙 유타 활동 → | 선조령
친밀함을 갖고 접해서
조력을 받을 수 있는 상대. |

상반될 일은 일절 없다.

유타와 신앙

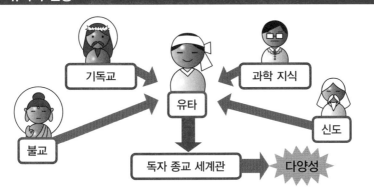

기독교 → 유타 ← 과학 지식

불교 → 유타 ← 신도

유타 → 독자 종교 세계관 → 다양성

- No.087 빙의무녀
- No.091 유타

197

샤머니즘

무巫라는 말의 본래 의미는 「샤먼Shaman」이며, 빙의憑依와 탈혼을 사용한 샤머니즘 Shamanism의 실행자다.

● 무녀의 원점은 샤머니즘

무녀의 원점에는 샤머니즘 풍습이 있으며, 이것은 세계 각지에 퍼져 있는 풍속이다. 바꿔 말하면, 신앙이나 문화, 환경의 측면에서 신앙이나 의장意匠의 형태는 다르지만, 세계 각지에는 무녀라고 할 수 있는 여성 제사자가 존재하고 있는 것이다. 여기서 세계 각지의 풍속에 대해 접근해보도록 하자.

우선 무녀의 원점이라 해야 할 샤머니즘은 무사巫師의 능력으로 성립하고 있는 종교 전반을 가리키며, 좁은 의미로 말하자면 동북아시아와 중앙아시아에서 찾을 수 있다. 샤먼이라는 말 자체가 퉁구스Tungus 어의 「사만Saman」에서 유래한다.

샤먼은 트랜스 상태에 들어가서 신령과 교신하는 제사자로 빙의나 탈혼 현상을 일으켜서 그 과정에서 다른 인격(신령. 사령. 생령. 동물령. 자연령 등)을 드러내어 신탁이나 복점, 신령 치료 등을 한다. 남녀 불문하고 샤먼은 존재하지만 여성이 대단히 많다.

넓은 의미의 샤머니즘은 아시아 각지에 한정되지 않고, 마찬가지로 신령빙의 현상을 동반하는 종교를 샤머니즘이라고 부른다. 빙의 현상이 샤머니즘의 기본 요소라고 흔히 말하지만, 일본의 신도처럼 근대화 속에서 빙의 강신이 의식화하고 있는 경우가 많다. 또한, 샤머니즘의 풍속은 제사자가 신령이나 정령을 그 몸에 깃들게 하는 행동을 동반하기 때문에 폭넓은 신의 다양성을 요구하는 경향이 높다. 그 결과 애니미즘(정령신앙)이나 선조 신앙을 동반하는 경우가 많고, 실제로 종교 형태로서 성립해가는 경우에는 샤머니즘만이 존재하는 경우는 흔치 않다. 어떻게 보면 샤머니즘이란 제사 수법이라고도 할 수 있다. 그 점에 착안한 미르체아 엘리아데Mircea Eliade(루마니아 출신의 종교학자)는 빙의 강신보다도 「엑스터시 테크닉」을 샤머니즘의 첫 번째 정의로 생각하고 있다.

샤머니즘

| 샤머니즘 | = 샤먼의 능력에 의해 성립되는 종교 전반. |

무녀의 원점

좁은 의미
주로 동북아시아와 중앙아시아에서 찾을 수 있는 것을 가리킨다.

넓은 의미
아시아 지역에 한정되지 않는다. 빙의 현상을 수반하는 종교.

| 샤먼 | = 트랜스 상태에 들어가서 신령과 교신하는 제사자. |

빙의 상태나 탈혼 상태를 일으킨다. → 다른 인격을 드러낸다. → 신탁 등을 한다. 여성이 대단히 많다.

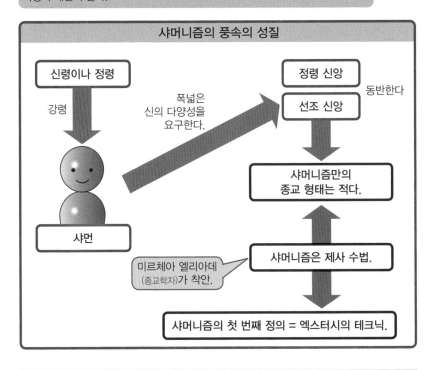

샤머니즘의 풍속의 성질

신령이나 정령

강령

폭넓은 신의 다양성을 요구한다.

정령 신앙

선조 신앙

동반한다

샤먼

샤머니즘만의 종교 형태는 적다.

미르체아 엘리아데 (종교학자)가 착안.

샤머니즘은 제사 수법.

샤머니즘의 첫 번째 정의 = 엑스터시의 테크닉.

관련 항목
● No.087 빙의무녀

오드간

중앙아시아부터 시베리아에 사는 소수민족 부랴트Buryat인들 사이에는 공산주의의 탄압에도 살아남아 전해지는 샤머니즘이 있었다.

● 흑과 백, 표리일체의 속성을 가진 오드간

부랴트인은 시베리아를 원류로 시작해서 지금은 바이칼 호를 중심으로 중앙아시아에 폭넓게 자리 잡고 있는 소수민족이다. 그 중심에서 몽골에 살고 있는 아긴부랴트Agin-Buryat에는 "발리아시白"와 "보黑"의 두 가지 속성을 가진 **샤머니즘**이 전해진다. 그중에서 여성 샤먼은 특별히 오드간Udgan이라고 부르며 남성 샤먼과 구별되고 있다. 참고로 모든 샤먼을 보boo라고 부르는 경우도 있다.

제정 러시아의 오랜 자료에 의하면 발리아시는 선한 신을 배례하여 사람들의 행복을 비는 역할이 있으며, 보는 악령에게 비는 것으로 재액을 가져다주는 이른바 주살呪殺을 하는 존재로 정의되어 있다. 하지만 지금은 발리아시는 불교의 신에게 빌며, 주술적인 마사지나 접골 치료를 하는 샤먼으로 정의된다. 한편 보는 옹고(정령)·오그(선조령)를 강림시켜서 신탁을 하는 것을 생업으로 삼는 샤먼을 가리키는 말이 되었다. 이 속성은 겸임되는 경우도 있으며, 흑을 단독으로 취급하는 샤먼은 없다는 점 등 여러 특징 때문에 백=선·불교, 흑=단순한 샤머니즘과 같이 단순하게 구별할 수는 없다. 그밖에도 샤먼의 주술적인 도구를 만드는 주술적 대장간 두릴루그가 존재하여 발리아시와 보의 양방을 겸임하는 경우도 있다.

그들은 샤먼이 되었을 때에 수호령이라고 할 수 있는 오그가 결정된다. 우선 스승 보가 강령시킨 옹고에, 자신의 오그를 특정해서 그것을 강령시킬 수 있도록 하는 것이다. 게다가 오그에는 아버지 쪽 계보라는 의미도 있어서, 선조령은 남성인 경우가 대부분이다. 이에 따라 자신의 출생(특히 부계의)을 아는 것은 보나 오드간에게 중요한 요소가 되었다. 또한 오그를 알지 못한다는 것은 부끄러워할 일이며 한 걸음 더 나아가서 강렬한 멸시의 대상이 되는 경우도 있다.

부랴트 샤먼

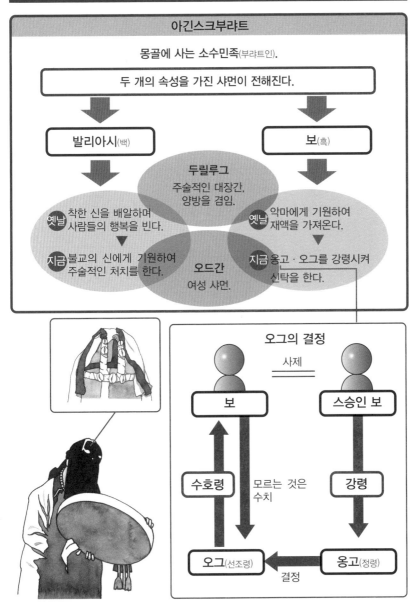

아긴스크부랴트

몽골에 사는 소수민족(부랴트인).

두 개의 속성을 가진 샤먼이 전해진다.

발리아시(백)

보(흑)

두릴루그
주술적인 대장간,
양방을 겸임.

옛날 착한 신을 배알하며 사람들의 행복을 빈다.

지금 불교의 신에게 기원하여 주술적인 처치를 한다.

오드간
여성 샤먼.

옛날 악마에게 기원하여 재액을 가져온다.

지금 옹고 · 오그를 강령시켜 신탁을 한다.

오그의 결정

사제

보

스승인 보

수호령

모르는 것은 수치

강령

오그(선조령)

결정

옹고(정령)

관련 항목
● No.093 샤머니즘

201

북극의 샤먼

죽음으로 직결될 정도의 혹한 속에서 사는 북극 주변의 에스키모에게 샤먼은 정령과 교신함으로써 생활을 지키는 존재다.

● 정령의 힘으로 날씨까지 관여하는 샤먼

알래스카, 캐나다, 그린란드 등에서 사는 에스키모는 혹독한 생존 환경 속에서 독자적인 **샤머니즘**을 구축하여 생활의 일부로 삼고 있다.

에스키모는 정령을 인간에게 해로운 존재라고 믿고 있다. 눈보라가 일어나는 것도 대기의 정령이 날뛰고 있기 때문으로 그것을 진정시킬 수 있도록 트랜스 상태가 되어 정령과 회화하고, 하급 정령을 사역해서 교섭하는 것이 샤먼이다. 영혼이나 신을 아군으로 삼아 재액을 내쫓으려고 한다. 일반적인 샤먼과의 차이를 여기서 엿볼 수 있다. 또한, 반드시 사람 앞에서 자신의 힘을 행사하는 것도 특징이다. 남들의 시선을 피해서 샤먼으로서의 힘을 사용하는 것은 못된 일을 한다고 여겨져 비난을 받게 되기 때문이다.

에스키모의 샤먼으로써 가장 중요한 역할은 재액의 근원을 찾아내서 대책을 짜는 것에 있다. 에스키모에게는 다양한 금기가 전해지고 있으며, 그것을 지키지 않으면 정령이 분노하여 재액이 일어난다. 샤먼은 그 금기를 지키지 못했기 때문에 정령이 분노하고, 또한 어떻게 해야 분노가 가라앉을지를 진단한다. 물론 의식에 따라서는 분노를 진정시키는 일도 한다.

샤먼은 생활의 중심이며 부락에 샤먼이 없으면 기아나 흉어凶漁, 악천후 등에 고통받으며 끔찍한 생활을 보내는 처지가 된다고 한다.

그 외에도 부탁받아서 부적이나 주문과 같은 초상적인 효과를 보여주는 물품을 양도하는 경우도 있었다. 부적이란 동물의 이빨이나 새의 깃털 등, 에스키모 사회에서 간단히 손에 넣을 수 없는 물건이지만, 그것들에 특별한 힘(풍어나 기상 회복)이 구비되어 있는지 어떤지를 감정하거나 자신이 수여해서 양도한다. 주문은 그것을 필요로 하는 사람만이 사용할 수 있는 힘을 가진 말로, 사용법이 중요한 것으로 알려졌다. 또한, 투피락Tupilak이라고 불리는 마력을 가진 인형을 만들어 부적으로서 주는 경우도 있다.

에스키모의 샤먼과 정령

에스키모의 독자적인 샤머니즘

정령은 인간에게 새로운 존재.

자연재해도 정령이 원인

샤머니즘이 정령과 교섭 ➡ 진정시킨다.

정령

지키지 않으면

화내게 한다

재해   교섭

하급 정령

에스키모

어떤 금기?
어떻게해야 진정이 될까?

사역

다양한 금기

샤먼

진단

부적

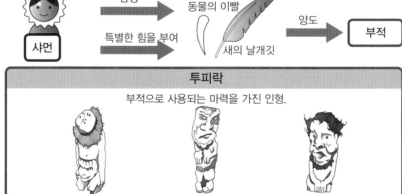

샤먼

감정

특별한 힘을 부여

동물의 이빨

새의 날개깃

양도

부적

투피락

부적으로 사용되는 마력을 가진 인형.

관련 항목
● No.093 샤머니즘

무당

한반도의 무녀인 무당巫堂은 수호령의 힘을 빌려 점이나 굿으로 신도를 도와준다.

● 당주신을 섬기는 한반도의 무녀

무당은 한반도에 있는 **빙의무녀**다. 남자 무당은 박수라고 하지만, 무당의 대부분은 여성이다. 무당은 점쟁이나 제사자임과 동시에 주술 치료사로 민간 치료를 하며, 악사나 예능인으로서 가무음곡歌舞音曲을 다루기도 한다.

무당에는 가문에서 태어나는 세습무世襲巫와 혈통에 관계없이 강신을 해서 무녀가 되는 강신무降神巫가 있다. 무당이 되기 위해서는 강신 의식「굿(기도)」을 해야만 한다. 강신의「굿」이란 무당신(몸주)인 신령을 그 몸에 깃들게 하는 의식이다. 무당은 한반도의 신들을 믿고 있지만, 그 대부분은 여신이다. 예를 들어 죽음의 세계에 망자를 인도하는 신은 바리공주라고 하는 여성이며 생산을 주관하는 신도 당금애기라고 하는 여신이다. 또한 생명을 잉태하는 신도 삼신할미라 하여 여성이라 믿고 있다.

강신무가 무당이 되는 과정 중에 가족의 희생이 필요한 경우도 있다. 이는 인다리(놋다리)라고 불리는데, 무당이 되는 것을 반대하는 가정에서 가족 중 누군가가 갑자기 죽는 것을 말한다. 가족의 죽음을 통해 무당이 신의 곁으로 간다는 것을 의미한다. 즉 가족의 죽음이 그야말로 신과 무당의 인교人橋가 되는 것이다.

강신무의 경우 종종 사령으로부터 죽은 무당이 어딘가에 무구(무녀가 사용하는 도구)를 숨겼는지를 전해줘서 무구를 탐색할 것을 명령한다.

무당은 집의 한 방에서, 굿판(신령을 모시는 장소)을 만들어, 몸주(무당의 몸에 처음으로 내린 신. 무당은 그 신을 주신으로 모신다. 몸주 내지는 몸주신이라고도 부른다 – 역자 주)에게 예배나 의식을 하는 것을 잊지 않는다. 굿판에는 외부자는 물론, 가족조차도 들어오는 것이 허락되지 않는다. 또한, 무당은 병의 회복이나 사령을 내쫓는 것을 실천한다. 내쫓아야 할 화가 클 경우, 복수의 신령을 내려서 대치하는 경우도 있다.

굿은 태고를 중심으로 한 악기를 연주해서 직접 춤추면서 빙의강신의 의식을 한다. 강신 상태의 춤 속에는 웃음을 유발하는 단막극적인 요소도 있어서, 일종의 전통 예능인으로서도 받아들여지고 있다.

한반도의 무녀, 무당

무당 한반도의 빙의무녀(남자 무당은 박수).
악기를 연주하며 춤추면서 빙의강신 의식을 한다.

| 점쟁이 | 주술 치료사
민간치료를 한다. |
| 제사자 | 악기 예능인
가무음곡을 다룬다. |

무당이 되는 과정

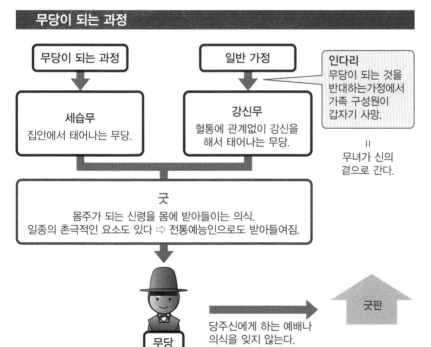

무당이 되는 과정

일반 가정

인다리
무당이 되는 것을
반대하는가정에서
가족 구성원이
갑자기 사망.

세습무
집안에서 태어나는 무당.

강신무
혈통에 관계없이 강신을
해서 태어나는 무당.

‖
무녀가 신의
곁으로 간다.

굿
몸주가 되는 신령을 몸에 받아들이는 의식.
일종의 촌극적인 요소도 있다 ⇨ 전통예능인으로도 받아들여짐.

무당

당주신에게 하는 예배나
의식을 잊지 않는다.

굿판

관련 항목
● No.087 빙의무녀
● No.097 무당의 신앙

무당의 신앙

무당(巫堂)은 토착 신앙의 중심에 있다. 그 성격과 신앙이란 어떠한 것일까.

● 무당에게는 예수도 신령

무당은 토착신을 믿는다. 무당의 굿판에는 다양한 신의 형상이 놓여 있는데 그중에서 가장 인기 있는 것이 산신이다. 단, 긴 역사 속에서 불교·도교 등의 교류가 진행되면서 이들 종교의 신을 동시에 신봉하고 있는 무당도 많다. 일본의 신불습합과 닮은 형태로, 원래는 신앙으로서 유입된 불교가 융합된 것이다. 단 일부 불교 신자들에게는 평판이 좋지 않아서 사원 안에 있는 신당을 부수는 등의 행위도 있었다고 한다.

몸주에 의해 무당의 격이 엄격히 정해졌던 시기도 있었다. 위쪽부터 상석, 중석, 상단주, 뒷전무당, 넋, 태주방, 명도의 일곱 단계로 나누어지며, 상위 무당과 하위 무당이 함께 굿을 하는 경우, 하위 무당은 실질적인 굿과 잡무를 모두 해내는 경우도 있었다. 지금도 격의 종류가 남아 있기는 하지만 엄격하게 정해진 것은 아니라서, 경험을 쌓아 더욱 높은 몸주를 내릴 수도 있게 되면서 평생 같은 격으로 지내는 경우는 없다.

무당 신앙의 유연성은 오키나와의 **유타**와도 비슷한데 이와 관련해서 이런 에피소드도 남아있다. 1930년대에 미국 개신교 계통의 선교사와 무당이 좌담회를 열었을 때, 선교사는 **샤머니즘**의 미신적인 면을 지적하는 한편, 기독교의 가르침의 훌륭함을 설명했다. 그러자 무당은 웃으며 다음과 같이 대답했다. 「예수 그리스도는 정말 훌륭하고 영험하신 분이시로군요. 그럼 앞으로 굿을 할 때, 제 곁에도 모셔도 될까요. 그렇게 하면 환자의 고통을 더욱 신속하게 줄일 수 있을 테고, 악령도 지금보다 훨씬 더 쫓아내기 쉬워질 테니까요」 이에 선교사는 입을 다물 수밖에 없었다고 한다.

무당에게는 기독교도 강령하는 신령의 하나에 지나지 않으며, 신자의 고통을 줄이기 위해 기도하는 신 중 하나인 것이다.

무당의 신앙 대상

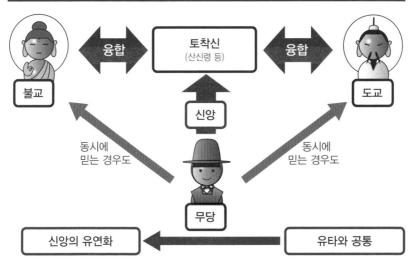

무당의 격

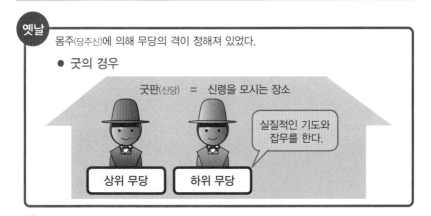

옛날

몸주(당주신)에 의해 무당의 격이 정해져 있었다.

● 굿의 경우

굿판(신당) = 신령을 모시는 장소

실질적인 기도와 잡무를 한다.

상위 무당   하위 무당

지금

유명무실해짐 ➡ 격의 종류를 남길 뿐. 단, 한평생 격이 그대로인 경우는 없다.

경험을 쌓음으로써 상위 몸주신을 강림시킬 수도 있다

마조

마조媽祖는 항해의 안전을 지키는 여신으로 전해지는 중국 토착신이지만, 그 토대가 된 것은 한 무녀였다.

● 바다의 민족이 받아들였던 무녀는 실제로 있었다

마조는 중국 본토나 대만, 한국에서 번성해서 신봉하고 있는 항해의 여신으로, 천상성모보살天上聖母菩薩, 천비天妃, 천후성모天后聖母, 노마老媽, 보살菩薩이라고도 불리고 있다. 송나라 말기에 푸젠 성福建省에서 발생했지만, 명나라 시대에 중국 무역이 발전하면서 동아시아로 퍼졌다. 나가사키長崎에 내항한 당나라 선박에도 반드시 「마조」가 모셔졌으며, 항구에 정박 중인 선박에 올려서 마조당媽姐堂에 안치되었다. 오키나와, 나가사키, 자카르타Jakarta, 싱가포르Singapore, 방콕Bangkok 등 동중국해 전역에서 신봉하고 있다.

신앙의 기원은 10세기 후반의 중국 푸젠 성의 푸톈 시莆田市로, 여기서 태어난 마조는 과묵했지만 머리가 대단히 좋아서 불교나 도교의 경전을 열독했으며 생활 태도도 모범적인 여성이었다고 전해지고 있다. 그녀가 바뀐 것은 16살이 되었을 때로, 우물에서 부적을 받은 조모는 신통력을 받아 소위말해 **샤먼**과도 같은 행동을 할 수 있게 되었다고 한다.

전승에 따르면, 마조가 어느 날 자택에서 베를 짜고 있는데, 갑자기 뭔가에 홀린 것처럼 눈을 감으며 **트랜스 상태**에 빠졌고, 곁에 있었던 어머니가 당황해서 흔들어 깨우자, 마조의 손에서 북(베를 짤 때 옆에 실을 뜨는 부품)이 떨어지고 말았다. 그러자 마조는 울기 시작하며 아버지와 오빠가 탄 배가 난파될 것 같아서 구하려고 했지만, 배의 키를 놓쳐서 구하지 못했다고 고백했다. 며칠 후, 아버지는 돌아왔지만, 오빠는 폭풍에 휘말려서 죽었다는 사실을 알게 되었다고 한다.

다른 전승에서는 마조가 송나라 시대의 상인 잡안의 딸이었으며, 어느 날 베를 짜다가 피곤해서 선잠을 자다가 꿈을 꾸었는데, 아버지와 두 오빠가 폭풍을 만났으며, 그녀는 그들을 구하기 위해 오빠가 탄 2척의 배를 양손을 들어 올리고 아버지의 배를 입으로 물어서 안전한 지역으로 운반하려고 했다. 하지만 어머니의 부름에 대답을 하다가 입으로 물었던 아버지의 배를 놓쳐버리고 말았다고도 한다. 이 이야기는 다양한 전승이 존재하며 오키나와에서는 천비天妃라고 하는 이름으로 전해지고 있다고 한다.

항해의 여신이 된 무녀 마조

마조
중국 본토나 대반, 한국에서 번성하여 신앙을 이루고 있는 항해의 여신.

별칭 천상성모보살 · 천비 · 노마 · 천후성모 · 보살

| 10세기 후반 | → 모범적인 여성, 마조가 16살이 되었을 때 신통력을 전수받는다. |

신앙의 기원

↓

샤먼스러운 행동을 하게 되었다

마조 신앙

명나라 시대 때 동아시아에 퍼진다.

↓

배에는 반드시 「마조」를 모시고 있으며, 항구에 체재할 때는 마조당에 안치한다.

옆에 순풍이상, 순풍안상을 동반한 모습.

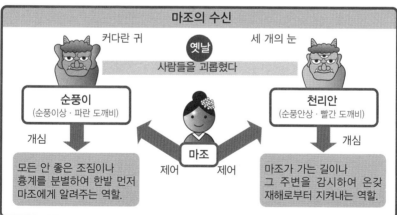

마조의 수신

커다란 귀 **옛날** 세 개의 눈
사람들을 괴롭혔다

순풍이
(순풍이상 · 파란 도깨비)

천리안
(순풍안상 · 빨간 도깨비)

개심

개심

마조

제어 제어

모든 안 좋은 조짐이나 흉계를 분별하여 한발 먼저 마조에게 알려주는 역할.

마조가 가는 길이나 그 주변을 감시하여 온갖 재해로부터 지켜내는 역할.

관련 항목
● No.087 빙의무녀
● No.093 샤머니즘

동계와 홍이

중국 도교의 샤먼 동계童乩는 살아서 신이 되는 존재로, 광란이라 해야 할 정도로 의례가 과격한 걸로 알려졌다.

● 자신을 상처 입혀 영력을 자랑한다

도교 계통의 샤먼은 오두도사烏頭道士, 홍두도사紅頭道士, 법사法師, 송교단誦敎団 등 몇 종류인가 있지만, 가장 유명한 것이 광란의 유혈 자해 제사를 지내는 동계(계동乩童이라고도 함)다. 이름의 의미는 「점을 치는 젊은이」이며 샤먼적인 성직자, 혹은 살아 있는 신 취급을 받는다. 여성의 경우는 홍이紅姨라고 불린다.

동계는 무병巫病이라고 부르는 갑작스러운 **트랜스 상태**와 같은 증상이 닥쳐오고 신이 깃드는 장소에서 선택받은 것으로 취급되어 동계가 된다고 한다. 동계가 되는 것을 완강히 거부하면, 심신의 이상이 격해지고 결국에는 목숨을 잃게 된다. 남해관음南海観音, 제천대성齊天大聖 등의 신상 앞에서 의식을 해서 신이 빙의한다고 하는데, 트랜스 상태에 들어간 동계는 신도神刀로 자신의 혀에 상처를 입히며, 이때 흘러내린 피로 신어神語를 적어서 만들어진 부적神符에는, 호부護符또는 재로 만들어서 먹는 약으로 절대적인 효력이 있다고 믿어지고 있다.

동계가 되고 싶은 젊은이들은 트랜스 상태에 들어가 얼굴에 꼬챙이를 찌르거나 칼로 몸의 표면을 찢어 가르거나 자신을 상처 입히는 자해 행위를 해서 피를 흘리고 그 용기와 영감을 나타낸다.

동계에서 활약하는 법사로는 「타성법사打城法事」가 있다. 여기에는 다음과 같은 이야기가 있는데, 「타성打城」이란 도사가 어느날 동계와 함께 「낙지부(落地府)」, 즉 명계로 떨어지는 법술을 사용해서 명계로 향했으며, 명계에 도착하여 지옥의 「왕사성枉死城」에 갇혀있는 망령(흉사한 원혼으로 유족의 불행의 원인)을 오영병마五營兵馬를 소환하여 성안에서 구출했. 그리고는 동악대제東嶽大帝의 용서를 구해 서천극락세계(또는 선계)로 환생(전생)시키게 되었다고 하는 이야기이다. 여기서 「타성」이란 문자 그대로 「왕사성의 성문을 열어젖힌다」는 것을 의미하며 실제 의식에서는 종이 등으로 만든 성의 모형을 검으로 찢어 가른다. 「타성법사」란 쉽게 말해 망령의 지옥(왕사성)에서의 구출 이야기라고 할 수 있다.

과격한 샤먼, 동계(점을 치는 젊은이)

동계
중국 도교 계통의 샤먼 중 하나.
유혈의 자해 제사를 한다.

샤먼적인 성직자

혹은 **살아 있는 신** 취급을 받는다.

별칭 계동
여성은 홍이

동계가 되는 과정

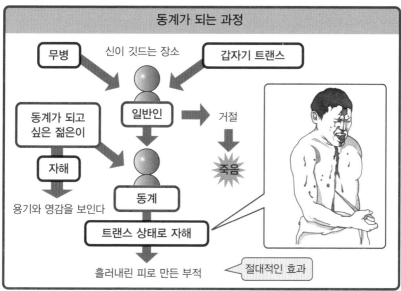

무병 → 신이 깃드는 장소

갑자기 트랜스

일반인 → 거절

동계가 되고 싶은 젊은이

자해

용기와 영감을 보인다

죽음

동계

트랜스 상태로 자해

흘러내린 피로 만든 부적 ← 절대적인 효과

타성법사

동계에서 활약하는 법사.
「지옥의 왕사성 성문을 열어젖히는」 것을 의미한다.

망령의 지옥(왕사성)에서 구출하는 이야기.

관련 항목
● No.087 빙의무녀
● No.093 샤머니즘

이슈타르의 성혼

고대 바빌론에는 이슈타르Ishtar의 무녀에 의한 성혼 의례가 국가적으로 열리고 있었다. 일명 성창聖娼, 신전창부神殿娼婦라고도 일컬어지는 성혼 의례란 무엇인가?

● 성의 통과의례로, 풍요를 기원하는 무녀

고대 바빌론에는 대지의 풍요를 관장하는 금성의 여신 이슈타르 신앙이 있으며 그 신전에는 「성혼聖婚」이라고 하는 특수한 풍요의 의례가 열리고 있었다. 성혼의례란 여성 신관이 그 몸에 여신을 강림시켜 국왕과 결혼하는 것으로, 국왕의 왕권을 안도하고 풍요를 기원하는 제사다. 이것은 무녀＝여신과의 성교로 풍요를 기원하는 중요한 의식이었다.

바빌론은 고대 사회에서 흔히 찾을 수 있는 농경형의 다신교 국가였지만, 특히 금성의 여신 이슈타르 신앙이 강해서 왕은 국가의 제사로서 이슈타르의 무녀와 결혼했다. 이러한 성혼의례는 국가 수호신이 여성일 경우, 다양한 지역에서 벌어지고 있었다. 실제 아내가 되는 경우도 있지만, 제례 중일 때의 하룻밤만 아내인 경우도 많았다.

바빌론의 경우 이 성혼 의례의 요소는 특히 강해서, 모든 여성이 이슈타르 신전에서 무녀 봉사를 하는 것이 풍습이 되어 있었다. 그녀들은 일정 연령이 되면 이슈타르 신전에 틀어박혀서 그곳에서 신전에 기부하며 참배해왔던 남성 신도와 교제하여 성교를 해야만 했다. 이때, 상대는 선택할 수 없었다. 신전을 방문했던 남성은 신의 명령으로 찾아온 「신의 대리인」이며, 그것과 교제하는 것이야말로 종교행사였던 것이다. 이것은 여성으로서의 통과의례이기도 했기 때문에, 이렇게 생긴 아이는 신의 자식으로 공동체에 신이 내려주신 아이였다. 더구나 아름다운 여성은 일찍 상대를 찾아 의무를 다하고 신전을 나올 수 있었지만, 상대를 찾는데 고생하는 여성도 있었다. 이 교제는 신전에 기부하는 것을 동반하고 있으며, 의식을 배우고 그대로 신전에 남은 무녀가 남성 상대를 계속하는 경우도 있어서, 신전창부나 성창이라는 소리를 듣기도 했다. 하지만 직업으로서의 「매춘」이 아닌, 고대 일본의 우타가키歌垣나 요이미야宵宮의 밤과도 닮은, 「하레ハレ의 공간」에서 하는 성교 의례다.

성혼 의례

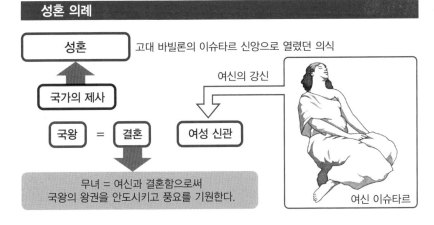

성혼 ← 고대 바빌론의 이슈타르 신앙으로 열렸던 의식

국가의 제사

국왕 = 결혼

여신의 강신 → 여성 신관

무녀 = 여신과 결혼함으로써
국왕의 왕권을 안도시키고 풍요를 기원한다.

여신 이슈타르

통과 의례(파과) 의식

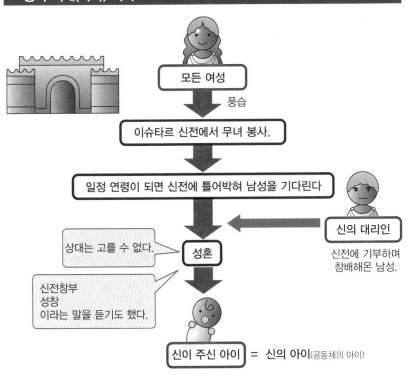

모든 여성

↓ 풍습

이슈타르 신전에서 무녀 봉사.

일정 연령이 되면 신전에 틀어박혀 남성을 기다린다

신의 대리인

신전에 기부하며
참배해온 남성.

상대는 고를 수 없다.

성혼

신전창부
성창
이라는 말을 듣기도 했다.

신이 주신 아이 = 신의 아이(공동체의 아이)

관련 항목
● No.003 신의 아내

델포이의 무녀

아폴론Apollon의 신탁을 고하는 델포이의 무녀 지뷜레Sibylle는 고대 그리스 세계에 큰 영향을 주었다.

● 아폴론의 신탁을 고하는 여성 신관

델포이Delphoi는 그리스 본토, 파르나소스Parnassus 산기슭에 있었던 고대 그리스의 도시 국가Polis였다. 지금은 유적으로 남아 있으며 유네스코의 세계 유산에 등록되어 있는데, 고대에는 여기에 태양신 아폴론 신전을 중심으로 하는 신역과 도시가 건축되어 아폴론의 신탁을 찾는 사람들이 모였다.

그리스 신화 중에서도 몇 번이나 신탁이 내려왔던 장면이 있으며, 고대부터 신탁의 성지였던 것을 알 수 있다. 유적이 발굴되면서 신역에 인접해서 근처의 여러 도시 국가의 재산고가 있었던 것을 알 수 있으며, 그리스 최고의 신탁소神託所로서 에게 해부터 지중해, 아나토리아Anatolia까지를 아우르는 고대 그리스 세계의 중심에 있었던 것이 확인되었다. 이 재산고는 헌납하는 공물을 위한 것으로 일종의 대사관 역할을 했다.

신탁은 신내림 상태가 된 델포이의 무녀 지뷜레에 의해 수수께끼 같은 시의 형태로 내려졌다. 신탁은 신의 뜻으로 고대 그리스의 사람들에게 존중받으며, 폴리스의 정책 결정에도 영향을 주었는데, 때에 따라서는 뇌물을 사용해서 델포이의 신탁을 좌우하려는 일종의 정보전도 있었다고 한다.

어떤 때에는 신탁을 다시 얻는 경우도 있었다. 헤로도토스Herodotos의 『역사Historiae』에 따르면, 동방의 아케메네스조 페르시아 제국이 그리스 지역에 침공해왔을 때 아테나이Athenae는 처음에 멸망을 암시하는 신탁을 얻었지만, 다시 사자를 보내 다음과 같은 신탁을 얻었다고 한다.

「하지만 제우스는 자신의 딸 아테네를 위하여 나무로 된 벽을 내려주실 것이다.」

(헤로도토스, 「역사」)

테미스토클레스Themistocles는 「나무의 벽」을 배를 가리키는 것으로 해석하여, 삼단 갤리선을 만들어 살라미스Salamis 해전에서 페르시아 군을 물리쳤다.

델포이의 신탁

델포이의 무녀   아폴론의 신탁을 고하는 고대 그리스의 무녀.

신내림(트랜스 상태)가 된 무녀.

↓ 불가사의한 시

신탁

↑ 하늘의 뜻으로서

그리스인에게 존중.
폴리스의 정책 결정에 영향

때로는 뇌물에 의해

신탁을 좌우하는 정보전도?

델포이 = 그리스 본토의 파르나스산의 기슭에 있었던 고대 그리스의 도시 국가. 지금은 유적으로 남아 있다.

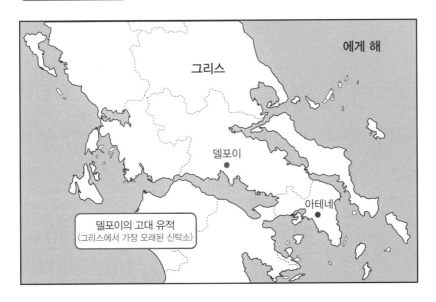

에게 해

그리스

델포이

아테네

델포이의 고대 유적
(그리스에서 가장 오래된 신탁소)

관련 항목
● No.087 빙의무녀

키벨레를 섬긴 무녀? 갈루스

고대 터키의 여신 키벨레Cybele를 섬긴 무녀들. 그녀들은 '평범'하진 않았다.

● 키벨레를 섬긴 무녀는 원래 남자

여신 키벨레는 대지모신大地母神이며 그 애인으로 알려진 아티스Attis와 함께 북아프리카부터 로마 제국 등, 지중해를 중심으로 신앙의 대상이 되고 있었다. 갈루스Gallus라고 불리는 이들은 바로 이 키벨레를 받드는 신전의 신관들이었다.

갈루스의 유래는 수탉, 왕의 이름, 아티스에 관련된 강의 이름 등 여러 설이 존재한다. 갈루스가 된 자는 음악으로 모종의 엑스터시 상태에 빠졌고, 그 황홀한 상태가 한창일 때, 예리한 날붙이나 석기로 자신의 생식기를 베어냈다. 이 행위는 키벨레의 아들 아티스가 거세했다는 전승에서 따온 것이지만 로마인에게는 받아들여지지 않았다. 처음에는 로마인이 신관이 되는 것이 금지되었다. 그 후에도 신관직에 오르는 것이 허락되어도 거세만은 금지되었으며, 대신 소의 생식기를 바치는 행위로 대체되었다.

거세 후에는 모든 남성복을 버리고 황색 등으로 물들인 소매가 긴 옷에 액세서리와 여성복을 선호하여 착용했다. 머리카락을 길러서 웨이브를 넣고 얼굴에도 화장을 했기 때문에 남의 시선을 끄는 존재였다는 점은 틀림없다.

기본적으로 갈루스는 신전에 틀어박혀 있었지만, 때때로 마을에서 시혜를 요구하였으며 이에 응한 인간의 운세를 점치는 경우도 있었다. 또한, 열광적인 신자들과 함께 미친 듯한 음악 속에서 신을 몸에 깃들게 하여, 자신의 신체를 피가 나올 때까지 채찍질하는 의식이 벌어졌다. 더구나 이탈리아에는 같은 자해행위로 속죄를 체현하는 행사가 지금도 남아 있다.

가르스보다도 상위 존재로서 숨무스 사체르도스Summus sacerdos라고 하는 대신관이 있으며, 그 직무에 오르기 위해 타우로보리움Taurobolium이라고 하는 의식을 받을 필요가 있었다. 그 의식이란 자신의 무덤이라는 의미를 가진 구멍에 들어가서, 그 머리 위로 소의 생피를 뒤집어쓰는 것. 이것은 전쟁에서 귀환을 기원할 때도 벌어졌던 몸을 정화하는 성스러운 의식이었던 것으로 추정된다.

남자(였던) 무녀, 갈루스

대지 모신 키벨레

갈루스

지중해를 중심으로 대지모신 키벨레를 모시는 신전의 신관. 거세를 하고 여장을 즐겼다.

> 신관이 된 자는 스스로 거세.

▼

> 로마인들은 받아들이지 못했다.

▼

> 소의 생식기를 바치는 행위 등으로 대용.

타우로보리움

> 숨무스 사체르도스(대신관)가 되는 데 필요한 의식.

> 자신의 무덤을 뜻하는 구덩이를 파서 소의 생피를 뒤집어쓴다.

> 몸을 정화하는 성스러운 의식

관련 항목
● No.087 빙의무녀

디오니소스의 무녀, 마이나스

그리스의 광기와 술과 비의의 신 디오니소스Dionysos. 그를 따르는 바커스Bacchus의 여신도 마이나스Maenads는 맨손으로 짐승을 찢어 가르는 광란의 무녀였다.

● 신의 열광에 몸을 맡기는 광란의 무녀

디오니소스는 술과 광기와 비의를 관장하는 그리스 신화중에서도 이채를 띠는 신이다. 그는 제우스Zeus와 테바이Thebai(테베)의 왕녀 세멜레Semele 사이에서 태어난 자식이지만, 원래는 명계의 여신 페르세포네Persephone가 낳은 자식으로, 질투심 많은 정실 헤라Hera의 분노를 사서 갈가리 찢어졌기 때문에 그 심장을 골라내어 세멜레의 배로 옮겼다고도 알려져 있다. 하지만 세멜레 또한 헤라의 음모로 애인인 뇌신 제우스의 번개에 맞아 타서 죽게 되고, 조산되어 나온 디오니소스는 제우스의 넓적다리에서 태어나게 된다. 태어난 뒤에도 헤라의 질투에 노출되어 아시아를 방랑하다가 겨우 그리스에 돌아온 디오니소스는, 여신도인 마이나스를 데리고 가서 기괴한 비의를 포교하는 신이 되어 있었다.

디오니소스는 식물이나 자연의 생명력을 나타내는 젊은 남신이었지만, 산속에서 비의를 하여 신도에게 명계와 자연의 힘을 주게 되었다. 이 제사의 중심이 된 것이 마이나스다. 마이나스는 가사를 포기하고 산야에 들어가 자연과 공감하는 비의를 했다. 그녀들은 의복을 벗어던지고 사슴 가죽을 두른 뒤 뱀을 몸에 감았으며 티르소스Thyrsos라고 불리는 담쟁이가 휘감긴 나무 지팡이를 휘둘렀는데, 비의의 과정으로 시의 열광에 사로잡혔던 그녀들은 몸을 젖히듯이 격렬하게 춤추며, 도취 속에서 산재물인 짐승을 갈가리 찢었다. 종종 그녀들은 무기를 사용하지 않고 맨손으로 짐승을 쓰러뜨려 그 생고기를 찢어 발기기도 했다.

이러한 행동 때문에 마이나스는 별명으로 바커스의 여신도라고 불리게 된다. 바커스란 광기와 난잡하고 음란한 행위 등을 나타내는 말로, 디오니소스의 별명이자 로마의 술의 신의 이름이 된다. 그리스 비극 「바카이Bakchai(바커스의 여신도들)」에서는 마이나스 신앙을 받아들이지 않는 테바이의 왕 펜테우스Pentheus가 디오니소스의 함정에 빠져 마이나스 일행의 난행을 엿보려고 하다가 산제물인 짐승과 착각한 친어머니 아가베Agave의 손에 갈기갈기 찢기게 된다.

광란의 무녀

무녀 마이나스

그리스 신화에 등장하는 광기와 술과 비의의 신 디오니소스의 무녀.
디오니소스와 함께 기괴한 비기를 포교한다.

별명 바커스의 신녀

바커스란 광기와 난잡함 등을 가리키는 디오니소스의 별명.

디오니소스의 비의

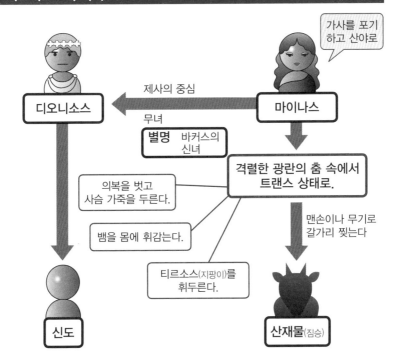

가사를 포기하고 산야로

디오니소스 ← 제사의 중심 ── 마이나스

무녀

별명 바커스의 신녀

격렬한 광란의 춤 속에서 트랜스 상태로.

의복을 벗고 사슴 가죽을 두른다.

뱀을 몸에 휘감는다.

티르소스(지팡이)를 휘두른다.

맨손이나 무기로 갈가리 찢는다

신도

산재물(짐승)

관련 항목
● No.101 델포이의 무녀

북유럽의 전투 무녀, 발키리

북유럽의 바이킹들이 전사자를 발할라Valhalla로 이끈다고 믿었던 전투 무녀 발키리Valkyrie 는 전장을 축복하는 무녀였다.

● 전사자를 발할라로 이끄는 여전사들

바이킹이 신봉했던 발키리는 북유럽 신화에서 전사자들의 혼을 천상으로 인도하는 신의 사도인 처녀들이다. 그 능력 때문에 그녀들은 종종 전투 처녀, 전투 무녀라고 번역되기도 했다. 원래는 「전사자들을 고르는 자」라는 의미로 전장에서 쓰러진 전사를 전투와 마술의 신 오딘의 궁전 발할라로 옮기고, 전사들은 다가올 라그나로크Ragnarok전투에 대비해 에인헤랴르Einherjar(전사한 용자의 혼)가 되어 싸움의 나날을 보내게 된다. 에인헤랴르들은 날마다 발할라에서 싸우며 죽은 자도 해 질 녘에는 부활하여 발키리의 술로 연회를 즐긴다. 그러한 혼을 모으기 위해 발키리들은 전장의 상공을 말을 타고 분주하게 돌아다닌다. 그 모습은 흡사 죽은 고기에 떼 지어 모여드는 새와 닮았으며, 새는 발키리 중 한 명인 군느Gunnr가 기르는 집오리라고 불린다.

발키리는 오딘을 섬기는 천녀와 같은 존재였다. 「니벨룽겐의 반지」에서는 아홉 명의 발키리가 등장하며 오딘의 딸인 브륀힐드Brynhildr는 신을 등졌기 때문에 신성을 빼앗겨서 지크문트Sigmund의 아내가 된다. 또한, 「벨룬드의 노래」에서는 왕녀에서 발키리가 된 알비드Alvitr, 스반후비트Svanhuvit, 엘룬Olrun이 날개옷을 빼앗기고 인간계의 남자의 아내가 된다고 하는 「선녀와 나무꾼」과 비슷한 이야기가 쓰여 있다.

시간이 경과하면서 실제 아가씨가 발키리가 되어 전쟁에서 용자를 지키는 전투여신이 되게 된다. 이들은 **전투에 동행하는 무녀**로서 죽은 자를 애도하는 역할을 맡고 있다고 되어 있지만, 자신도 무기나 방패를 사용해 전투에 참가했다. 서사시 「훈딩을 죽인 헬기의 노래」에서는 헤그니Hogni(또는 Hagen) 왕의 딸 시그룬Sigrun 공주가 발키리가 되어 하늘이나 바다를 말을 타고 분주하게 돌아다니며 사랑하는 용사 헬기Helgi를 지킨다. 헬기가 죽은 후 그 뒤를 쫓은 시그룬은 전생하여, 용사와 그것을 지키는 하얀 백조의 처녀로서 전장에서 싸웠다고 한다.

전투 무녀 발키리의 역할

발키리

북유럽 신화에 등장하는 신 오딘을 섬기는
천녀들.전투 처녀, 전투 무녀라고도 부른다.
전사자의 혼을 천상의 발할라 궁으로 이끈다.

시대와 함께
천녀
▼
실제 아가씨가 발키리로
▼
전투에 동행

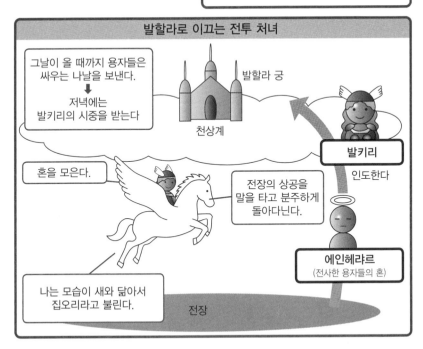

발할라로 이끄는 전투 처녀

그날이 올 때까지 용자들은
싸우는 나날을 보낸다.
▼
저녁에는
발키리의 시중을 받는다

발할라 궁

천상계

발키리

인도한다

혼을 모은다.

전장의 상공을
말을 타고 분주하게
돌아다닌다.

에인헤랴르
(전사한 용자들의 혼)

나는 모습이 새와 닮아서
집오리라고 불린다.

전장

관련 항목

● No.093 샤머니즘

부두의 무녀, 맘보

노예 제도의 그림자로 강요받은 기독교에, 아프리카 고유의 정령 신앙과 조합한 부두교 Voodoo는 샤머니즘Shamanism의 현재 모습이다.

● 신도의 신령빙의를 유도하는 여성신관 맘보

하이치 섬 등의 중남미, 혹은 북미의 뉴올린스New Orleans 등에서 신봉하는 부두교는, 중앙아프리카에서 붙잡혀 중남미로 수출된 흑인 노예의 자손들이 신봉하는 **블랙 샤머 니즘**이다. 원래는 요루바 왕국 주변에서 믿었던 신령 다신교가 베이스였지만, 흑인 노예들은 기독교를 강요당했기 때문에 그들은 기독교 성인을 믿는 형태로 부두 신앙을 유지했던 것이다. 종종 사교라고 불리지만, 원래는 음악성이 풍부한 샤머니즘 풍속이다.

부두의 제사 의식을 도맡아 하는 것이 신관으로 남자는 웅간Houngan, 여자는 맘보Mambo라고 불린다. 부두의 제사 의식의 본질은 로아Lwa라고 불리는 신령을 강림시키는 것으로, 여성 신관인 맘보와 제사 보조자인 운시Hounsi는 무녀에 가까운 존재다. 하지만 다른 무녀와 다른 점은 반드시 신관이 로아를 빙의하는 것이 아니라 제례에 참가한 신도 중에서 트랜스 상태에 달한 자가 나타나고 신령에게 빙의되어 신탁을 하는 점에 있다. 신령에게 빙의된 자를 「말」이라고 부르며, 신령에 씌인 상태인 것으로 간주한다. 신관은 제사를 관장하며 빙의탈혼을 유도하는 것이 역할이다. 제사를 할 때는 맘보나 웅간은 손에 아손Asson이라고 불리는 덜렁거리는 신기를 들고, 우선 인간과 로아의 중개인인 문의 신 렉바Legba에게 기도를 올린다. 보조적인 무녀인 운시는 드라포Drapo라고 하는 화려한 깃발을 흔들어 노래를 노래하는 등의 의식을 장식한다.

가장 중요한 점은 일반 신자를 포함해서 제의에 참가한 모든 인간이 태고의 리듬에 맞춰서 춤을 춘다는 점이다. 로아가 강령되면 신도 중에서 말이라고 불리는 매개체가 선택되어, 빙의된 로아의 신격에 따라 행동을 취하기 시작한다. 여신이 내려와 준다면 여성과 같이 행동하고 다른 나라의 신이라면, 그 말이 알 리가 없는 외국어를 말하기도 한다.

부두교

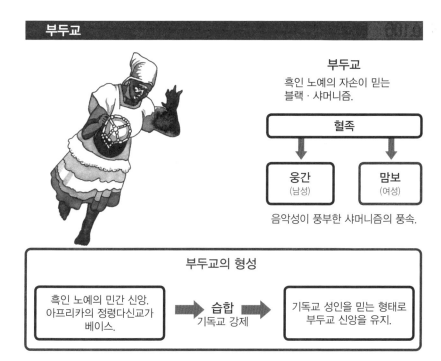

부두교
흑인 노예의 자손이 믿는
블랙 · 샤머니즘.

```
┌─────────────┐
│     혈족      │
└─────────────┘
   │          │
   ▼          ▼
┌──────┐  ┌──────┐
│  웅간  │  │  맘보  │
│ (남성) │  │ (여성) │
└──────┘  └──────┘
```

음악성이 풍부한 샤머니즘의 풍속.

부두교의 형성

흑인 노예의 민간 신앙. 아프리카의 정령다신교가 베이스.	➡ 습합 기독교 강제 ➡	기독교 성인을 믿는 형태로 부두교 신앙을 유지.

제사의 형태

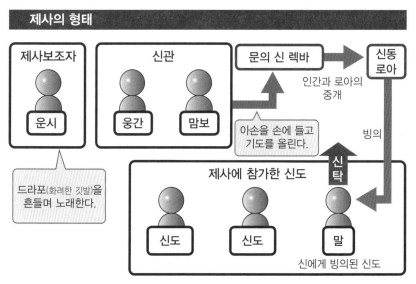

제사보조자
운시

신관
웅간　맘보

문의 신 렉바 ➡ 신동 로아

인간과 로아의 중개

아손을 손에 들고 기도를 올린다.

빙의

드라포(화려한 깃발)을 흔들며 노래한다.

신탁

제사에 참가한 신도
신도　신도　말

신에게 빙의된 신도

관련 항목

● No.093 샤머니즘

신대륙의 샤먼

신대륙의 원주민은 에스키모 이외에도 북미, 중미, 안데스나 아마존에 이르기까지 다양한 샤머니즘Shamanism 문화를 가지고 있다.

● 북미의 대평원부터 안데스까지 미치다

신대륙은 **샤머니즘**의 보고다. 신대륙에서 샤먼Shaman이란 자신의 의식을 변용시켜서 숨겨진 리얼리티를 탐구하며 다양한 정령의 도움을 얻어서 사람들의 힘을 높이고 치유하는 고대 기술을 전하는 사람들을 가리킨다. 많은 문화권으로 나누어지기 때문에 그 양식은 다양하지만 어느 것도 정령과의 교류를 중요하게 생각해왔다. 신대륙의 샤먼의 특징으로 댄스나 노래, 춤, 성물聖物 제작, 포틀래치Potlatch(북아메리카 인디언들의 의례 중 하나. 경사스러운 날에 사람들을 초대, 음식이나 선물을 나누어주는 풍습. 원래 치누크족 말로 '소비한다'라는 뜻이 있다 – 역자 주) 등 많은 참가자로 의식 공간을 공유하는 공동작업이 많으며, 연초나 코카와 같은 약초를 사용하여 초월체험을 하는 경우를 들 수 있다. 이것들의 공동 체험으로 위대한 영혼의 일부가 되어, 개인이라는 작은 그릇에서 해방됨으로써 높은 차원의 시점을 얻는다. 병을 치료할 때도 샤먼은 제사를 주도하여 환자에게 모래 그림을 그리게 하거나 약초를 주거나 하지만, 공동체로부터 많은 참가자를 모아서 그 병을 치료하기도 한다. 이것은 정신적인 병을 치료할 때 효과를 올리고 있다. 이처럼 북미의 샤먼은 주의呪医 요소가 강해서 지금은 치료 주술사Medicine man이라고 불리는 경우가 많다.

북미에는 「비전 퀘스트Vision quest」라고 불리는 많은 사람들의 의식적인 여정을 더듬어 볼 수 있다. 「스웨트 로지Sweat lodge」라고 불리는 건물에 모여서 며칠이나 담배(연초)를 피우면서 땀을 흘리고 계속 노래를 부르며 춤을 춘다. 그 결과 환시를 동반한 신비체험이 도래하는 것이다. 담배는 원래 그러한 제사에 사용되는 성스러운 약초였다.

남미 안데스의 샤먼 사이에서는 코카잎, 연초, 아야와스카Ayahuasca, 고추 등 다채로운 약초를 사용하는 것을 볼 수 있다. 특히 구 잉카 계통의 샤먼이 치료나 복점을 하는 경우에는, 메사Mesa라고 불리는 정령에게 바치는 공물을, 기원자祈願者나 환자와 공동으로 제작한다. 이 수작업을 통해 신과 인간이 연결되어가는 것이다.

신대륙의 샤먼

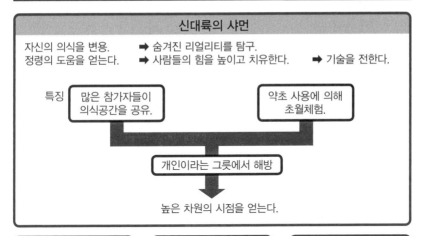

신대륙의 샤먼

자신의 의식을 변용. ➡ 숨겨진 리얼리티를 탐구.
정령의 도움을 얻는다. ➡ 사람들의 힘을 높이고 치유한다. ➡ 기술을 전한다.

특징 | 많은 참가자들이 의식공간을 공유. | 약초 사용에 의해 초월체험.

개인이라는 그릇에서 해방

높은 차원의 시점을 얻는다.

북미의 샤먼

병을 치료함으로써
제사를 주도.

주술 치료의
요소가 강하다.

치료 주술사라고
불린다.

**치료 주술사라고
불린다.**

제사를 할 때
코카잎, 연초,
아야와스카, 고추 등
다양한 약초를 사용.

구 잉카계 샤먼

치료나 복점을 할 때
기원자나 환자와
공동으로 메사(정령에게
바치는 것)를 제작.

신과 인간이 연결된다.

환시의 여행

비전 퀘스트 = 북미에서 하는 신비체험.

사람을 여러 명 모은다.

스웨트 로지

환각을
동반하는
신비체험의
도래.

다함께 며칠이나 연초의 연기를 피워서,
땀을 흘리면서 노래하며 춤춘다.

관련 항목
● No.093 샤머니즘

색인

227

아

【서적】

『아시아 산민 – 해민의 민속과 예능』, 諏訪春雄, 川村 湊편, 雄山閣出版

『아즈사궁 일본의 샤먼적인 행위(상·하)』, C.ブラッカー, 岩波書店

『알래스카 에스키모』, 渡部 雄吉, 朝日ソノラマ

『이세 신궁과 전국「신궁」총람 별책역사독본 39』新人物往来社

『이치야 칸죠』, 司馬 遼太郎, 中央公論社

『여동생의 힘』, 柳田 国男, 岩波書店

『부두 대전 – 아프리카 민속의 세계』, 檀原 照和, 夏目書房

『우사궁』, 中野 幡能, 吉川弘文館

『하치만 우사궁 집 선집』, 重松明久, 現代思潮新社

『바다의 신화』, 大林 太良, 講談社

『바다를 건너는 신들 – 죽음과 재생의 원향 신앙』, 外間 守善, 角川選書

『에스키모 언어와 문화』, 宮岡 伯人, 弘文堂

『연희식(상·중)』, 虎尾 俊哉편, 集英社

『연희식』, 虎尾 俊哉, 吉川弘文館

『대본교 사건』, 出口 栄二, 三一書房

『대본신유 : 민중 종교의 경전·대본교 하늘의 권』, 出口 栄二, 平凡社

『대본신유 : 민중 종교의 경전·대본교 불의 권』, 出口 栄二, 平凡社

『오키나와 제사 연구』, 高阪 薫외 편저, 翰林書房

『오키나와의 노로 연구』, 宮城 栄昌, 吉川弘文館

『오키나와 문화사 사전』, 真栄田 義見, 三隅 治雄, 源 武雄편저, 東京堂出版

『음양도 책』, 学習研究社

『신들의 모습 – 나타난 일본의 마음』, 大分県立宇佐風土記の丘歴史民俗資料館

『신들의 메이지 유신 – 신불 분리와 폐불 배척』, 安丸 良夫, 岩波書店

『신의 음성을 듣는 여자들 오이타의 문화와 자연 탐험대』, Bahan事業部편, 極東印刷紙工

『한국의 무당 – 샤머니즘』, 趙 興胤, 彩流社

『한국의 민간 설화와 전설』, 박영준편, 安藤 昌敏역, 韓国文化図書出版

『한일 민속 문화의 비교 연구』, 임동권, 岩田書院

『위지왜인전』, 山尾幸久, 講談社

『위지왜인전 읽기(상·하)』, 佐伯 有清, 吉川弘文館

『교조 서민의 신들』, 佐木秋夫 외, 青木書店

『현대 신도 연구 집대성』, 現代神道研究集成編集委員会편, 神社新報社

『강신의 비의 – 샤머니즘의 가능성』, 諏訪春雄편, 勉誠出版

『고사기』, 倉野憲司교, 岩波書店

『고대 여성사로의 초대 〈여동생의 힘〉을 넘어서』, 義江 明子, 吉川弘文館

『언계경기』, 山科言継, 続群書類従帝王部, 続群書類従完成会

『고전 일본 문학 전집 (2·3) 만엽집』, 筑摩書房

『재궁지 – 전승의 재왕부터 이세 이야기의 재궁까지』, 山中智恵子, 大和書房

『신도사전 축쇄판』, 国学院大学日本文化研究所편, 弘文堂

『신 일본고전 문학 대계 12 속일본기 1』, 佐竹明広외, 岩波書店

『신사의 계보 – 왜 거기 있느냐』, 宮元健次, 光文社

『「신사의 딸」 파이팅! 미인 신주의 아타고산 소식』, 松岡里枝, 原書房

『신사 아주머니 일기』, 岡田桃子, 祥伝社

『신도 제사 – 신을 모시는 것을 의미』, 真弓常忠, 朱鷺書房

『신도의 역습』, 菅野覚明, 講談社

「신도의 사상」, 梅田義彦, 雄山閣出版

「신도의 책」, 学習研究社

「신도 용어의 기초 지식」, 鎌田東二편저, 角川選書

「신판 – 신사 행사의 기초 지식」, 藤井正雄편저, 講談社

「신비학의 책」, 学習研究社

「신화·종교·무속 – 한일 비교 문화의 시도」, 최길성, 日向一雅편, 風響社

「신 일본 고전 문학 대계 44 헤이케 이야기」, 佐竹明広외, 岩波書店

「도설 – 샤머니즘의 세계」, ミハーイ ホッパール, 青土社

「성혼 – 고대 수메르의 신앙·신화·의례」, S.N. クレーマー, 新地書房

「세계 신화 사전」   大林太良, 吉田敦彦, 伊藤清司, 松村一男편, 角川書店

「세계의 나라들 민화와 풍토 12권 중국·몽골·한국」, 学習研究社

「세계의 신화 전설 총 해설」, 自由國民社

「세계의 명저 5 헤로도토스, 투키디데스」, 村川堅太郎편, 中央公論社

「전국 시대의 귀족 「언계경기」가 그리는 교토」, 今谷明, 講談社

「수신기」, 干宝, 平凡社

「태음의 딸 살로메」, デュム·ド·アポロ, 風俗文献社

「동계 – 대만의 샤머니즘」, 加藤敬, 平河出版社

「티벳 샤먼 탐험」, 永橋和雄, 河出書房新社

「중국의 고전 23·24 문선」, 竹田晃 외, 学習研究社

「툰드라의 고고학 – 캐나다·에스키모의 고대 문화」, ロバート·マッギー, 雄山閣出版

「디오니소스 – 박코스 숭배의 역사」, アンリ ジャンメール, 言叢社

「데구치 나오·데구치 오니사부로의 생애 – 대본교조전」, 伊藤栄蔵, 大本本部검수, 天声社

「데와삼산과 동북 수험 연구」, 戸川安章편, 名著出版

「도교의 책」, 学習研究社

「동북 영산과 수험도」, 月光善弘편, 名著出版

「시경경기」, 続群書類従帝王部, 塙保己一편, 続群書類従完成会

「일본 고전 문학 대계 2 풍토기」, 岩波書店

「일본 사상 대계 3 율령」, 井上光貞외, 岩波書店

「일본 사상 대계 19 중세 신도론」, 岩波書店

「일본 서기 – 일본 고전 문학 대계」, 坂本太郎외, 岩波書店

「이세 신궁 – 일본의 오래된 신사」, 三好和義, 岡野弘彦, 桜井敏雄, 淡交社

「일본의 오래된 신사 – 카스가 대사」, 三好和義, 岡野弘彦, 桜井敏雄, 淡交社

「일본의 오래된 신사 – 후시미이나리 대사」, 三好和義, 岡野弘彦, 桜井敏雄, 淡交社

「일본의 오래된 신사 – 오미와 신사」, 三好和義, 岡野弘彦, 桜井敏雄, 淡交社

「일본의 오래된 신사 – 스미요시 신사」, 三好和義, 岡野弘彦, 桜井敏雄, 淡交社

「일본의 오래된 신사 – 카모사 – 카미가모신사·시모가모 신사」, 三好和義, 岡野弘彦, 桜井敏雄, 淡交社

「일본 민속학의 원류 – 일본 기반 문화의 탐구」, 君島久子편, 小学館

「일본 민속 문화 자료 집대성 6 무녀의 세계」, 谷川健一편, 三一書房

「닌자와 인술」, 学習研究社

「조선의 구전 신화 – 「바리공주신화」집」, 김향숙, 和泉書院

「하와이의 신사사」, 前田孝和, 大明堂

「동아시아의 현재 – 인류학적 연구의 시도」, 末成道男, 風響社

「히미코 – 왜의 여왕은 어디에」, 関和彦, 三省堂

「히미코의 계보와 제사 – 일본 샤머니즘의 고대」, 川村邦光, 學生社

「불교의 역사와 문화 – 불교 사학회 30 주년 기념 논집」, 仏教史学会편, 同朋舎出版

「복각·성경 연구 논집」, 日本聖書学研究所편, 山本書店

「풍토기」, 吉野裕 역 平凡社

『무용과 신체 표현』, 日本学術会議文化人類学民俗学研究連絡委員会 日本学術協力財団

『헤이세이의 무녀 －「진심」을 잇는 딸들』, 佐野裕, 原書房

『마조 신앙 연구』, 李献璋, 泰山文物社

『마조와 중국의 민간 신앙』, 朱天順, 平河出版社

『무녀 씨 입문 － 초급편』, 神田明神감수, 朝日新聞出版

『신자 집의 여자들』, 神田より子, 東京堂出版

『무녀의 문화』, 倉塚曄子, 平凡社

『무녀의 민속학 － 현대 여성의 힘』, 川村邦光, 青弓社

『무녀의 역사』, 山上伊豆母, 雄山閣出版

『물의 신화』, 吉田敦彦, 青土社

『미야코 섬 사먼의 세계 － 샤머니즘과 민간 심리 요법』, 滝口直子, 名著出版

『민속 종교와 구원 － 츠가루·오키나와의 민간 무자』, 池上良正, 淡交社

『야나기다 쿠니오 전집 11 무녀고』, 柳田国男, 筑摩書房

『야마타이코쿠 － 고대를 생각한다』, 平野邦雄편, 吉川弘文館

『유라시아 초원에서 온 메시지 － 유목 연구의 최전선』, 松原正毅, 楊海英, 小長谷有紀 편, 平凡社

『유녀와 덴노』, 大和岩雄, 白水社

『유타와 영계의 신기한 이야기』, 月刊沖縄社편, 月刊沖縄社

『류쿠 신도기』, 弁蓮社袋中, 原田禹雄역주, 榕樹書林

『영계 이야기』, 出口王仁三郎, 霊界物語刊行会편, 八幡書店

【코믹스】
『고스트스위퍼』, 椎名高志, 小学館

『진쟈노스스메』, 田中ユキ, 講談社

『미소녀전사 세일러문』, 武内直子, 講談社

『무나카타 교수의 전기고』, 星野之宣, 小学館

『무나카타 교수의 이고록』, 星野之宣, 小学館

【웹사이트】
신사 본청神社本庁 / 각 도도부 현 신사청各都道府県神社庁 / 이세 신궁伊勢神宮 / 우사 신궁宇佐神宮 / 메이지 신궁明治神宮 / 아타고 신사愛宕神社 / 칸다 묘진神田明神 / 이츠쿠시마 신사厳島神社 / 미호 신사美保神社 / 아야세이나리 신사綾瀬稲荷神社 / 국학원 대학國學院大學 / 황학원 대학皇學院大學 / 신사 온라인 네트워크 연맹神社オンラインネットワーク連盟 / 현대 디지털 라이브러리近代デジタルライブラリー / 재궁 역사박물관斎宮歴史博物館 / 나카무라 학원대학도서관中村学園大学図書館 / 게이오기주쿠 대학 아시아 기반 문화 연구회慶應義塾大学アジア基層文化研究会 / 국립 민족학 박물관國立民族学博物館 / 이와키 산 관광 협회岩木山観光協会

그 외 다수의 신사 공식 페이지, 신도 관계 및 민족학, 민속학, 인류학, 종교학, 지역정보에 관한 웹사이트나 블로그 등 다양한 웹사이트를 참고하였습니다. 특히 각 대학, 국회도서관 등의 사이트에 공개된 연구 레포트나 전자도서관은 큰 도움이 되었습니다. 예를 들어 P.156의 『위지왜인전魏志倭人伝』은, 나카무라 학원대학도서관의 전자도서관에 공개된 것을 바탕으로 하였습니다.

감사와 경의를 표합니다.

【스탭·리스트】
집필 : 朱鷺田祐介(스자크·게임즈)

집필 협력 : 密田憲孝(일본의 빙의무녀, 세계 무녀의 일부를 담당)

도해 무녀

초판 1쇄 인쇄 2017년 4월 20일
초판 1쇄 발행 2017년 4월 25일

저자 : 토키타 유스케
번역 : 송명규

펴낸이 : 이동섭
편집 : 이민규, 오세찬, 서찬웅
디자인 : 조세연, 백승주
영업 · 마케팅 : 송정환,
e-BOOK : 홍인표, 안진우, 김영빈
관리 : 이윤미

㈜에이케이커뮤니케이션즈
등록 1996년 7월 9일(제302-1996-00026호)
주소 : 04002 서울 마포구 동교로 17안길 28, 2층
TEL : 02-702-7963~5 FAX : 02-702-7988
http://www.amusementkorea.co.kr

ISBN 979-11-274-0625-7 03910

한국어판ⓒ에이케이커뮤니케이션즈

"ZUKAI MIKO" by Yusuke Tokita
Copyright ⓒ Yusuke Tokita 2011
All rights reserved.
Illustrations by Yuji Shibuya, Chizuru Shibuya
Originally published in Japan by Shinkigensha Co Ltd, Tokyo.
This Korean edition published by arrangement with Shinkigensha Co Ltd, Tokyo
in care of Tuttle-Mori Agency, Inc., Tokyo

이 책의 한국어판 저작권은 일본 Shinkigensha와의 독점계약으로
㈜에이케이커뮤니케이션즈에 있습니다.
저작권법에 의해 한국 내에서 보호를 받는 저작물이므로 무단전재와 무단복제를 금합니다.

이 도서의 국립중앙도서관 출판예정도서목록(CIP)은
서지정보유통지원시스템 홈페이지(http://seoji.nl.go.kr)와
국가자료공동목록시스템(http://www.nl.go.kr/kolisnet)에서 이용하실 수 있습니다.
(CIP제어번호: CIP2017007618)

*잘못된 책은 구입한 곳에서 무료로 바꿔드립니다.